全国高职高专院校财经类专业规划教材
全国财政职业教育教学指导委员会审定

管理学项目化教程

主编　安刚

中国财经出版传媒集团
中国财政经济出版社

图书在版编目（CIP）数据

管理学项目化教程/安刚主编．—北京：中国财政经济出版社，2019.7
全国高职高专院校财经类专业规划教材
ISBN 978-7-5095-8983-0

Ⅰ.①管…　Ⅱ.①安…　Ⅲ.①管理学-高等职业教育-教材　Ⅳ.①C93

中国版本图书馆 CIP 数据核字（2019）第 082803 号

责任编辑：李　媛　　　　责任校对：徐艳丽
封面设计：孙俪铭

中国财政经济出版社出版
URL：http：//www.cfeph.cn
E-mail：cfeph@cfeph.cn

社址：北京市海淀区阜成路甲 28 号　邮政编码：100142
营销中心电话：010-88191537
北京富生印刷厂印刷　各地新华书店经销
787×1092 毫米　16 开　12.25 印张　282 000 字
2019 年 7 月第 1 版　2019 年 7 月北京第 1 次印刷
定价：33.00 元
ISBN 978-7-5095-8983-0
（图书出现印装问题，本社负责调换）
本社质量投诉电话：010-88190744
打击盗版举报热线：010-88191661　QQ：2242791300

前 言 Preface

高职院校按照国发〔2017〕4号《国家教育事业发展“十三五”规划》和教育部文件要求，继续推行产教融合的职业教育模式，突出“文化素质+职业技能”评价方式，建立产业技术进步驱动课程改革机制；按照科技发展水平和职业资格标准设计课程结构和内容，逐步形成对接紧密、特色鲜明、动态调整的职业教育课程体系，建立真实应用驱动教学改革机制；职业院校按照真实环境真学真做掌握真本领的要求开展教学活动。按照国发〔2019〕4号《国家职业教育改革实施方案》在职业院校、应用型本科高校启动“学历证书+若干职业技能等级证书”制度工作；高等职业学校要培养服务区域发展的高素质技术技能人才，重点服务企业特别是中小微企业的技术研发和产品升级，加强社区教育和终身学习服务；按照专业设置与产业需求对接、课程内容与职业标准对接、教学过程与生产过程对接的要求，完善中等、高等职业学校设置标准，规范职业院校设置；实施教师和校长专业标准，提升职业院校教学管理和教学实践能力。为了适应高等职业教育发展需要，我们编写了这本《管理学项目化教程》教材。

《管理学项目化教程》是财经类管理学专业的专业基础课程教材。主要学习管理和管理者的基本含义以及管理职能。本书紧紧围绕人才的培养目标，以理论必需、够用为度、重在技能训练为原则，以“激发管理兴趣，夯实管理基础，提升管理素质，培育管理能力”为宗旨，按照任务驱动模式进行编写。本书的主要特色如下：

清晰的知识讲授。在编写过程中，对于内容的取舍与安排力求理论联系实际，博采众长，并注重知识的更新。充分吸收国内外先进经验和最新管理研究成果，使同学们能够掌握现代管理的基本规律和一般方法，并树立科学的管理理念，为进一步学习专业课和日后的实际管理工作奠定理论基础。

扎实的技能培养。在正文部分，力求基础理论与应用能力相结合，根据管理问题提出学习任务，以“从概念到技能”的方式组织知识内容。从管理实际问题出发，帮助学生确立发现问题、分析问题、解决问题的研究型学习方法，每个项目结束时以“案例分析”等形式深化思考。

鲜明的寓教于乐。本书既阐述了管理基本理论及最新研究成果，又注重了实践性与趣味性，既便于教学又便于自学，是一本体系新颖、概念清晰、层次分明、实用性强的管理实务教材。

本书由安刚担任主编，总纂定稿。秦巧玲、郑慧、任晓曦和杨扬担任副主编。丁小伟、郁德俊、吴恩和、王丽霞、张嘉惠和汤国明等参加编写。具体分工：安刚，项目一、项目五和项目七；任晓曦，项目二；秦巧玲，项目三；郑慧，项目四；杨扬，项目六。

在编写过程中我们参阅了大量的国内外文献，在此对所有文献的作者表示衷心的感谢。限于编者的水平，书中难免疏漏和不足之处，恳请各位读者批评指正。

索取教学课件邮箱：13381107988@189.cn

编　者

2019年3月

目 录 Contents

项目一 *Project 1*

管理与管理者

学习目标

知识目标：

- 理解管理的含义
- 掌握管理的职能和属性
- 掌握管理者的角色和技能

能力目标：

- 运用管理二重性原理分析管理活动和管理行为
- 认识管理者角色转换
- 培养管理技能

思维导图，如图 1－1 所示。

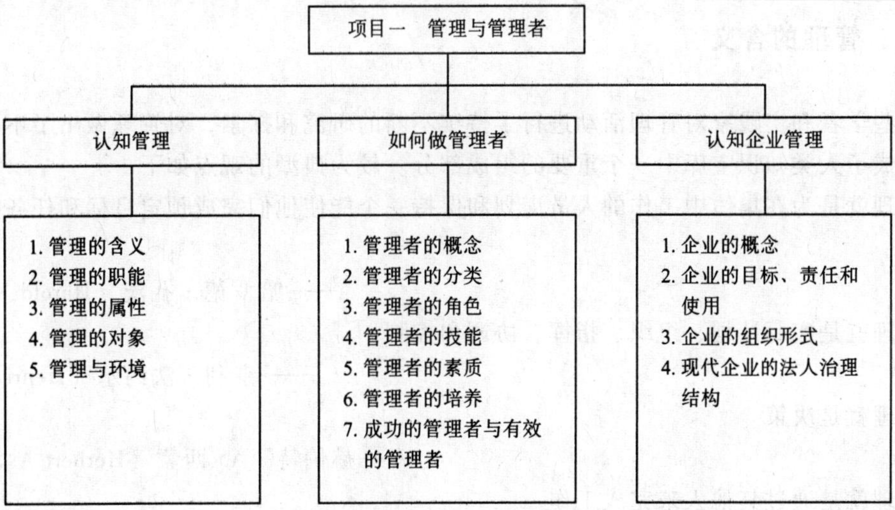

图 1－1　思维导图

学习任务一
认知管理

任务引入

工作情景：小李是刚刚毕业的大学生，在济南某著名企业加工中心工作已经两年，在年底的基层人员岗位竞聘中，凭着扎实的理论功底、踏实的工作作风，他从众多的竞聘者中脱颖而出，成为一名主管。与小李同时进厂的同学小刘和小赵真诚地为他祝福，小李也信心倍增，决定在加工中心王主任的领导下施展自己的才华。但是，工作没多久，小李就感觉到小刘和小赵与他的关系似乎疏远了，特别是在工作期间，管理他俩感觉有些别扭。更让小李感到费心的是，工科专业出身背景的他感觉到原来的技术优势没有以前大了，而更需要学习管理方面的知识和技巧。

思考：

1. 如果你是小李，你将如何管理同时进厂的同学？
2. 如果你是小李，你将如何学习和运用管理知识和管理方法？

管理是人类特有的一种社会现象，无处不在，无时不有，凡是有人群的地方就有管理问题，其客观存在不以人的意志为转移。人类是群体性的社会动物，单个的人是无法生存下去的，人们必定要结成团体去实现共同的目标，这个团体目标需要依靠全体成员长期的共同努力。如何把团体中的每个成员的分力组织成一个方向的合力？答案是管理。怎样才能实行有效的管理呢？这便成了人们所关注的问题。

一、管理的含义

一些学者和实践家对管理活动进行了持续不断的研究和探索，对管理做出了不同的解释，形成了人类知识宝库中一个重要的组成部分。较为典型的观点如下：

管理就是为在集体中工作的人员谋划和保持一个能使他们完成预定目标和任务的工作环境。

——哈罗德·孔茨（Harold Koontz）

管理就是实行计划、组织、指挥、协调和控制。

——亨利·法约尔（Henri Fayol）

管理就是决策。

——赫伯特·A. 西蒙（Herbert A. Simon）

管理就是通过其他人来完成工作。

——约瑟夫· 梅西（Joseph Massie）

管理是由一个或更多的人来协调他人活动以便收到个人单独活动所不能收到的效果而进行的各种活动。

——小詹姆斯·唐纳利（James H. Donnely Jr.）

管理是一种工作，它有自己的技巧、工具和方法；管理是一种器官，是赋予组织以生命的、能动的、动态的器官；管理是一门学科，一种系统化的并到处适用的知识；同时管理也是一种文化。

——彼得·F. 德鲁克（Peter F. Drucker）

从以上观点我们不难看出，管理的众多解释从不同侧面反映了管理的内涵，它们之间并不矛盾。透过不同的解释，可以发现管理工作的诸多基本点，如管理的目的性、管理职能的重要性、管理工作与一般作业活动的区别等。

基于这样的基本点，本书突出强调管理职能，并把管理解释为：管理是指管理者通过环境分析来获取信息，发挥计划、组织、领导、控制和创新职能来权衡组织内部条件，分配、协调组织资源，以实现组织特定目标的一系列社会实践活动和过程。这一表述包含了管理者、管理环境、组织资源整合及其手段（计划、组织、领导、控制和创新）、组织目标、社会活动等几个要素。

这一定义包含以下四层含义：

（1）管理具有一定的目的性。管理作为组织的一种有目的的活动，必须为有效实现组织目标服务，这是管理的基本出发点。管理活动的效果主要取决于组织目标的实现程度。管理作用于组织之上，离开组织目标的实现，管理毫无意义。

（2）管理依赖于一定的环境。管理活动是在一定的环境中进行的，环境给管理创造了一定的条件和机会，同时也对管理形成了一定的约束和威胁。管理者必须正视环境对组织的这两方面影响，努力改善组织的物质和文化环境。要审时度势，趋利避害，抓住机遇，利用一切可以利用的外部条件，促进组织目标的实现。

（3）管理的对象是组织的资源。管理的实质是对组织拥有的各项资源的协调和整合。组织拥有的资源包括人、财、物、信息、技术、时间、社会关系和组织的声誉等。资源的有限性和组织运营目标的不断提升是管理需要解决的基本矛盾。为了利用有限的资源最大限度地满足组织运营的目标，管理的有效性首先表现为必须做正确的事，防止做错事。在此基础上进一步要求用正确的方法做事，使有限的资源发挥最大的效用。当然，资源的协调和整合始终是一个动态过程，没有一劳永逸的管理。

（4）管理由一系列相互关联的职能构成。管理活动最终要落实到计划、组织、领导和控制等一系列管理职能上，它们是管理工作最基本的手段和方法，也是管理活动区别于一般作业活动的主要标志。计划、组织、领导和控制是每个管理工作者必须开展的工作，迄今为止，人们对管理的研究仍然较多地集中在这几项职能的应用上。

更先进的理念认为，管理是一种思想，是一种文化，是管理者的社会道德责任，是管理者所管理的机构取得的经济和社会成就。管理是为了所处社会的全面发展和长远利益而必须关心、全力履行的责任和义务，表现为管理者对社会的适应和参与。现在通常所说的管理的社会责任主要是指经济责任以外的社会道德责任，特别是建立在经济责任和法律责任基础上的社会道德责任。

管理故事

小男孩的裤子

有一个小男孩，在他十岁生日那一天，他得到了一条梦寐以求的新裤子，那是父亲送给他的生日礼物。小男孩很高兴地把它穿上，却发现裤脚长了一截。他找到正在房间纳鞋的奶奶，央求奶奶帮他剪掉一截，奶奶却说先等她把鞋纳好再说。小男孩急着要穿，等不及，于是又跑去找正在洗碗的妈妈，央求妈妈帮他把裤脚改短一点，妈妈说先等一下，让她洗完碗再说。小男孩又跑去找正在房间做作业的姐姐，姐姐说她还有一大堆功课没做完，等她做完再说。

小男孩连遭三次拒绝，带着失望的心情去睡觉了。

奶奶忙完事情后想起小孙子的央求，找到新裤子裁掉了一截，又放回原处。妈妈忙完自己的事情后想起儿子的央求，也找到新裤子裁掉了一截，再放回原处。姐姐做完作业后又找到新裤子裁掉了一截，也放回原处。

结果可想而知，裤子当然是穿不上了。

【启示】管理无处不在，无时不有。这个故事揭示了管理过程中一个常见的错误：有些事情，要么大家都不管，要么大家都来管，最终的结果就是让事情变得一团糟。

管理作为一种社会活动，一定是在一个特定组织资源条件、特定环境下发生、发展直至实现特定目标后结束，并在新的组织资源和外部环境下围绕新的目标开始新的活动过程。因为时空环境是不断变化的，所以管理是一个动态循环过程，目的性是人类活动所特有的，组织是以特定组织目标为存在前提的，为了实现特定组织目标的管理活动是需要资源的，但资源是有限的，供给是有价格的，这就使得达成组织目标有一个资源配置与协调的问题；就需要管理者运用计划、组织、领导、控制、创新等职能来对组织的资源进行有效整合或优化配置，以使资源与活动协调，从而有效实现组织目标，这就是我们对管理的理解。

管理普遍适用于任何类型的组织。因为任何组织都有特定的组织目标，都有一定的资源调配和利用问题，因此，也就有管理问题。尤其是进入 21 世纪以来管理活动和管理理论在全球化、国际化的世界环境中，面临着前所未有的机遇和挑战，向管理要效益、向管理要竞争力使得管理比以往任何时候都要被人们重视。

二、管理的职能

管理是人们进行的实践活动，人们发现在不同管理者的管理工作中，管理者往往采用程序具有某些类似、内容具有某些共性的管理行为，如计划、组织、控制等，人们对这些管理行为加以系统性归纳，逐渐形成了管理职能这一被普遍认同的概念。

所谓管理职能，是管理者在其中发挥的作用，是管理过程中各项行为的内容的概括，是人们对管理工作应有的一般过程和基本内容所做的理论概括。在 20 世纪初法国亨利·

法约尔就提出了管理有五种基本职能：计划、组织、指挥、协调、控制。对管理职能的划分，至今仍有许多观点。本书在前辈研究的基础上把管理的职能归类为五大主要职能：计划、组织、领导、控制和创新。

（一）计划

计划是管理的首要职能，是指对未来发展目标及实现目标的活动所进行的具体设计、谋划及具体的部署安排。任何有组织的集体活动，都需要在一定的计划指引下进行，计划是对组织未来活动进行的预先筹划。管理者通过制订计划，可以帮助组织成员认清所处的环境和形势，指明活动的目标以及实现目标的途径。任何活动在开始之前，首先需要制订出计划，这样才能做到有的放矢。

（二）组织

组织工作包括分工、构建部门、确定层次等级和协调等活动，其任务是构建一种工作关系网络，使组织成员在这样的网络下更有效地开展工作。通过有效的组织工作，管理人员可以更好地协调组织的人力和物力资源。更顺利地实现组织的目标。

（三）领导

领导职能是管理者依据组织所赋予的影响力去指挥、命令、引导和激励下属，进行有效沟通和协调，从而有效实现组织目标的行为。沟通和激励是领导工作的主要内容。沟通工作是领导者与同事或下属交流思想、互通信息、协调关系，在相互理解的基础上求同存异，增强组织的凝聚力。沟通是消除隔阂、解决矛盾和冲突的有效途径。激励工作是领导者把实现组织目标与满足个人需要有机结合起来，通过激励元素激发和强化下属工作的动力。另外，领导者还必须正确认识权力的性质和作用，努力提高自身素质，不断改善领导作风，从实际出发选择适当的领导方式，并充分发挥领导集体的作用。

（四）控制

控制是为了保证组织各部门、各环节能按既定的计划开展工作从而实现组织目标的一项管理活动。其内容主要包括根据计划标准检查各部门、各环节的工作情况，判断其工作结果是否与计划要求相吻合以及存在偏差的程度。如果存在较大的偏差，则分析偏差产生后对业务活动的影响程度及偏差产生的具体原因，在此基础上，如果有必要的话还要针对所发现的原因，制订并实施纠正偏差的措施，以确保组织目标和计划的有效实现。

（五）创新

创新工作是指适应组织内外部环境条件的变化，打破系统原有平衡，创造系统新的目标、结构和功能状态，以实现新的系统平衡的活动。

计划、组织、领导、控制和创新是管理的最基本的职能，它们回答了一个组织要做什么和怎么做，靠什么做，如何做得更好，以及做得怎么样等基本问题。它们相互联系、相互影响，构成了一个有机的整体，在实际中不可能完全分割开来，而是相互融合在一起的，是一个动态的循环过程。

三、管理的属性

（一）管理的二重性

管理具有二重性，这是马克思在研究资本主义社会化大生产的过程中提出来的。后来列宁发展了这一理论，认为无论从国民经济总体来看还是从企业局部来看，管理都具有二重性。

管理是组织共同劳动的需要，贯穿于生产过程始终。由于生产过程是由生产力和生产关系组成的统一体，决定了管理就具有组织生产力和协调生产关系的二重功能，从而决定了管理既具有同生产力和社会化大生产相联系的自然属性，又具有同生产关系、社会制度相联系的社会属性，这就是所谓管理的二重性。

1. 自然属性

自然属性是指管理过程中要处理好人与自然的关系，要合理组织生产力，故自然属性又称为生产力属性。之所以称为自然属性，是因为与生产力相联系的生产力配置、生产力诸要素的结合形式、手段和方法在任何社会制度下都没有本质区别，不随社会形态的变化而变化，也不以人的意志而转移，完全是一种客观存在，在任何时期、任何国家它都是相同的，这是管理的共性，也称为管理的一般性。例如，一些在资本主义企业采用的现代化的管理方法与技术，在社会主义企业中，只要适用，都是完全可以应用的。

2. 社会属性

这是由管理具有协调生产关系的功能所决定的。在管理过程中，为了维护生产资料所有者的特殊利益，就需要调整人们之间的利益分配，要处理好人与人之间的关系，管理思想和管理目的随社会制度和生产关系的不同而不同，或多或少地体现着统治阶级的意志，带有明显的政治性，所以称为管理的社会属性或生产关系属性，也称为管理的特殊性。

管理的二重性理论作为马克思主义经济管理的重要原理，揭示了管理的一般原理，对我国的管理理论和实践的发展有着重要的指导意义。

首先，要明确，西方的管理理论是人类长期生产实践的产物，是智慧的结晶，是不分国界和社会制度的。因此，我们要在继承和发展我国过去科学的管理经验和管理思想的同时，注意学习、引进国外先进的管理理论、技术和方法，使其适应我国的情况，成为我国管理科学体系的有机组成部分。

其次，由于管理总是在一定的生产关系下进行的，有一个“为谁管理”的问题。因此，要科学地鉴别管理的社会属性，不能简单地照搬西方的一切，而要有鉴别、有选择地为我所用，走自己的道路。同时，要清楚任何一种管理理论、技术和方法的出现总是同一定的生产力水平相适应的，因此在学习和运用时，必须结合本部门、本单位的实际情况，因地制宜，这样才能取得预期的效果。

（二）管理的科学性与艺术性

1. 管理的科学性

管理作为科学，是指把管理的规律性揭示出来，形成原则、程序和方法等系统化的理论体系，对管理者的管理活动予以普遍性指导，使管理成为理论指导下的规范化的理性行为。承认管理的科学性，就是要求在管理活动中不断发现与摸索管理的规律性：按照管理的规律来办事，在科学的管理理论与原则的指导下，搞好管理，提高管理效率。

2. 管理的艺术性

我们说管理是一种艺术，也是一种创造。在管理过程中，可供选择的管理方式、手段多种多样，因此如何在众多可选择的管理方式中选择一种较合适的用于管理中，也是管理者进行管理的一种艺术性技能。同时，管理中还存在着许多未知的、变动的、模糊的因素，即靠人的经验、感觉，魄力、权威等都无法度量甚至无法言传，被人们称之为“艺术”的部分。正是由于管理的艺术性或创造性的存在，才使得管理创新成为必需。

管理的科学性是艺术性的前提和基础，艺术性是科学性的突破和创新，管理的科学性和艺术性是互为条件、互相转化的有机统一体，有着各自发挥作用的场合和时机。既有科学性又有艺术性的管理才是成功的管理。

管理故事

田忌赛马

齐国使者到大梁来，孙膑以刑徒的身份秘密拜见，用言辞打动齐国使者。齐国使者觉得此人不同凡响，就偷偷地用车把他载回齐国。齐国将军田忌非常赏识他，并且待如上宾。田忌经常与齐国诸公子赛马，设重金赌注。孙膑发现他们的马脚力有所区别，可分为上、中、下三等。于是孙膑对田忌说：您只管下大赌注，我能让您取胜。田忌相信并答应了他，与齐威王和诸公子用千金来做赌注。比赛开始前，孙膑说：现在用您的下等马对付他们的上等马，拿您的上等马对付他们的中等马，拿您的中等马对付他们的下等马。三场比赛后，田忌一场负而两场胜，最终赢得齐威王和诸公子的千金赌注。于是田忌把孙膑推荐给齐威王。齐威王向他请教兵法后，就拜他为师。

【启示】田忌赛马的故事出自《史记》卷六十五《孙子吴起列传第五》，是中国历史上有名的揭示如何善用自己的长处去对付对手的短处，从而在竞技中获胜的事例。从中我们也能体会到管理的科学性和艺术性的统一。

四、管理的对象

任何一个组织若要维持自己的生存发展，首先需要拥有一定的资源，其次是要能够对有限的资源进行合理配置以达到最佳的使用效果，支持组织目标的实现。这些资源就是组织为了其存续必须拥有一些生产要素，包括人、财、物、时间、信息、技术资源、关系资源、社会信用等。它们是管理活动作用的受体，即管理的客体，又称为管理的对象。

（1）人，指被管理的生产人员、技术人员以及下属管理人员，从长远的发展来看，还应包括预备劳动力的培养教育，以及整个人力资源的开发利用。人是社会系统中最基层的子系统，是社会的细胞，高效能的管理应该是人尽其才，才尽其用，用人所长。

管理故事

黄金台招贤

《战国策·燕策一》记载：燕国国君燕昭王（前335—前279）一心想招揽人才，可是始终寻觅不到治国安邦的英才，整天闷闷不乐。

后来有个智者郭隗给燕昭王讲述了一个故事：某国君愿意出千两黄金去购买千里马，然而时间过去了三年，始终没有买到。又过去了三个月，好不容易发现了一匹千里马，当国君派手下带着大量黄金去购买的时候，马已经死了，被派出去买马的人却花了五百两黄金把死马买了回来。国君生气地说：我要的是活马，你怎么花这么多钱弄一匹死马来呢？国君的手下说：你舍得花五百两黄金买死马，更何况活马呢？我们这一举动必然会引来天下人为你提供活马。果然，没过几天，就有人送来了三匹千里马。

郭隗又说：你要招揽人才，首先要从招纳我郭隗开始，像我郭隗这种才疏学浅的人都能被国君采用，那些比我本事更强的人，必然会闻风千里迢迢赶来。

燕昭王采纳了郭隗的建议，拜郭隗为师，筑台于易水东南，放置千金以招天下之士，果然没多久就出现了“士争凑燕”的局面。投奔而来的有魏国的军事家乐毅，齐国的阴阳家邹衍，还有赵国的游说家剧辛，等等。落后的燕国一下子便人才济济了。从此以后，一个内乱外祸、满目疮痍的弱国，逐渐成为一个富裕兴旺的强国。接着，燕昭王又兴兵报仇，将齐国打得只剩下两个小城。

【启示】管理之道，唯在用人。人才是事业的根本。杰出的领导者应善于识别和运用人才。只有做到唯贤是举，唯才是用，才能在激烈的社会竞争中战无不胜。

千军易得，一将难求，现实生活中，也许我们不可能像燕昭王一样筑黄金台，但是，我们难道不可以借用报刊或网络一角，筑起招贤台，招聘贤才么？

人才就是效率，人才就是财富。得人才者得天下，失人才者失天下。

（2）财，包括经济和财务，是一个组织在一定时期内所掌握和支配的物质资料的价值表现。对财就应该按经济规律进行有效管理，使资金的使用能够保证管理计划的完成。

（3）物，指对设备、材料、仪器、能源以及物资的管理，使物尽其用，提高利用率。

（4）时间，时间是物质存在的一种客观形式，表现为速度、效率，由过去、现在、将来构成连绵不断的系统。高效能的管理应该考虑如何在尽可能短的时间内做更多的事情，充分利用时间。

（5）信息，是指具有新内容、新知识的消息。在整个管理过程中，信息是不可缺少的要素，信息的管理是提高管理效能的重要部分。管理者必须高度重视并科学管理好信息，做好组织内外信息的收集、传递、反馈、处理与利用，以及发展趋势的准确预测。

（6）技术资源，科学技术是第一生产力。科学技术在一个组织的发展中起着十分重要的作用，它是组织十分重要的资源。因此，组织应加大科技投入，建立自己的科技研发体系，加强科技开发的力度，搞好技术创新，逐步形成自己的核心竞争力，促进组织的持续发展。

（7）关系资源，组织不是孤立的，它必定与其他组织保持密切的关系，关系资源就是指组织与其他各方面如政府、银行、其他企业、学校、团体、名人、媒体等的合作及亲善的程度与广度。

（8）社会信用，它是组织的无形资产，同样需要管理，如通过组织的实践活动树立组织良好的社会声誉和社会地位，为组织目标的实现创造良好的环境。

以上八种资源是一般组织均需要的资源类型，现实中的特别组织除了需要这些资源之外，有可能还需要其他特别的资源。而作为组织所拥有的人力资源，除了可以作为管理的对象，即管理的客体以外，还可以作为管理的主体。

五、管理与环境

（一）环境研究的必要性

环境是组织生存的土壤，它既为组织活动提供条件，同时也必然对组织的活动起制约作用。管理工作是在一定的环境条件下开展的，环境既提供了机会，也构成了威胁。因此，必须将所服务的组织看作一个开放的系统，它不断地与外部环境产生相互的影响和作用。正视环境的存在，一方面要求组织为创造优良的社会物质环境和文化环境尽其社会责任；另一方面，管理的方法和技巧必须因环境的变化而变化，没有一种管理方法是万能的。

（二）管理的外部环境

1. 社会环境

主要是指一个国家的人口数量、年龄结构、职业结构、民族构成和特性、生活习惯、道德风尚以及国家的历史和历史上形成的文化传统。

2. 政治环境

主要包括国家的政权性质和社会制度，以及国家的路线、方针、政策、法律和规定等。

3. 经济环境

主要包括国家和地区的经济发展水平、速度，国民经济结构，产业结构，国家的经济法令和经济政策，社会经济发展战略和计划，人民的生活消费结构和消费水平，市场的供求状况以及社会基础设施等。这些环境因素对组织的生产经营活动有着直接的关系，是组织行为的出发点和归宿。

4. 科学技术环境

主要包括国家的科学技术发展水平，新技术、新设备、新材料、新工艺的开发和利用。

5. 文化教育环境

主要包括人们的教育水平和文化水平，各种大专院校、职业学校的发展规模和水平等。

6. 自然地理环境

主要包括自然资源、地理条件和气候条件等。

7. 竞争环境

一个企业的竞争环境包括现有的和潜在的竞争对手、替代产品制造商等。

（三）管理的内部环境

组织的内部环境由它的内部资源环境、内部文化环境和内部综合环境组成。

内部资源环境是指研究组织内部的各种资源拥有情况和利用能力。这些资源不但包括看得见的硬资源，也包括软资源，详细信息参见前面讲到的管理对象的八大要素。内部文化环境中内部文化就是我们通常所说的企业文化，对组织内的成员来说，它是一种意义深远的价值观、信念、行为准则、道德规范的凝聚，又被称为组织哲学。内部综合环境是在以上单项内部环境基础上对组织整体实力进行的综合分析和评价。这三种内部环境之间相互联系、相互作用，形成整体的、系统的组织内部环境。

（四）管理与环境的关系

管理活动离不开内、外部环境的制约，同时管理对组织环境也有一定的反作用。一方面管理的计划决策都是建立在对组织内、外部环境的认知把握和预测的基础上的；另一方面管理的各项职能的相互作用又能够使得组织快速适应环境并在一定程度上改变环境。

学习任务二

如何做管理者

任务引入

工作情景：金星公司是一家生产住宅建筑用品的企业。王雷是该厂的生产部长，他的直接上级是公司总经理。张立是装配车间的主任，归王雷领导。张立手下有7名工人负责装配住宅中的各种用锁。

一天，总经理打电话对王雷说："我们收到好几次客户投诉，说我们的锁装配得不好。"王雷很快作了调查，向总经理汇报说："那些客户投诉，没有我的责任，是装配车间主任张立的失职，他没有去检查手下的工人是否按正确的装配程序工作。"

王雷同时向总经理汇报了他在这个星期所做的几件重要的工作：对工厂的下半年生产进度与人员使用作了初步安排；在装卸码头指导搬运工人们使用一台新买的起重机；对一位求职者进行面试，填补厂里质量管理职位的空缺；包装生产线上一位操作工去看病，他顶班在生产线上干了大半天；将生产系统中有关人员间的关系做了一点调整，让工程师们以后直接向工厂的总监汇报工作，不必再通过总工程师。

那天从总经理那里汇报回来，王雷抓紧时间办妥了事：一是与工会处理了一桩劳资纠纷；二是向厂里的基层管理人员解释了在工伤赔偿政策上打算做哪些改动；三是同销售部经理讨论了产品的更新换代问题；四是打电话给一家供应厂商，告诉他们有一台关键的加工机器坏了，无法修理，请他们速来换一台；最后还考虑了如何改进厂里的制造工艺。待办完这些事，他一看表才知早已过了下班的时间。

思考：在该案例中，王雷和张立分别扮演什么管理角色？

一、管理者的概念

任何组织内的工作都可以分为两类：一类是完成具体任务的工作，一类是指挥别人完成任务的工作。在此基础上组织成员就分成了两种类型：操作者和管理者。这两种成员扮演着不同的角色，承担着不同的职责和任务，在各自的岗位上为组织的发展做出自己贡献。

操作者是直接从事某项工作或任务，不具有监督其他人工作的职责的组织成员。

管理者拥有制定组织制度的权力，并以这些权力为基础对他人活动行使管理职能的人。管理者并不从事具体的业务。

管理者是管理行为过程的主体，管理者一般由拥有相应的权力和责任、具有一定管理能力、从事现实管理活动的人或人群组成，是管理活动的出发者和执行者。所谓管理活动的出发者，是指根据既定目标将目标任务分解为各类管理活动、工作任务，并负有督促完成既定目标责任的人，通常是组织的高级领导人员；所谓管理活动的执行者，是指具体执行各种管理活动的人，通常是组织中的骨干人员，管理活动执行者的主体实际上是管理活动出发者的主体的接受者，即管理客体。简单地说，管理者是这样的人，他们通过协调其他人的活动从而达到与别人一起或者通过别人来完成工作；他们做出决策、分配资源、指导别人的活动，从而实现组织目标。

管理者具有以下几个特征：

管理者拥有制度化的权力，特别是奖惩他人的权力；

管理者必须执行一定的管理职能；

管理者的人格通常是双重的。

二、管理者的分类

组织的规模性、工作的繁杂性和管理人员能力的有限性决定了组织内要进行分工，从而产生了各种各样的管理者。由于他们的层次、责任和权限不同，就产生了不同的分类方法。

（一）按管理层次分类

按管理者在组织中所处的位置即管理层次分类，管理者可分为基层管理者、中层管理者和高层管理者。

1. 基层管理者

基层管理者，主要职责是直接指挥和监督现场作业人员，保证完成上级下达的各项计划和指令。他们是组织中最下层的管理者，直接面向在第一线工作的组织成员，主要关心的是具体任务的完成，如企业车间的班组长，职能部门的科长、股长、组长，大学各系、部的教研室主任等。他们所接到的指令是具体的、明确的，所能调动的资源是有限的，工作目标也是比较明确的，即带领和指挥一线工作人员有效地完成任务。他们要向上级报告任务的执行情况，反映工作中遇到的困难并请求支持，可以说，基层管理者的工作对组织目标的实现和实际业绩起着直接的决定作用。

2. 中层管理者

中层管理者，主要职责是正确领会高层的指示精神，创造性地结合本部门的工作实际，有效指挥各基层管理者开展工作。注重的是日常管理事务。他们是一个组织中各个部门的负责人，如公司的部门经理，企业的车间主任，大学的系、部主任等。他们要贯彻、执行高层管理者的指令和计划意图，把任务落实到基层单位，并检查、督促、协调基层管理者的工作，保证任务的完成。他们要完成高层管理者交办的工作，并向高层管理者提供进行决策所需的信息和各种方案。他们的作用主要是上情下达，下情上传，承上启下。随着社会经济从工业化时代进入知识经济时代，大量高科技手段在管理中运用，组织结构发生了深刻的变化，大公司的管理层次减少，企业对中层管理者的需求量锐减。

3. 高层管理者

高层管理者，对组织负全责，主要侧重于沟通组织与外部的联系和决定组织的大政方针，注重良好环境的创造和重大决策的正确性。不论组织大与小、成员多与少，只要是代表该组织的管理者，就是高层管理者。高层管理者除了代表一个组织外，还要把握本组织的目标及发展方向、做出计划和决策、审核组织业绩、沟通与其他组织的联系。因此，组织的高层管理人员应具备较高的文化素质、较强的战略意识。

作为管理者，无论处于组织中的哪一层次，都承担着管理的职责，在工作性质和工作内容上都包括计划、组织、领导、控制、创新的基本职能。

（二）按管理范围与职责领域分类

按管理范围与职责领域分类，管理者可分为综合管理者和职能管理者。

1. 综合管理者

综合管理者是指负责整个组织或部门全部管理工作的管理者。他们是一个组织或部门的主管，对整个组织或部门的目标实现负有全部责任，有权指挥和支配该组织或部门的全部资源与全部职能活动，如厂长、车间主任、工段长等。

2. 职能管理者是指在组织内只负责某一种职能的管理者，只在本职能或专业领域里行使职权，指导工作。职能管理者大多具有某种专业或技术专长。例如工厂的总工程师、财务处长等。

（三）按职权关系的性质分类

按职权关系的性质分类，管理者可分为直线管理者和参谋人员。

1. 直线管理者

直线管理者是指有权对下级进行直接指挥的管理者，也称为直线人员。他们与下级之间存在着领导隶属关系，是一种命令与服从的职权关系。直线管理者的主要职能是决策和指挥，他们是组织等级链中的各级主管。如企业的总经理、部门经理、班组长等就是典型的直线管理者。

2. 参谋人员

参谋人员是指对上级提供咨询、建议，对下级提供专业指导的管理者。参谋人员通常是各级职能管理者。在实际管理中，参谋人员往往可能同时还是直线管理者。例如，财务处长对其他部门来说是参谋人员，是职能管理者，因其只是在财务领域内进行专业指导；而在财务处内部，财务处长由于对本部门工作人员有直接指挥的权力，所以他又是直线管理者。

管理知识

不同领域的管理人才

CEO：Chief Executive Officer　首席执行官
COO：Chief Operating Officer　首席运营官
CFO：Chief Financial Officer　首席财务官
CTO：Chief Technology Officer　首席技术官
CIO：Chief Information Officer　首席信息官
CHRO：Chief Humane Resource Officer　人力资源总监
CBO：Chief Business Officer　首席商务官
CCO：Chief Communication Office　首席沟通官

三、管理者的角色

美国著名管理学家彼得·德鲁克1955年首先提出管理者角色这个概念。所谓管理者的角色实际上是指管理者在组织体系内从事各种活动时的立场、行为、表现等的一种特性归纳。他认为管理者大体上扮演管理一个组织、管理下属、管理工人和工作这三种角色。

到了20世纪70年代，加拿大管理学家亨利·明茨伯格等人开创了经理角色学派，它以对经理所担任的角色的分析为中心来考察经理的职务和工作。经过长期研究，明茨伯格认为，管理者扮演着十种不同但却高度相关的角色，这十种角色可以归纳成人际关系、信息传递、决策制定三个方面，如表1-1所示。

表1-1　明茨伯格的管理者角色理论

角色		描述	特征活动
人际关系方面	挂名首脑	象征性的首脑，必须履行许多法律性的或社会性的例行义务	迎接来访者，签署法律文件
	领导者	负责激励和动员下属，负责人员配备、培训和交往的职责	实际上从事所有的外部委员会工作，从事其他有外部人员参加的活动
	联络者	维护自行发展起来的外部接触和联系网络，向人们提供恩惠和信息	发感谢信，从事外部委员会工作，从事其他有外部人员参加的活动

续表

角色		描述	特征活动
信息传递方面	监听者	需求和获取各种特定的信息，以便透彻地了解组织内部和外部信息的神经中枢	阅读期刊和报告，保持私人接触
	传播者	将从外部人员和下级那里获得的信息（有些是关于事实的信息，有些是解释和综合组织的有影响的人物的各种价值观点）传递给组织其他人员	举行信息交流会，用打电话的方式传达信息
	发言人	向外界发布有关组织的计划政策、行动、结果等信息，作为组织所在产业方面的专家	举行董事会议向媒体发布信息
决策制定方面	企业家	寻找组织和环境中的机会，制定改进方案以发起变革，监督某些方面的策划	制定战略，检查会议决议执行情况，开发新项目
	混乱驾驭者	当组织面临重大的意外的动乱时，负责采取补救行动	制定战略，检查陷入混乱和危机的时期
	资源分配者	负责分配组织的各种资源——事实上是批准所有的重要的组织决策	调动、询问、授权、从事涉及预算的各种活动和安排下级的工作
	谈判者	在主要的谈判中作为组织的代表	参与工作，进行合同谈判

四、管理者的技能

管理者的层次和所扮演的角色各不相同，他们能否行之有效地开展工作，很大程度上取决于他们是否具备了管理所需的技能。通常而言管理者的技能主要包括技术技能、人际技能和概念技能。

（一）技术技能

技术技能是指管理者掌握和熟悉特定专业领域中的过程、惯例、技术和工作的能力。对于一个管理者来说，虽然没有必要成为精通某一专业领域或专业技能的专家（因为他可以依靠有关专业领域来解决专门的问题），但仍需要掌握与其管理的专业领域相关的基本技能，否则管理者就很难与其所主管的组织内的专业技术人员进行有效的沟通，从而也就难于对自己所管辖的义务范围内的各项工作进行具体、有效地指导。

（二）人际技能

人际技能又称人际关系技能，是指一个人能够以群体成员的身份有效地工作的行政能力，是管理者应当掌握的最重要的技能之一。因为管理活动最根本的是对人的管理，而对人的管理的每一项活动都要处理人与人之间的关系。你可以聘请到世界上最聪明的人为你工作，但如果他不能与其他人沟通并激励别人，则对你一点用途也没有。简言之，人际技能即理解、激励和与他人融洽相处的能力。这项技能不仅要求管理人员善解人意，而且还能创造一种使上级信任、使下级感到安全并能自由发表意见的氛围。现代社会的每一项工作几乎都需要与他人沟通协作，因而各层次的管理人员以及一线操作人员都应善于自我把握，即理解、控制自身情绪并自我激励，善于感知并与他人交往，即理解他人情绪、引起他人关注、激励和领导下属。

（三）概念技能

概念技能亦称思想技能或观念技能。是一种把握大局，预测本行业未来发展趋势，并在此基础上做出正确决策、引导组织发展方向的能力。该技能包括系统性、整体性的识别能力、创新能力和抽象思维能力。这种技能有利于管理人员胸怀全局、认清左右形势的重要因素、评价各种机会并决定如何采取行动，使本组织在激烈的竞争中处于有利地位。

概念技能的提高也需要通过一定的学习。一个人受教育的时间越长，掌握的知识越丰富、越广泛，他的概念技能就越高，但提高概念技能是一个潜移默化的过程。

尽管上述三种技能要求对于一名合格的管理人员来说都是不可缺少的，但针对不同层次的管理者其侧重点是不一样的。

五、管理者的素质

管理者要成功地扮演好其角色，正确地行使权力，有效地履行职责，必须具备相应的能力素质。管理者要适应经济社会发展的要求，要特别注重提高各方面的能力素质。管理者的素质主要表现为品德、知识、能力与身心条件。管理者的素质是形成管理水平与能力的基础，是做好管理工作、取得管理成效的主观条件。

管理者的素质主要包括政治与文化素质、基本业务素质、身心素质、创新素质。

1. 政治与文化素质

管理者要有较高的政治觉悟和坚定的政治立场，良好的文化修养。

2. 基本业务素质

基本业务素质主要包括知识素质和能力素质，可以通过管理者的技能来体现。即技术技能、人际技能和概念技能，任何管理者都要具备这三项技能。

3. 身心素质

身心素质主要指管理者应该有健康的体魄和健康的心理。

4. 创新素质

在社会化环境不断发展、市场竞争日趋激烈的今天，没有创新，就不会有发展。创新素质包括创新意识、创新精神、创新思维、创新能力等，不具备创新素质的管理者不能称之为优秀的管理者。

管理者的素质是由多种要素共同构成的有机统一体，各要素之间相互联系、相互制约。提高管理者素质要坚持整体推进，从系统的角度去思考、去学习、去掌握、去提高。

管理知识

管理者应如何进入角色

1. 角色认知

管理者必须全身心地进入角色，而进入角色的前提是角色认知。所谓角色认知，就是你对这个角色的认识程度、了解程度以及如何去认知。需要了解以下问题：需要做什么；职责界限是什么；为实现卓越有效的管理需要什么技能。

2. 角色移情

角色移情即当你从事这个职业的时候，你应把对于家庭的感情，或者对自己爱人的感情，转移到对待职业这个角色上来。管理者应该有这个移情的过程，应该像对待至亲至爱的人一样，热爱自己的工作和职位。

3. 行为操作

需要决定生存，动机产生行为。在行为操作上，我们要根据动机强烈与否、需求大小与否，给自己设计一套行为操作方式，以便更好地达到目标。

六、管理者的培养

松下幸之助有一句名言：松下生产人，同时生产机器。由此可见人才的培养甚至比产品的生产更为重要。人的素质和能力虽然和先天禀赋有一定的联系，但也是可以通过后天的学习和锻炼改造来培养的。培养管理者的基本途径就是学习和实践。

（一）通过学习提高管理者的理论水平和技能水平

管理是一门科学。它以反映客观管理规律的管理理论和方法为指导。它有一套分析问题、解决问题的科学方法论。管理者可以通过学习来掌握这些理论和方法，并用来指导自己的客观实践。

管理故事

从模仿到创造

明末画家陈洪绶从小学绘画就不恪守死规则。有一次，他到杭州府学习拓印李公麟所绘的七十二贤人石刻，他关起门来临摹了十几天，把石刻全部画下来请别人看，并问："画得怎么样?"那人说："画得很像了。"他听了很高兴。又临摹了十多天，再拿去给别人看，又问："画得怎么样?"别人回答说："不像了。"他却更加高兴。这是因为经过多次临摹，他已经掌握了李公麟画法的精髓，又加以创新，人们辨认不出来了。

【启示】陈洪绶学画经历了两个互相联系的阶段：第一阶段为模仿；第二阶段为创造。没有继承便没有发展，为了继承前代宝贵经验，模仿是很必要的，但第二阶段更重要，如果仅停止在模仿阶段不前进，模仿得再好，也是没有出息的，很多人辛苦学习一生，结果却十分平庸，其原因在于只会模仿，缺乏创造，作为管理者，通过学习提高自身是十分重要的。

（二）通过实践提高管理能力

管理是一门艺术。管理的艺术性就在于强调实践性，没有实践则无所谓艺术。管理者必须通过实践，在实践中发挥自己的积极性、主动性和创造性，因地制宜地将管理知识和具体的管理活动相结合，这样才能成为一名优秀的管理者。

管理故事

纸上谈兵

《史记·廉颇蔺相如列传》记载：战国时赵国名将赵奢之子赵括，从小学习兵法，谈起兵事来父亲也难不倒他。后来他接替廉颇为赵将，在长平之战中，只知道根据兵书办，不知道变通，结果被秦军大败。

【启示】不能空谈理论而不解决实际问题，要在实践中提高能力。

七、成功的管理者与有效的管理者

管理案例

两类管理者的晋升：成功的管理者 PK 有效的管理者

某集团公司目前有一副总裁的职位空缺，欲从集团公司的9个分厂厂长中选拔一人添补。其中一分厂的A厂长呼声最高。A厂长工作勤恳，几乎总是第一个上班最后一个离厂，细心过问厂内的大小事情，对待下属员工也总是和蔼可亲，并且这位技术出身的厂长还通过亲自带领实施技术改造而使企业效益一直保持在各分厂的中上水平。

但经过集团领导的研究最终选定的是二分厂的B厂长。结果一公布，便有反对意见反馈上来。反对的理由大致有三方面：一是认为B厂长不务正业，不关心本职工作，而是热衷于"拉关系"；二是尽管二分厂的效益一直名列前茅，但这与B厂长的特殊背景有关，并非其本人的能力所致；三是二分厂的大部分工作是由B厂长委派下属完成的，效益是下属创造的，因此功劳不能记在B厂长身上。

【分析】A厂长能够得到公司员工的支持，主要的原因一是其勤恳工作，二是对待员工和善可亲，能够与员工建立很好的关系，其中第二个原因可能更影响员工的支持率。反对B厂长的原因主要是因为其把更多的时间放在与上级和外部的关系经营上，与员工的关系不如A厂长。为什么呼声甚高的A厂长没有顺理成章地升任副总裁，而决策层看中的B厂长却有人明确反对？这可以用卢森斯实验来解释。

卢森斯曾经对450多位管理者进行研究，他发现这些管理者都从事以下四种活动：传统管理（包括决策、计划和控制）；沟通（包括交流例行信息和处理文书工作）；人力资源管理（包括激励、惩戒、调解冲突、人员配备和培训）；网络联系（包括社交活动、政治活动和与外界交往）。

但是，不同的管理者，花费在这四项活动上的时间和精力显著不同（见表1－2）。

因此，他把工作数量多、质量好以及下级对其满意程度高的管理者称为有效的管理者，把在组织中晋升速度快的管理者称为成功的管理者。

表 1－2　　平均的、有效的和成功的管理者在各项管理活动上的时间分布

管理活动	平均的管理者	有效的管理者	成功的管理者
传统管理	32%	19%	13%
沟通	29%	44%	28%
人力资源管理	20%	26%	11%
网络联系	19%	11%	48%

平均意义上的管理者在传统管理、沟通、人力资源管理和网络联系这四项活动中的每一项上花费 20%—30% 的时间。而成功的管理者在对各种活动的强调重点上与有效的管理者则显著不同，事实上，他们几乎是相反的。成功的管理者十分重视网络联系，他们用掉近一半的时间（48%）在网络联系上，而有效的管理者则将大部分时间（70%）用在沟通和人力资源管理上，其用于网络联系的时间仅为 11%，不到成功的管理者的 4/1。卢森斯根据以上的调查研究得出了如下结论：

（1）对于成功的管理者而言，网络联系对管理者的成功相对贡献最大，从事人力资源管理活动的相对贡献最小。

（2）对有效的管理者而言，沟通的相对贡献最大，网络联系的贡献最小。

（3）社交和施展政治技巧对于在组织中获得更快的晋升起着重要作用。

卢森斯从实证角度证明了前面案例所述情形的普遍存在，其中 A 厂长就是有效的管理者的典型代表，而 B 厂长则是成功的管理者的典型代表。卢森斯的研究不仅向我们揭示了有效的管理者往往不是成功的管理者的现实，同时也归纳了成功的管理者与有效的管理者所体现出的不同行为特征，可以说，正是成功的管理者所体现出的独特活动特征导致了其在组织内的迅速晋升。但至于为什么这样的活动特征会导致成功的管理者的迅速晋升，卢森斯只提出了“政治技巧”的作用。事实上，这也是许多人对于 B 厂长这样的成功的管理者所持的普遍看法。对此 Pearce 和 Robinson 在他们 1989 年合著的 Management 一书中也曾作过相关论述，他们认为：由于不同的管理位置对管理者的要求不同，并且现实中许多管理者的管理风格虽然各异却都获得了成功，所以几乎无法预先精确地指出哪个人肯定会成功或肯定不会成功。由于缺少明确的标准，在挑选管理者时就可能出现依据“关系”而非绩效选拔的情况。这就为“政治技巧”在晋升中发挥作用提供了可能，从而在一定程度上佐证了卢森斯的观点。但他们同时也指出，由于管理人员知道其工作成败主要依赖于其下属管理人员的工作能力，因而尽管有“政治技巧”因素的存在，高层管理者在选择下属管理人员时，仍主要会以被选拔者的能力为主。所以我们不能认为所有的这类晋升都是“政治技巧”的作用，特别是在这种现象如此普遍存在的情况下，就更加说明必然还有更深层的原因导致成功的管理者较有效的管理者有更快的晋升速度。

学习任务三
认知企业管理

任务引入

升任公司总裁后的思考

郭宁最近被所在的生产机电产品的公司聘为总裁。在准备接任此职位的前一天晚上，他浮想联翩，回忆起他在该公司工作20多年的情况。

他在大学时学的是工业管理，大学毕业后就到该公司工作，最初担任液压装配单位的助理监督。他当时感到真不知道如何工作，因为他对液压装配所知甚少，在管理工作上也没有实际经验，他几乎每天都手忙脚乱。可是他非常认真好学，一方面仔细参阅该单位所订的工作手册，并努力学习有关的技术知识；另一方面监督长也对他主动指点，使他渐渐摆脱了困境，胜任了工作。经过半年多时间的努力，他已有能力独担液压装配的监督长工作。可是，当时公司没有提升他为监督长，而是直接提升他为装配部经理，负责包括液压装配在内的四个装配单位的领导工作。

在他当助理监督时，他主要关心的是每日的作业管理，技术性很强。而当他担任装配部经理时，他发现自己不能只关心当天的装配工作状况，还得做出此后数周乃至数月的规划。还要完成许多报告和参加许多会议，他没有多少时间去从事他过去喜欢的技术工作。当上装配部经理不久，他就发现原有的装配工作手册已基本过时，因为公司已安装了许多新的设备，引入了一些新的技术，这令他花了整整一年时间去修订工作手册，使之切合实际。在修订手册过程中，他发现要让装配工作与整个公司的生产作业协调起来是有很多讲究的。他还主动到几个工厂去访问，学到了许多新的工作方法，他也把这些新方法吸收到修订的工作手册中去。由于该公司的生产工艺频繁发生变化，工作手册也不得不经常修订，郭宁对此都完成得很出色。他工作了几年后，不但自己学会了这些工作，而且还学会如何把这些工作交给助手去做，教他们如何做好，这样，他可以腾出更多时间用于规划工作和帮助他的下属工作得更好，以及花更多的时间去参加会议、批阅报告和完成自己向上级的工作汇报。

在他担任装配部经理6年之后，正好该公司负责规划工作的副总裁辞职去了其他公司，郭宁便主动申请担任此职务。在同另外5名竞争者较量之后，郭宁被正式晋升为规划工作副总裁。他自信拥有胜任这个新职位的能力，但由于此高级职务工作的复杂性，仍使他在刚接任时碰到了不少麻烦。例如，他感到很难预测一年之后的产品需求情况。可是一个新工厂的开工，乃至一个新产品的投入生产，一般都需要在数年前做出准备。而且，在新的岗位上他还要不断处理市场营销、财务、人事、生产等部门之间的协调工作，这些他过去都不熟悉。他在新岗位上感到：越是职位上升，越难于仅仅按标准的工作程序去进行工作。但是，他还是渐渐适应了，做出了成绩，以后又被提升为负责生产工作的副总裁，而这一职位通常是由该公司资历最深的、辈分最高的副总裁担任的。到了现在，郭宁又被提升为总裁。他知道，一个人当上公司最高主管职位之时，他应该自信自己有处理可能出现的任何情况的才能，但他也明白自己尚未达到这样的水平。因此，他不禁想到自己明天就要上任了，今后数月的情况会是怎么样？他不免为此而担忧。

思考：

（1）郭宁担任助理监督、装配部经理、规划工作副总裁和总裁这四个职务，其管理职责各有何不同？能概括其变化的趋势吗？请结合基层、中层、高层管理者的具体任务进行分析。

（2）你认为郭宁要成功地胜任公司总裁的工作，哪些管理技能是最重要的？你觉得他有这些技能吗？试加以分析。

（3）如果你是郭宁，你认为当上公司总裁后自己应该补上哪些欠缺才能使公司取得更好的绩效？

一、企业的概念

企业是从事商品生产、流通和其他服务活动，以产品或服务满足社会需要并获取盈利为目的，实行自主经营、自负盈亏、自我约束、自我发展，具有法人资格的独立的经济组织。

企业应具备的条件（一般特征）：①企业必须有一定的组织机构，有自己的名称、办公和经营场所、组织章程等要素。②企业应自主经营、独立核算、自负盈亏，具有法人资格。③企业是一个营利性经济组织。

二、企业的目标、责任和使命

（一）企业目标

企业目标是指企业在一定时期内要达到的目的和要求。一般用概括的语言或数量指标加以表示企业目标。

企业目标可以定性描述，也可以定量描述。定性描述阐明目标的性质与范围，定量描述阐明目标的数量标准。

1. 目标体系

企业目标往往是一个目标体系，可分为主要目标和次要目标、长期目标和短期目标、总体目标和局部目标。

2. 目标分类

企业目标可分为对社会贡献目标、市场目标、利益与发展目标、成本目标、技术能力目标、人员培训目标等方面。

3. 目标具体表现

企业目标具体表现为产品品种、产量、质量、固定资产规模、市场占有率、利润额、上缴税金和福利基金等指标。

（二）企业责任

1. 企业责任的概念

企业责任是指企业在争取自身的生存发展的过程中，面对社会的需要和各种社会问题，为维护国家、社会和人类的利益，所应该履行的义务。

企业作为一个商品生产者和经营者，它的义务就是为社会经济的发展提供各种所需要的商品和劳务。

2. 企业责任的内容

企业对员工的责任。

企业对社会的责任。

企业对生态环境的责任。

企业对国家的责任。

（三）企业使命

企业使命是指企业的最终目的，如满足社会需要、顾客满意、追求最大的利润等。对此有两种不同的观点，一种观点认为：在自由竞争的市场体系下，企业追求私利极大化的过程会导致社会公利极大化的结果；社会问题应该由政府和社会本身来解决。另一种观点认为：企业应该具有社会责任感，这对企业本身有好处。

三、企业的组织形式

（一）独资企业

独资企业也称为独资制、单一业主制，是历史上最早出现的企业制度形式，是最传统、最简单的企业形式，只有一个产权所有者。企业财产＝个人财产。在法律上为自然人企业。通常业主直接经营，对经营有绝对权威，业主享有全部经营所得，独立承担企业风险，对债务有完全清偿责任。

优点：规模较小，经营方式比较灵活，决策迅速及时，制约因素较少，业主能够独享利润，企业保密性强。

缺点：自然人对企业的影响大，企业没有独立的生命。

独资企业至今仍普遍存在，而且在数量上占大多数。适合于零售商业、服务业、家庭农场、开业律师、个人诊所等。

（二）合伙制企业

合伙制企业是指出资创办人（即合伙人）为两人以上，基于合伙合同建立。企业财产＝个人财产。在法律上为自然人企业。企业的财产归合伙人共同所有，由合伙人统一管理和使用，合伙人都有表决权，不以出资额为限。合伙人经营积累的财产，归合伙人共同所有。合伙人对企业债务负连带无限清偿责任。

优点：扩大了资本来源和信用能力，提高了决策能力，增加了企业发展的可能性。

缺点：多头领导，重大决策时可能延误，合伙人有一人退出或加入都会引起企业的解散或重组，企业存续相对不稳定，企业规模存在局限。

合伙制企业占全部企业的比重小。适合于资本规模较小，管理不复杂，经营者对经营影响较大，个人信誉因素相当重要的企业。

（三）股份合作制企业

股份合作制企业是指企业全部资本划分为等额股份，主要由员工股份构成，员工股东共同劳动、民主管理、利益共享、风险共担，依法设立的法人经济组织。

（四）公司制企业

公司制企业是由两个以上的出资者组建，能够独立享有民事权利，承担民事责任的以营利为目的的经济组织。公司制是企业发展的高级形式。

1. 特征

公司是法人。

公司实现了股东最终财产所有权与法人财产权的分离。

公司法人财产具有整体性、稳定性和连续性。

公司实行有限责任制度。

公司制企业是商品经济发展和现代化大生产的产物，是适合于现代企业经营的一种企业组织形式。

2. 优点

资本社会化使众多分散的、数量有限的资产所有者通过股份企业的财产组合机制实现资本联合，进行规模化生产。

有限责任解除了投资者的后顾之忧，鼓励和刺激了投资的欲望和积极性。

资本所有者在一定条件下可以将自己拥有的股权转让出去，较方便地转移所有权。

企业管理制度化、科学化，管理效率高，企业寿命长。

3. 组织形式

我国目前公司的组织形式主要是有限责任公司和股份有限公司。

（1）有限责任公司。有限责任公司是由较少股东（一般 2－50 人，新《公司法》允许有 1 人公司）共同出资，经过一定法律程序取得法人资格的独立的经济主体。每个股东以其所认缴的出资额对公司承担有限责任，公司以全部资产对其债务承担责任。

（2）股份有限公司。股份有限公司是指注册资本由等额股份构成，并通过发行股票或股权证筹集资本，公司以其全部资产对公司的债务承担有限责任的企业法人。

（五）企业集团

企业集团是一种在经济联合的基础上建立的密切联系的企业群体组织。

四、现代企业的法人治理结构

（一）法人治理结构的内涵

法人治理结构是有关所有者、董事会、高级执行人员即高级经理人员、其他利益相关者之间权力分配和制衡关系的一种制度安排，表现为明确界定股东大会、董事会、监事会和经理人员职责和功能的一种企业组织结构。

（二）法人治理结构的具体内容

法人治理的组织制度坚持决策权、执行权和监督权三权分立的原则，由此形成了股东大会、董事会和监事会并存的组织框架。

（1）决策机构：权力机构，即股东大会经营决策机构，即董事会。

（2）执行机构，即高级经理人员。

（3）监督机构，即监事会。

（三）法人治理结构内部的制衡关系

股东大会与董事会之间是信任委托关系。董事会与高级经理人员之间是委托代理关系。股东大会、董事会、高级经理人员、监事会之间是相互制衡关系。

1. 股东大会与董事会之间的信任委托关系

（1）董事会受股东委托经营公司，成为公司法定代表，并对全体股东负责。

（2）受托经营的董事不同于受雇的高级经理人员。董事会只是全体股东的代表，为全体股东的利益行使公司经营权力。

（3）在法人股东占主导地位的情况下，大法人股东一般会派出自己的代表充当被持股公司的董事。

2. 董事会与高级经理人员之间的委托代理关系

高级经理人员特别是总经理作为董事会的意定代理人，拥有：管理权，即管理公司内部事务；代理权，即诉讼和商业代理。

委托代理关系的特点包括：

（1）高级经理人员作为被聘用的代理人，其权力受到董事会委托范围的限制：法定限制，即法律、公司章程；意定限制，即董事会授权范围（营业方向、经营策略、财产处置等）。

（2）对高级经理人员的委用是有偿的。

（3）必须对高级经理人员进行有效的约束和激励。

综合实训

一、单项选择题

1. 管理者在处理与组织成员和其他利益相关者的关系时，他们就在扮演（　　）。

A. 人际角色　　B. 信息角色

C. 决策角色

2. 在同不合作的供应商进行谈判的时候，管理者扮演的是（　　）。

A. 企业家角色　　B. 干扰应对者角色

C. 资源分配者角色

3. （　　）对于所有层次管理的重要性大体相同。

A. 技术技能　　B. 人际技能

C. 概念技能

4. 作为（　　）管理者把重要的信息传递给工作小组成员，作为（　　）管理者把信息传递给单位或者组织以外的个人。

A. 监听者、传播者　　B. 发言人、传播者

C. 发言人、监听者　　D. 监听者、发言人

5. 在做出企业并购决策时，管理者必须从多个角度出发全面分析拟购企业目前状况及可能的发展余地等情况，这时管理人员需要的技能主要是（　　）。

A. 诊断技能　　B. 人际技能

C. 概念技能　　D. 技术技能

二、多项选择题

1. 管理的客体是（　　）。

A. 人　　B. 信息

C. 机构　　D. 目的

E. 物

2. 管理的基本特征是（　　）。

A. 具有内部基本要素和外部环境要素　　B. 主体是管理者

C. 具有任务、职能和层次　　D. 核心是协调人际关系

E. 一种文化现象和社会现象

3. 管理的社会属性体现着生产资料所有者指挥劳动、监督劳动的意志，因此，管理与（　　）因素相联系。

A. 生产力　　B. 生产关系

C. 社会化大生产　　D. 社会制度

E. 科学技术

4. 管理者在管理过程中承担的职能是（　　）。

A. 计划　　B. 组织

C. 人员配备　　D. 领导

E. 控制　　F. 创新

5. 管理的二重性是指管理的（　　）。

A. 科学性　　B. 自然属性

C. 艺术性　　D. 社会属性

E. 实践性

三、案例分析题

A 项目团队的狂人们

"我们走的方向就是不正确!"史密斯嚷嚷着摔门而去。在 A 项目的团队研究工作中，史密斯强硬地坚持己见，并与其他人时常发生矛盾冲突，这样的消息不断地灌进 A 项目实验室负责人琼的耳朵里。"其实，他非常的聪明和优秀。"这是琼对史密斯的评价，但史密斯与团队其他人不和又的确是事实。

“没有必要谈什么团队合作，走出实验室的每一分钟都是在浪费时间。”维克多也是一位出色的科学家，但同样对团队合作不屑一顾，让其他人感觉“伤了自尊”。

鲍尔和迈克这两个人本是琼的得力干将，自从被分到A项目组后，居然水火不容起来。两人在一个重大问题上意见相左，而且看起来似乎没有协商的可能。

与实验室的科学家和工程师相比，琼的学历和资历远远不够，但她却是一个杰出的管理者，很有责任心和自信心，非常善于与人沟通，在关键时刻总能把握住方向。在她的领导下，实验室做出了许多不凡的成绩。目前，琼管理着安捷伦全球三间实验室，作为实验室的负责人，琼知道在A项目组中，很多人在自己的专长领域内可以称雄，也有很好的合作精神，能够顾全大局，但总有一些让琼很头痛的“牛”人。

他们很优秀，他们很行，因此，他们也很“牛”，并且开始对团队表现出杀伤力，如何让项目组的所有成员，尤其是那些有着强烈的自我愿望，自视清高的“牛”人安安分分地步入项目组既定的目标轨道？

关于这个问题，琼有自己的一套做法：

1. 认识这个群体。人们需要得到尊重，需要得到倾听，对科学家和工程师而言尤其重要，因为他们需要自己的贡献被世人认可。

2. 准确衡量杀伤力。总体而言，那些注重团队合作的人，他们的贡献比游离于团队边界的人要大得多。但总有一些不安分的个人，他们的能力是可圈可点，但也可能有一些越界行为。

3. 对于问题员工，采取不同的方式。

(1) 换环境法。如果那个人不适应目前所在的研究环境，那么大可尝试将他用在其他地方，比如将他调到另外一个能让他尽情发挥的项目上去。

(2) 提示法。对合作表现出不屑一顾的人也许并非出自本意，那么就需要在适当的时候以适当的方式让他们意识到自己存在的问题。很多时候必须与员工进行及时的沟通，以达到相互理解的目的。

(3) 求同存异。对有意见分歧的员工分别进行谈话，帮助他们找到相同点。

琼按照这种方法成功地使A项目研究工作顺利进行着，琼常说：别指望靠管理的条条框框能约束这些科学狂人，和他们打交道，就像在厨房里做牛排，仅看菜谱是远远不够的，你得掌握好火候，这些都得凭感觉。

思考：

A项目组的内部管理是否有效？作为管理者应具备怎样的条件和素质？管理者应如何对待具有不同特征的管理对象？案例中涉及了哪些管理职能？

项目二 *Project 2*

管理思想与管理理论

学习目标

知识目标：

- 了解中国古代的管理思想与管理实践
- 掌握古典管理理论的内容
- 掌握人际关系理论的内容
- 了解现代管理理论各学派
- 了解现代管理理论的新思潮和特点

能力目标：

- 培养理论和实践相结合的能力
- 培养管理思维能力
- 能够通过管理理论角度去认识管理实践

思维导图，如图 2－1 所示：

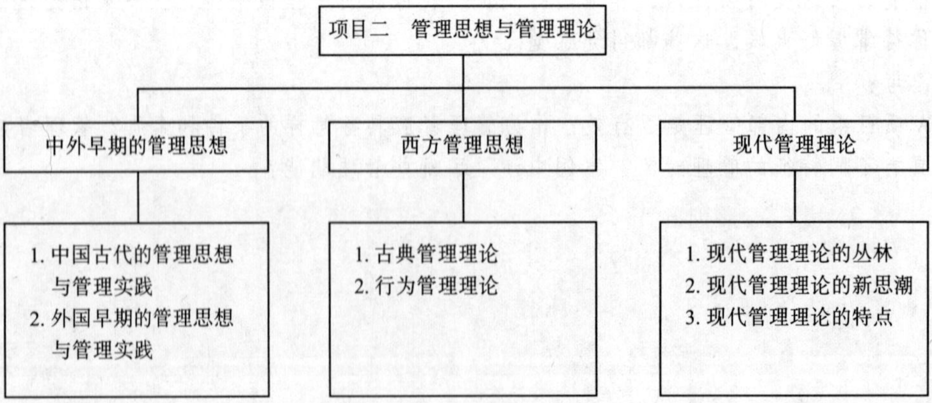

图 2－1 思维导图

学习任务一
中外早期的管理思想

任务引入

联合邮包服务公司的科学管理

联合邮包服务公司（UPS）雇用了15万员工，平均每天将900万个包裹发送到美国各地和180个国家。为了实现他们的宗旨——在邮运业中办理最快捷的运送。UPS的管理当局系统地培训他们的员工，使他们以尽可能高的效率进行工作。让我们以送货司机的工作为例，介绍一下他们的管理风格。

UPS的工业工程师们对每一位司机的行驶路线进行了时间研究，并对每种送货、暂停和取货活动都设立了标准。这些工程师们记录了红灯、通行、按门铃、穿院子、上楼梯、中间休息喝咖啡时间。甚至上厕所时间，将这些数据输入计算机中，从而给出每一位送货司机每天工作的详细时间标准。

为了完成每天取送130件包裹的目标，司机们必须严格遵循工程师设定的程序。当到达目的地时，司机松开安全带，按喇叭，关发动机，拉起紧急制动，把变速器推到1挡上，这一系列动作严丝合缝。然后，司机从驾驶室下车，右臂夹着文件夹，左手拿着包裹，右手拿着车钥匙。他们看一眼包裹上的地址并记在脑子里，然后以每秒3英尺（0.9米/秒）的速度快步跑到顾客的门前，先敲一下门以免浪费时间找门铃。送完货后，他们在回到卡车上的路途中完成登录工作。

这种刻板的时间表是不是看起来有点烦琐？也许是。它真能带来高效率吗？毫无疑问！生产效率专家公认，UPS是世界上效率最高的公司之一。举例来说吧，联邦捷运公司平均每人每天不过取送80件包裹，而UPS却是130件。在提高效率方面的不懈努力，看来对UPS的净利润产生了积极的影响。虽然这是一家未上市的公司，但人们普遍认为它是一家获利丰厚的公司。

思考：联合邮包服务公司（UPS）为获得最佳效率是如何做到的？以上材料说明了什么问题？

人类的管理实践活动历史悠久，纵观管理思想的形成与发展过程，大致可以划分为如下四个阶段：

早期管理思想发展阶段（19世纪末以前）；

古典管理思想发展阶段（19世纪末—20世纪初）；

近代管理思想发展阶段（20世纪30年代—20世纪60年代）；

现代管理思想发展阶段（20世纪60年代至今）。

各个阶段管理思想的形成和发展为现代管理学的发展奠定了坚实的基础，学习和了解管理思想的发展历史，对掌握管理学的基本原理、基本理论和知识体系是极为重要的。

一、中国古代的管理思想与管理实践

中国是一个历史悠久的文明古国，在社会实践中形成的管理思想源远流长，丰富多彩。我们发现，中国古代的管理思想主要包括两个方面：宏观治国的管理思想和微观治生的管理思想。治国的管理思想主要论述财政赋税管理、人口田制管理、货币管理、价格管理、国家行政管理等方面。治生的管理思想主要论述农副业、手工业、商业等生产和流通方面的管理思想。尽管我国古代的管理思想浩如烟海，但由于受生产力和科学技术发展的限制，这些管理思想还是比较零星分散。归纳起来，中国古代的管理实践大致有以下几个方面：

（一）组织方面的管理思想

周公（前12世纪—前11世纪），姓姬名旦，他编的《周礼》一书，是为周朝制定的一套官僚组织和制度。这本书将周代官员分为天、地、春、夏、秋、冬六官，以天官（又称冢宰）职位最高。六官分三百六十职，各有职掌，层次分明，职责清楚。

春秋时代孙武所著《孙子兵法》是世界上最古老的兵书。他在其书中曾提到军、旅、卒、伍的军队编制。军为12500人，旅为500人，卒为100人，伍为5人，层次关系明晰，编制比较完备。他在书中还说："凡治众如治寡，分数是也；斗众如斗寡，形名是也。"他认为无论管理人数的多与少，道理都一样，只要抓住主要领导这个特点就行了。这种观点类似现代管理中所谈到的"要按一定的管理层级和管理幅度建立组织机构"的管理思想。

在劳动组织方面，中国古代有许多伟大工程，如秦代蒙恬征募30万人修筑万里长城，隋炀帝动员近百万民工修浚运河。这些浩大工程的建成，都是古代管理思想在劳动组织上实践的范例。而战国时代，墨翟就提出过劳动过程分工的思想，他说："譬如筑墙然，能筑者筑，能实壤者实壤，能欣者欣，然后墙成也。"元代董抟霄提出"百里一日运粮术"的具体做法，即"每人行十步……三千六百人可行百里，每人负米四斗，以夹布囊盛之，用印封识，人不息肩，米不着地，排列成行，日行五百回，计路二十八里。轻行一十四里，重行一十四里，日可运米二百石，每运给米一升，可供二万人"。这里讲的"米不着地"，可减少不必要的停滞时间，"排列成行""人不息肩"可缩短操作过程，提高工作效率。这种办法符合现代流水作业原理。

（二）经营方面的管理思想

管仲是春秋初期政治家、思想家，他编撰的《管子》一书，是我国最早的、成就最高的一部经济著作。该书所记载的经营思想主要有：①经营管理要顺应事物自身的客观规律，违背它必遭失败。认为一切社会活动均有"轨"可循，"不通于轨数而欲为国，不可"，你若逆它，必"怀其凶"，"不可复振也"。②强调和气生财，即处理好人际关系，认为"上下不和，虽安必危"。③办事要守信誉。主张"不欺其民也""言而不可复者，君不言也；行而不可再者，君不行也。凡言而不可复，行而不可再者，有国者之大禁也”。④办事要从实际出发，量力而行，认为“动必量力，举必量技”，“不为不可成，不求不可得”。⑤主张办一切事情必须统筹谋划，提出“事无备则废”，“以备待时”的观点。《管子》中许多论点为后世政治家、理财家作为准则。

计然是春秋时期著名谋士、经济学家，和范蠡一起辅佐越王勾践灭吴。司马迁在《史记·货殖列传》中专门论述了计然的著名经营理论——计然之策。计然之策包括待乏原则和积著之理。待乏原则提到“水则资车、旱则资舟、夏则资皮、冬则资絺”，是指市场上的货物，要根据年岁、季节预测需求行情，预先收储以待时机，方有利可图。积著之理是指获取利润的方式。计然认为：“务完物，无息币。以物相贸易，腐败而食之货勿留，无敢居贵。论其有余不足，则知贵贱。贵上极则反贱，贱下极则反贵。贵出如粪土，贱取如珠玉。财币欲其行如流水。”这是说经营的物品，切勿长期存储，贪图高价。要通过商品数量的多寡，预测其价格的贵贱。某商品太贵必转而下跌，太贱则又回涨。要使货币像流水一样经常流动和运行，才能得到经济效益。

白圭是战国时期洛阳人，他根据农业生产周期的规律进行经营，成为当时巨富。司马迁誉为“盖天下言治生祖白圭”。白圭的经营之道表现在：①主张“乐观时变”，强调观察农业生产丰歉对市场动向的影响，把商情预测作为经营决策的基础；②采取“人弃我取，人取我与”的经营策略；③减少耗费，降低经营成本；④主张“欲长钱，取下谷”的经营之道，即薄利多销，数量上取胜；⑤主张“薄饮食，忍嗜欲，节衣服，与用事僮仆同苦乐”，即与手下人同甘苦。

司马迁是西汉时期的历史学家、文学家和思想家。他写的《史记·货殖列传》是一篇有名的经济论著，它使我国古代治生的管理思想有了较为完整的理论体系。司马迁的“自然之验”论，是他经济管理的基本思想。他肯定了“农而食之，虞而出之，工而成之，商而通之”等社会生产和流通活动在历史发展中的重要作用。认为发展商品经济，满足人们的物质需要和求富要求，是社会经济发展的向身规律。这也是他的“自然之验”的基本思想。司马迁对发展商品经济的研究，已突破了传统封建经济思想的局限，表现出了他的管理思想的历史进步性和非凡的理论创造力。他还在《史记》中列出了一些生产经营原则，如重视货币资本、资金要不断运转、利润率不可过高、经营要善于掌握时机、勤俭办事、用人要善于挑选、商品要注重质量、经营人们喜爱和需要的商品等。

（三）以人为本的管理思想

老子在《道德经》中说：“域内有四大，而人居其一焉。”“四大”指道、天、地、人。可见老子十分重视人的要素。管仲也在《管子》中明确指出：“凡治国之道，必先富民。”孔子主张“礼义治国”，希望推行以“礼”为核心的管理目标，以“义”为特征的管理方法。孟子认为“以佚道使民，虽劳不怨；以生道杀民，虽死不怨杀者”。这些都体现着以人为本的思想。在用人方面中国素有“选贤任能”“任人唯贤”的主张以及“禅让制度”。在《尧典》这部上古文献中，就记述了尧、舜执掌政务后的禅让事迹。还记述人员任用中试用和考绩的制度，对于已经任用的“有三载考绩”的规定，经过三次考核，昏庸的降职，明智的升级。在重视人才方面，墨子主张“不辨贫富、贵贱、远近、亲疏，贤者举而尚之，不肖者抑而废之”。《吕氏春秋》中有“得贤人，国无不安……失贤人，国无不危”的论述。在使用人才方面，《管子》提出：“毋与不可，毋强不能”，即注意因材施用，扬其所长，避其所短，不可求全责备。还认为“德以合人”、“人以德使”，只有众心所归，方能群才荟萃。

（四）理财方面的管理思想

孔子在理财方面主张“崇俭”，他在《论语》中指出：“节用而爱人，使民以时”。墨子主张“俭节则昌，淫佚则亡”。荀况主张富国与富民并举，提倡“上下俱富”。为此必须“节其流，开其源”。“使天下必有余，而上不忧不足”。这些观点都说明，“开源节流”“崇俭黜奢”是我国历来倡导的思想。

在理财手段上，中国古代曾实行一些核算制度：①会计。南宋郑伯谦在《太平经国之书》中，提出会计原则：“出纳移用之权”和“纠察钩考之权”要分别由不同“官司”掌管，即主张出纳和会计分离。②成本核算。王莽时代（9—23）核算酒类成本是中国史籍上见到的最早的记载。③统计。明代邱睿（1420—1495）曾将元朝从至元二十年（1283）到天历二年（1329）共47年的海运漕运记录，按逐年起运实收和损失数量做了详细的统计，从统计分析中得出海运损耗远较河运为小的结论。这可算是中国历史上运用统计分析最早的典型。

（五）管物方面的管理思想

中国古代对物管理的一个指导思想就是“利器说”。孔子在《论语》中说：“工欲善其事，必先利其器”。《吕氏春秋》指出，使用利器可达到“其用日半，其功可使倍”的效果。另外，在定额管理、规范操作方面，宋代李诫编修的《营造法式》一书早有系统记载。对财物保管和收纳支出也早有制度，并有专门官员分类管理。

我国古代的管理思想宝库中，还有：①韩非的法治管理思想。②北宋沈括（1031—1095）在《梦溪笔谈》里所记载的丁渭重建被焚皇宫，从控沟（取土）——引水入沟（运入建筑材料）——填沟（处理垃圾，修复大道）的总体施工过程，取得“一举而三役济”“省费以亿万计”，阐述了系统运筹的思想。③在人性的研究方面，有孟子的“性善论”与荀子的“性恶论”，主张“从人之性，顺人之情”，满足人的需要。

总之，我国古代的管理思想极为丰富，有不少内容至今仍闪耀着光彩，现代管理学中的一些观点、理论和方法也都可以从我国古代思想宝库中直接或间接地找到有益的借鉴。

二、外国早期的管理思想与管理实践

管理活动或管理实践是自古以来就存在的，它是人类集体协作、共同劳动所产生的。人类进行的管理实践，大约已超过6000年的历史。埃及金字塔、巴比伦古城、我国的万里长城等，都是古代人民勤劳智慧的结晶，也是历史上伟大的管理实践。

古罗马帝国之所以兴盛，在很大的程度上应归功于领导者卓越的组织才能。戴克里先成为皇帝后，实行了一种把中央集权控制与地方的分权管理很好地结合起来的连续授权制度。罗马从一个小城市发展成为一个世界帝国，在公元2世纪取得了统治欧洲和北非的宏伟基业，并延续了几个世纪的统治。

罗马天主教会早在第一次工业革命以前，就采取按地理区域划分基层组织的方法，并在此基础上又采用有很高效率的职能分工，成功地解决了大规模活动的组织问题。罗马天主教会之所以能够有效控制世界各地5亿以上教徒的宗教活动，在很大程度上与它采用的这一套组织形式有密切关系。

公元6世纪到18世纪，在欧洲大体上是奴隶社会末期到资本主义萌芽的时期，社会生产力、商品生产都有了一定程度的发展，并产生了所谓的重商主义。从管理上来看，这一时期主要出现了两种类型的社会组织活动或组织形式：一种是商业行会（trade union）和手工业行会（craft guild），一种是厂商组织（firm organization）。前者是商人、手工业者进行自我管理的共同体，后者则可以称为最早的前店后厂，也就是后来的公司制企业的前身。

15世纪世界最大的几家工厂之一的威尼斯兵工厂（Arsenal of Venice），早在当时就采用了流水作业，建立了早期的成本会计制度，并进行了管理的分工，这也是一个管理实践的出色范例，体现了现代管理思想的雏形。

意大利的尼可罗·马基雅维利于16世纪所著的《君主论》一书中，针对君主如何成功地管理一个国家，如何更好地运用权威，提出了管理四原则：

（1）群众认可。所有的政府，其持续存在都依赖于群众的支持，权威来自群众。即权力是自下而上的，而不是自上而下的。

（2）内聚力。要使国家能持续存在，必须要有内聚力。组织内聚力的一个关键因素是使人民确信他们可以信赖自己的君主，知道君主期望于他们的是什么。

（3）领导方法。掌权之后要使政权能够维持下去，就必须具备领导能力。

（4）生存意志。任何组织的主要目标之一是要使自己存在下去。因此，必须居安思危。

马基雅维利所提出的管理原则同样也适用于管理其他组织，该原则对管理思想的发展有相当大的影响。

18世纪末工业革命之后，工厂成为资本主义生产的主要方式，从而引起了对工厂进行管理的需要，早期的管理思想就是伴随着工厂制度的出现而形成的。

18世纪后期，英国及其他一些资本主义国家出现了产业革命。产业革命是以机器大工业代替工场手工业的革命。1769年机械师瓦特发明的蒸汽机得到广泛采用，手工业的生产转变为机器的生产，工厂这一新的组织形式代替了以家庭为单位的手工作坊。工厂制度的出现，要求对机器大工业的管理必须采用新的科学的方法，那种依靠个人的主观经验和臆断行事，显然不适应工业革命后工厂制度所代表的生产力发展的要求。因此，人们开始了对工厂管理的探索。英国产业革命时期的理查德·阿克赖特于1769年和1771年设立的毛纺织厂可能就是世界上最早的工厂。他们在连续生产、厂址选择、工厂纪律、劳动分工、机器、材料、人员和资本之间如何协调等方面都有创造。1800年英国的索霍制造厂开始有了工作设计，按充分利用机器的要求进行了劳动分工和专业化，完善了工资支付办法，完善了记录和成本核算制等管理工作。这一时期，尽管管理思想不够系统、全面，也没有形成专门的管理理论和学派，但由于工厂管理实践的结果，管理思想已得到相应的发展，这时，在西方特别是欧洲出现了一些早期的管理思想家。具有代表性的有以下几位：

（1）英国重商主义经济学家詹姆斯·斯图亚特。他在《政治经济学原理研究》一书中提出许多重要的管理思想，如实行刺激工资的思想、工作方法研究、管理人员与工人之间的分工等。

（2）英国古典经济学家亚当·斯密，他以制针为例说明劳动分工的好处，这无疑对资本主义的经济管理具有重大意义。此外，他还提出了经济人的观点，指出了管理控制和计算投资回收期的必要性。

他举了一个例子：如果一名工人没有受过专门的训练，恐怕工作一天也难以制造出一枚针来。如果希望他每天制造 20 枚针那就更不可能了。如果把制针程序分为若干项目，每一项就都变成一门特殊的工作了。第一个人担任抽线工作，第二个人负责拉直，第三个人负责剪断，第四个人进行磨尖，第五个人打孔并磨角。这样一来，平均一个人每天可以生产 48000 枚针，生产效率提高的幅度是相当惊人的。亚当·斯密认为，劳动分工之所以能大大提高生产效率，可归结为下面三个原因：①增加了每个工人的技术熟练程度；②节省了从一种工作转换为另一种工作所需要的时间；③发明了许多便于工作又节省劳动时间的机器。

这段生动论述，形象地把劳动分工的优越性展现出来了。

亚当·斯密认为，劳动是国民财富的源泉，国民每年消耗的一切生活日用必需品的源泉是该国人民每年的劳动。这种生活日用必需品的供应情况取决于两个因素：一个是这个国家人民的劳动熟练程度、劳动技巧和判断能力的高低；另一个是从事有用劳动人数和不从事有用劳动人数的比例。即若要增加国民财富，必须增加生产性劳动，减少非生产性劳动，特别是必须提高劳动者的劳动熟练程度和劳动技能。此观点已成为后来组织管理理论的一个重要论点。

（3）英国数学家和机械学家查尔斯·巴贝奇。他在亚当·斯密劳动分工的理论基础上，对专业化有关问题进行了系统的研究。他在 1832 年发表的《论机器与制造业的经济》一书中，着重论述了专业分工与机器、工具的使用、时间研究、批量生产、均衡生产、成本记录等。他还提出了以专业技能作为工资与奖金的基础，主张实行有益的建议制度，并对有益的建议给予不同的奖励。

查尔斯·巴贝奇不仅赞同亚当·斯密关于分工能提高劳动生产率的观点，他还进一步地分析了劳动分工使生产率提高的原因，他的解释比亚当·斯密更全面、更细致。他认为劳动分工使生产率提高的原因是：

节省了学习所需要的时间；

节省了学习期间所耗费的材料；

节省了从一道工序转移到下一道工序所需要的时间；

经常从事某一工作，肌肉能够得到锻炼，不易引起疲劳；

节省了改变工具、调整工具所需要的时间；

重复同一操作，技术熟练，工作速度较快；

注意力集中于单一作业，便于改进工具和机器。

查尔斯·巴贝奇还提出了一种工资加利润分享制度，以此来调动劳动者的工作积极性。他认为，工人除了拿工资外，还应按工厂所创利润的百分比额外地得到一部分报酬。这种做法有以下几点好处：

使每个工人的利益同工厂的发展及其所创利润的多少直接有关；

每个工人都会关心浪费和管理不善等问题；

能促使每个部门改进工作；

有助于激励工人提高技术及品德；

工人同雇主的利益一致，可以消除隔阂，共求企业的发展。

他的这种工资加利润分享制度的管理思想对我们当今的企业管理仍然有一定的参考价值。

(4) 空想社会主义的代表人物之一，英国的罗伯特·欧文。他最早注意到企业内部人力资源的重要性。就人和机器而言，他认为“至少要像对待无生命的机器那样重视对于有生命的人的福利”。他还在自己的工厂里进行一系列改革试验，如改进工人的劳动条件、缩短工人的工作时间、提供免费的饭食、改善工人住宅等。

通过改革，他认为重视人的因素和尊重人的地位可以使工厂获取更多的利润。欧文还提出，工厂所有者不仅要“关心”工人，还应该“关心”工厂的股东，分给其应得的红利。总而言之，作为工厂的所有者必须重视“人”的作用。欧文的管理思想主要体现在下列几个方面：①重视人的因素和人的作用；②实行灵活稳健的人事政策和待人处世的方法；③主张对人力进行投资；④主张改善劳动条件和工资待遇；⑤主张与工人和睦相处；⑥强调对人的本性进行深入的了解与剖析；⑦养成一丝不苟、准确无误的工作习惯。

由于欧文率先在人事方面做了许多试验和探索，被称为“现代人事管理之父”。

(5) 德国军事战略理论家卡尔·冯·克劳塞维茨。他以军队为对象，论述了管理决策等问题。他认为“企业简直就是类似于打仗的人类竞争的一种形式”。他明确提出以科学而不是预感为依据来做决策，以分析而不是以直觉为依据进行管理的思想。

以上所介绍的这些有代表性的、早期的管理思想家的管理实践、管理思想，虽然都主要反映在某个人、某个企业的单一管理实践和个别论述中，但它们对促进生产、加强早期企业管理和以后的管理理论及学派的形成，都有着积极的影响和作用。

学习任务二
西方管理思想

任务引入

富士康跳楼事件引发的思考

富士康于1988年起投资中国大陆，是专业生产6C产品及半导体设备的高新科技集团。集团在中国大陆、中国台湾以及美洲、欧洲和日本等地拥有数十家子公司，在国内华南、华东、华北等地创建了八大科技工业园区，是全球最大的计算机连接器和计算机准系统生产商，连续九年入选美国《商业周刊》发布的全球信息技术公司100大排行榜(2005、2006年排名第二)，连续四年稳居中国内地企业出口200强第一名，多年来集团杰出的营运成绩和扎根大陆、深耕科技的投资策略，深为国家与地方领导肯定。

富士康管理的突出特点：富士康的管理具有军事化（层级制）及泰勒制的特点。

（1）严格的层级制，强调对组织规则的遵守。

（2）沿用泰勒制模式，即作业标准化、规范化，可以提高生产效率。

而2010年富士康发生的连续跳楼事件，引起了人们对富士康严格管理的广泛质疑。

思考：

泰勒的科学管理是否适用于现代企业？发生了富士康的跳楼事件之后，管理者应如何改进管理工作？

一、古典管理理论

古典管理理论是在19世纪末20世纪初形成的，主要包括科学管理理论和古典组织管理理论两大部分。在这一段时期，公司规模迅速扩大，市场竞争激烈。竞争的压力迫使企业不断提高劳动效率，给工人带来了前所未有的沉重负荷。因此，如何调动工人的积极性、提高劳动效率成为管理者面临的新问题。在美国表现为泰勒及其追随者创建的科学管理理论，即泰勒制。在法国表现为法约尔创建的一般管理理论。在德国表现为韦伯创建的行政组织理论等。尽管这些古典管理理论表现形式各不相同，但其实质都是采用当时所掌握的科学方法和科学手段对管理过程、职能和方法进行探讨和试验，进而确定一些以科学方法为依据的理论、原则和方法。

（一）泰勒的科学管理理论

1. 科学管理之父——泰勒

弗雷德里克·温斯洛·泰勒1856年出生在美国费城一个富裕的律师家庭。他年幼时就爱好科学研究和实验，做任何事情都想找出一种最好的办法。19岁时进入一家机械厂当学徒工，22岁时进入费城米德维尔钢铁公司，开始当技工，后来迅速提升为工长、总技师，28岁任钢铁公司总工程师。1890年泰勒离开这家公司，从事顾问工作。1898年进入伯利恒钢铁公司继续从事管理方面的研究，后来他取得了发明高速工具钢的专利。泰勒作为科学管理理论的主要倡导者，在管理思想的发展上起着极为重要的作用，被称为科学管理之父。他的著作主要有《计件工资制》《工厂管理》《科学管理的原理和方法》和《科学管理》等。

2. 科学管理理论的主要内容

泰勒倡导的以科学为依据的管理理论，其要点有以下几个方面：

（1）科学管理的中心问题是提高劳动生产率。泰勒认为当时劳资矛盾的根本原因是效率低，工人和工厂主对工人一天干多少活心中无数，而提高生产率的潜力是很大的。正是基于这一认识，泰勒的科学管理研究都是围绕如何提高工作效率而展开的，并且主要集中在定额研究以及人与劳动手段的匹配上。

（2）科学挑选工人。泰勒认为为了提高劳动生产率，必须为工作挑选“第一流的工人”。第一流的工人就是适合于其工作而又有进取心的人，并对他们进行培训和教育，从而最大限度地发挥他们的能力。

（3）工时研究与标准化。工时研究是泰勒制的基础，它是通过对工人操作的基本组成部分的测试与分析，确定最佳工作方法、工时定额和其他劳动定额标准。同时，建立各种明确的规定、条例、标准，并使工人掌握标准化的操作方法，使用标准化的工具、机器和材料，使一切工作制度化、标准化、科学化。

（4）差别计件工资制，为了鼓励工人努力工作，泰勒提出了差别计件工资制，即根据工人完成定额的不同而采取不同的工资率，而不是根据工作类别来支付工资。泰勒经过实践证明，实行差别计件工资制效果十分显著，可使产量增加2—3倍，成本降低很多，从而使工人和企业都感到满意。

（5）职能管理，为了提高劳动生产率，泰勒主张把计划职能与执行职能分开，泰勒的计划职能实际上就是管理职能，执行职能则是工人的劳动职能。计划职能由企业管理当局建立专门的计划部门，专门进行标准化研究，制订标准，下达任务，工人则按计划生产。针对工长对工人的管理，泰勒提出一种“职能工长制”，即将管理工作予以细分，一个工长只承担一项管理职能，每个工长在其业务范围内有权监督和指导工人的工作。

（6）在管理上实行例外原则。泰勒提出规模较大的企业不能只依据职能原则来组织管理，而必须应用例外原则，即企业的高级主管人员把处理一般事务的权限下放给下级管理人员，自己只保留对例外事项的决定权和监督权。

泰勒还指出，科学管理不是任何一种提高效率的手段，不是一种新的计算成本的制度，不是一种新的付给工人报酬的方案，不是单纯的工时研究，科学管理的实质是工人和雇主双方进行的一场心理革命。对工人来说，是他们对待工作、同伴和雇主的义务上进行的一次彻底的心理革命。对雇主来说，是他们对待工人、同事和所有日常问题的责任上进行的一次彻底的心理革命。没有这种全面的心理革命，科学管理就不能存在。

3. 对泰勒科学管理理论的分析

（1）泰勒科学管理理论的主要贡献。

①泰勒在历史上第一次使管理从经验上升为科学。泰勒科学管理理论的最大贡献在于他所提倡的在管理中运用科学方法和他本人的科学实践精神。科学管理理论的精髓是用精确的调查研究和科学知识来代替个人的判断、意见和经验，强调的是一种与传统的经验方法相区别的科学方法。

泰勒在进行科学管理的研究时以及在推行他的科学管理的过程中遇到了巨大的阻力，有来自工人阶层的，也有来自雇主们的，但泰勒没有屈服，坚忍不拔，百折不挠，为科学管理献出了自己的毕生精力。

②追求效率的优化思想和调查研究的科学方法。泰勒理论的核心是寻求最佳工作方法，追求最高生产效率。他和他的同事创造和发展了一系列有助于提高生产效率的技术和方法，如时间与动作研究技术和差别计件工资制等。这些技术和方法不仅是过去而且也是近代合理组织生产的基础。

泰勒的科学管理和传统管理相比，一个是科学地制订操作规程和改进管理，另一个是拼体力和时间；一个是金钱刺激，另一个是饥饿政策。从几点看，比起传统管理，科学管理有了很大的进步。

(2) 泰勒科学管理理论的缺陷。

①将人看成是赚钱的机器（经济人）。泰勒认为工人的主要动机是经济，工人最关心的是提高自己的金钱收入，即坚持“经济人”假设。他还认为工人只有单独劳动才能好好干，集体的鼓励通常是无效的。他在伯利恒钢铁公司工作时，规定不准工人4人以上在一起工作，经过工长特别允许的除外，但不得超过1周。他认为工人是很笨拙的，对作业的科学化完全是无知的；工人的一举一动只能严格按照管理者的批示去做，只能服从命令和接受工资。他曾说，“现在我们需要最佳的搬运铁块的工人，最好他蠢得和冷漠得像公牛一样，这样他才会受到有智慧的人的训练”。

②管理侧重于技术因素。泰勒的科学管理仅重视技术的因素，不重视人群社会的因素。他所主张的专业分工、管理与执行分离、作业科学化、严格的监督等，加剧了劳资之间及管理人员和工人之间的矛盾。由于强调采用科学的合理的最快的方法，工人的分工越来越细，操作越来越简单，控制越来越严密，管理越来越专横，越来越强调服从。

③侧重于低层的管理。泰勒的科学管理仅仅解决了个别具体工作的作业效率问题，对于企业如何进行整体性的经营和管理则没有涉及。属于企业中、下层次的管理，对非制造业适用性不强。

4. 其他一些管理学家对科学管理理论的贡献

对科学管理理论研究做出杰出贡献的还有以下一些人：

(1) 吉尔布雷斯夫妇。他们在科学管理理论研究中的主要功绩是：

提出动作研究和动作经济的原则；

强调进行制度管理；

探讨工作、工人和环境之间的相互影响；

提出管理人员发展计划。

吉尔布雷斯夫妇不但在动作研究、疲劳研究、制度管理等方面做出了巨大的贡献，而且还重视企业中人的因素，这对以后的行为科学的出现也产生了重要影响。

(2) 亨利·甘特。他是泰勒在创建和推广科学管理制度时的紧密合作者，是科学管理运动的先驱者之一。甘特在管理思想方面的贡献主要有：

提出一种“工作任务和奖金”的工资制度；

制订了用于生产控制的生产计划进度图，即甘特图；

强调对工人进行培训，强调工业民主，重视对人的领导方式。

此外，还有卡尔·巴思、哈林顿·埃默森、莫里斯·库克等，他们也都是科学管理理论的先驱，为创建和丰富科学管理理论做出了很大贡献。

(二) 法约尔的一般管理理论

亨利·法约尔是古典管理理论在法国的最杰出代表。他所提出的一般管理理论对西方管理理论的发展具有重大的影响，成为后来管理过程学派的理论基础，也是以后西方的各种管理理论和管理实践的重要依据之一。法约尔长期担任公司的总经理，由于所处地位的关系，他研究的对象与泰勒有所不同，泰勒着重于车间、工厂的生产管理研究，而法约尔着重于企业全面经营管理的研究。1916年出版了《工业管理和一般管理》。法约尔认为经营和管理是两个不同的概念。法约尔把整个企业经营活动概括为六个方面，即技术活动、商业活动、财务活动、安全活动、会计活动和管理活动。

技术活动，包括生产、制造和加工；

商业活动，包括购买、销售和交换；

财务活动，包括资金的筹集、控制和运用；

安全活动，包括设备和人员的安全；

会计活动，包括编制财产目录、制作资产负债表、成本核算和统计表；

管理活动，包括计划、组织、控制、指挥和协调等要素（职能）。

法约尔认为，与六种活动相对应的六种能力，即技术能力、商业能力、财务能力、安全能力、会计能力和管理能力应是所有经营人员所必须具有的，但因其活动不同而有所侧重。一般的原则是：对基层工人主要要求其具有技术能力；对管理人员，随着其在组织层次中职位的提高，技术能力的相对重要性降低，而管理能力的要求则逐步加大，并且随着企业规模的增大，管理能力显得更加重要，而技术能力的重要性则降低。

法约尔还指出，管理活动包括五种职能：

（1）计划。是管理的首要职能。

（2）组织。包括有关组织结构、活动和相互关系的规章制度，以及职工的招募、评价和训练。

（3）指挥。是指对下属活动的指导。

（4）协调。是结合、统一以及调和所有企业活动与个人活动的努力，以实现共同的目标。

（5）控制。是指为了保证实际工作按已定计划和命令完成的那些活动。

法约尔第一次对管理的一般职能做了明确的划分，使其形成了一个完整的管理过程，因此，他被称为管理过程学派的创始人。

法约尔在他的《工业管理和一般管理》一书中还根据自己的管理经验提出了管理的十四项原则：

（1）劳动分工。实行劳动的专业化分工可以提高效率。这种分工不仅适用于技术工作，也适用于管理工作。但专业化分工要适度，不是分得越细就越好。

（2）权力与责任。权力是指“指挥他人服从的力量”；而责任则是随着权力而来的奖罚。法约尔认为，一个人在组织阶梯上的位置越高，明确其责任范围就越困难。避免滥用权力的最好办法是提高个人的素质，尤其是道德方面的素质。

（3）纪律。法约尔认为，纪律是企业领导人同下属人员之间在服从、勤勉、积极、举止和尊敬方面所达成的一种协议。

（4）统一指挥。在任何活动中，一个人只能接受一个上级的命令。

（5）统一领导。凡是具有同一目标的全部活动，只能在一个领导和一个计划下进行。

（6）个人利益服从集体利益。集体的目标必须包含员工个人的目标，但个人均不免有私心和缺点。如何协调个人与集体之间的关系在管理上至今仍然是个难题。

（7）人员的报酬。薪酬制度应当公平，对工作成绩与工作效率优良者应有奖励。奖励应以能激起职工的热情为限，否则将会出现副作用。

（8）集权和分权。提高下属重要性的做法就是分权，降低这种重要性的做法就是集权。集权与分权作为一种管理方法，无所谓好坏。

(9) 等级系列。企业管理中的等级制度是从最高管理人员直到最基层管理人员的领导系列，它显示出执行权力的路线和信息传递的渠道。

(10) 秩序。法约尔认为秩序是一种对应关系，“凡事各有其位”。

(11) 公平。法约尔认为公平和公道是有区别的，公道是执行已订立的协定。制定协定时人们不可能预测到将来所发生的一切事情，因此，要经常地补充、完善它，克服它的不足之处。公平就是由善意和公道产生的。

(12) 人员的稳定。一个人要有效地、熟练地从事某项工作，需要相当长的时间，领导者的工作更是如此，熟悉工作的过程需要更长的时间。

(13) 创新精神。全体成员发挥创新精神，对整个组织来说是一种巨大的动力。

(14) 团结精神。一个团队的好坏取决于这个团队的和谐团结程度。

法约尔强调指出，管理的十四条原则不是一成不变的，应灵活掌握，在同样条件下，几乎从不两次使用同一原则来处理事情，应注意各种可变因素的影响。

法约尔还发现，规模较大的组织实行分层后，信息只按权力等级链纵向传递，在不同权力系列的两个组织之间如果存在信息交换的要求，仍按权力等级链传递，既费时间又增加费用。为了弥补这一缺陷，法约尔提出了横向联系的跳板原则，即不同权力系列的同一层次的组织之间，在上级授权的情况下，可以横向传递信息，直接商议解决问题，再分头上报。后人把这种做法称为“法约尔桥”或“跳板原则”。设置法约尔桥，既维护了统一指挥原则，又使得横向联系通畅，这一设想在今天仍有现实意义。

此外，法约尔还认为管理能力可以通过教育来获得，他大力提倡在大学和专科学校中讲授管理学，这就是他把管理视为一门科学的思想。

法约尔关于管理职能、原则和过程等方面的研究，从较高层次上弥补了泰勒科学管理理论的不足。为形成一般管理学做出了巨大贡献。

对法约尔的一般管理理论的评价：

(1) 一般管理理论的贡献。与泰勒的科学管理思想相比，法约尔的一般管理理论的系统性和理论性更强，他对管理的五大职能的分析为管理科学提供了一套科学的理论构架。后人根据这种构架，建立了系统、完整、科学的管理学并把它引进了课堂。

法约尔是以大型企业最高管理者的身份自上而下地研究管理的，他的管理理论是以企业为研究对象建立起来的，由于他强调管理的一般性，就使得他的理论在许多方面也适用于政治、军事及其他部门。

法约尔的管理原则经过多年的研究和实践证明，总的来说仍然是正确的，这些原则曾经给予实际管理人员巨大的帮助，现在仍然为许多人所推崇。这些原则在将来也一定有其实用价值。

(2) 一般管理理论的局限性。法约尔的一般管理理论的主要不足之处是他的管理原则缺乏弹性，以至于有时实际管理工作者无法完全遵守。例如，某一分厂的会计人员，在组织上隶属于这个分厂。按照统一指挥的原则，总厂财务部门必然无法指挥分厂的会计人员。同样，一个地区政府的各个职能部门，由于隶属于地区政府，如果上级职能部门遵守统一指挥的原则，也必然无法对地区职能部门进行指挥。

（三）韦伯的行政组织体系理论

马克思·韦伯是德国社会学家、经济学家和古典管理理论的代表人物。韦伯对管理理论的贡献主要是提出了理想的行政组织体系理论，这一理论集中反映在他的代表作《社会组织与经济组织理论》一书中。由于韦伯是最早提出一套较完整的行政组织体系理论的人，因此，他被称为“组织理论之父”。所谓理想的行政组织体系理论，原意是通过职务或职位而不是通过个人或世袭地位来管理，他所讲的“理想的”不是指最合乎需要，而是指现代社会最有效和合理的组织形式。韦伯认为，行政组织体系应以理性的、法律的权力为基础，其组织管理机构则是最纯粹的应用法定权力的形态。理想的行政组织是建立在正式、合法和权威基础上的最好的管理制度，是最符合理性原则、高效率原则的一种组织结构形式。

韦伯将权力归纳为三种基本形态：

（1）合理合法的权力。它是以合法性为依据、以规则为基础的，其前提是在已经存在了一套等级制度的情况下，人们对确认的职务和职位所带来的权力的服从。

（2）传统权力。这是以古老传统的不可侵犯性和执行这种权力的人的地位的正统性为依据、以传统的信念为基础的。对这种权力的服从实际上是对这种不可侵犯的权力地位的服从。

（3）“神授”的权力。这是以对个别人的特殊的、神圣的英雄主义或模范品德等崇拜为依据，以对个人尊严、典范品格的信仰为基础的，对这种权力的服从是源于追随者对被崇拜者的威信或信仰的服从。

韦伯认为任何组织的存在都必须以某种形态的权力为基础，缺少某种权力形态的组织不但会混乱不堪，而且也难以达到组织目标。在“理想的”行政组织管理中应以“合理—合法”的权力作为基础，因为这是一种理性的权力，管理者是在能胜任其职责的基础上被挑选出来的，这是一种合法的权力，管理者具有行使权力的合法地位。这是一种明确的权力，所有的权力都有明确的规定，并限制在完成组织的任务所必需的范围内。

韦伯的理想的行政组织体系理论的主要内容包括：

（1）实行职责分工。即把组织中为了实现目标所需要的全部活动都划为各种基本作业，作为任务分配给组织中的各个成员。组织中的每一个职位都有明文规定的权利和义务。

（2）自上而下的等级系统。即各种职务和职位按职权的等级原则组织起来，形成一个指挥体系或阶层体系。每个下级要接受他的上级的控制和监督；每个上级在对自己行为负责的同时，还要对自己下级的行为负责，为此，他必须对自己的下级拥有权力，能发出下级必须服从的命令。

（3）人员的任用。即组织中人员的任用，完全根据职务上的要求，通过正式考核或教育训练来实现，每个职位上的人员必须称职，同时，也不能随意免职。

（4）职业管理人员。即除了某些规定必须通过选举产生的公职外，管理人员是有固定的薪金和明文规定的升迁制度，是一种职业管理人员。这些管理人员并不是他们所管理单位的所有者，只是其中的工作人员。

（5）遵守规则和纪律。即管理人员必须严格遵守组织中规定的规则和纪律。组织要明确规定每个成员的职权范围和协作形式，避免感情用事，滥用职权，以便正确行使职权，减少摩擦和冲突。

（6）组织中人与人的关系。即组织中人与人的关系是一种不受个人感情影响的完全以理性原则为指导的关系。这种公正的态度，不仅适用于组织内部，而且也适用于组织同外界人员的关系。不能任意解雇组织中的人员，应鼓励大家忠于组织。

韦伯认为，理想的行政组织体系最符合理性原则，效率最高。在精确性、稳定性、纪律性和可靠性方面优于其他组织形式，能十分精确地计算出组织的领导人和成员的工作成果，所以它适用于各种管理工作和各种大型组织，如教会、国家机构、军队及各种团体。韦伯对完善古典管理理论做出了重要的贡献，而且对以后的管理理论如社会系统理论有着一定的影响。

从泰勒、法约尔、韦伯等人开始从事管理的实验和理论研究算起，距今已达一个世纪之久。他们的理论不但在当时对管理理论的形成起了重要作用，对以后管理理论的发展和管理学派的形成也有着深远的影响，其中许多原理、原则和方法至今仍被人们所重视和沿用。

二、行为管理理论

（一）霍桑试验与人际关系理论

1. 霍桑试验

霍桑试验是1924—1932年在美国芝加哥郊外的西方电器公司下属的霍桑工厂中进行的。霍桑工厂当时有2.5万名工人，主要从事电话机和电器设备的生产。工厂具有较完善的娱乐设施、医疗制度和养老金制度，但是工人们仍然有很强的不满情绪，生产效率很低。为了探究原因，1924年11月，美国国家研究委员会组织了一个由多方面专家组成的研究小组进驻霍桑工厂，进行试验。试验分成了四个阶段：工厂照明试验、继电器装配室试验（福利试验）、大规模访问交谈（谈话试验）和对接线板小组的研究（群体试验）。这项试验的代表人物是美国哈佛大学教授乔治·埃尔顿·梅奥。在这项试验的基础上，梅奥创立了早期的行为科学——人际关系理论。霍桑试验分为四个阶段：

（1）工厂照明试验。工厂照明试验是要证明工作环境与生产率之间有无直接的因果关系。研究人员将接受试验的工人分成两组，一组采用固定的照明，称为控制组，另一组采用变化的照明，称为试验组。研究人员原以为试验组的产量会由于照明的变化而发生变化。但结果是，当试验组的照明强度增加时产量提高了，控制组的产量也提高了，当照明强度减弱时，试验组的产量非但没有减少，反而还有所提高，控制组的产量也相应提高。试验结果说明，照明度与生产率之间并无直接的因果关系，照明灯光仅是影响产量的一个因素，还有其他因素对工人劳动生产率产生影响。两组的产量都得到提高，是因为被测试人员对试验发生了莫大的兴趣所致。

（2）继电器装配室试验。继电器装配室试验的目的是，通过试验发现各种工作条件变动对生产率的影响。研究人员将装配继电器的6名女工从原来的集体中分离出来，成立单独小组，同时改变原来的工资支付办法，以小组为单位计酬，撤销工头监督，增加工作的休息时间，实行每周 5 日工作制，工作休息时免费供应咖啡等。采取这些措施后，女工们的日产量增加了 30% 以上。试验一段时间后，梅奥又取消了所有这些优待，但是生产率并没有因此而下降，反而仍在上升。

什么原因使这些女工提高了生产效率？研究小组把可能的因素一一排列出来。提出了五个假设：改善了材料供应情况和工作方法；改善了休息时间，减少了工作天数，从而减轻了工人的疲劳；改善了休息时间，从而减缓了工作的单调；增加产量后每人所得的奖金增加了；改善了监督和指导方式，从而使工人的工作态度有所改善。

研究小组对这五个假设逐一进行论证试验。最后，推翻了前四个假设，认为第五个假设可能性最大。研究小组决定进一步研究工人的工作态度及可能影响工人工作态度的其他因素。

（3）大规模访问交谈。梅奥还进行了另一方面的试验，即用两年多的时间对两万多名职工进行了调查。调查涉及的问题很广泛，允许职工自己选择话题，提建议、发牢骚，结果收到很好的效果，生产率大幅度上升。通过这个试验，梅奥等人又一次发现，物质条件的变化往往对生产率的影响不大，人们的工作成绩还受其他因素影响，不仅取决于个人自身，还取决于群体成员。

（4）对接线板小组的研究。梅奥又组织了接线板小组观察室试验，目的是想搞清楚社会因素对激发工人积极性的重要性。研究人员选择了 14 名接线板工人，通过 6 个月的观察，发现许多行为准则会影响工人的行为。

①大部分成员都故意自行限制产量。工人们说：假如我们的产量提高了，公司就会提高工作定额，或者造成一部分人失业。有的工人说：工作不要太快，才能保护那些工作速度较慢的同事，免得他们受到管理阶层的斥责。

②工人对待他们不同层次的上级持不同态度。对于小组长，大部分工人认为是小组的成员，对于小组长的上级——股长，认为他有点权威，对于股长的上级——领班，每当他出现时，大家都规规矩矩，表现良好。这说明，个人在组织中职位越高，所受到的尊敬就越大，大家对他的顾忌心理也越强。

③成员中存在一些小派系。工作室中存在着派系。每一个派系都有自己的一套行为规范，派系的成员必须遵守这些规范。如果违反规范，就要受到惩罚。这种派系是非正式组织，这种组织并不是由于工作不同所形成的，而是和工作位置有些关系。

梅奥等人由此得出结论：实际生产中存在着一种非正式组织，它决定着每个人的工作效率，对每个职工来说，其在群体中的融洽性和安全性比工资、奖金等物质因素有更重要的作用。

通过以上试验，梅奥等人认识到，人们的生产效率不仅要受到生理方面、物质方面等因素的影响，更要受到社会环境、心理等方面的影响。这个结论对科学管理只重视物质条件，忽视社会环境、心理因素对工人的影响来说，无疑是一个很大的进步。根据霍桑试验，梅奥于 1933 年出版了《工业文明的人类问题》一书，提出了与古典管理理论不同的新观点——人际关系理论。

2. 人际关系理论的主要内容

乔治·埃尔顿·梅奥（George Elton Mayo，1880—1949）出生于澳大利亚，1899 年在

阿得雷德大学取得逻辑学和哲学的硕士学位后，在昆士兰大学教授逻辑学和哲学。后来赴苏格兰学习医学，并参与精神病理学的研究，后移居美国。从1926年起，他应聘于哈佛大学，任工业研究副教授，随后带队参加了霍桑试验。梅奥的代表作是《工业文明的人类问题》。

（1）职工是“社会人”。在人际关系理论产生以前，西方社会流行的观点是把职工看成是“经济人”，梅奥等人以霍桑试验的成果为依据，提出了与“经济人”观点不同的“社会人”的观点，强调金钱并非刺激职工积极性的唯一动力，新的激励重点必须放在社会、心理方面，以使人们之间更好地合作并提高生产率。

（2）企业中存在着非正式组织。由于人是高级社会动物，在共同工作过程中，人们必然发生相互之间的联系，共同的社会感情形成了非正式群体。在这种无形的组织里，有它的特殊感情、规范和倾向，并且左右着群体里每一位成员的行为。古典管理理论仅注重正式组织的作用，而忽视了非正式组织对职工行为的影响，这显然是不够的。非正式组织同正式组织是相互依存的，对生产率的提高有很大影响。

（3）新的领导能力在于提高职工的满足度，以提高职工的士气，从而提高劳动生产率。因为生产率的高低主要取决于职工的士气，即职工的积极性、主动性。而士气的高低则主要取决于职工的满足度，这种满足度首先表现为人群关系，如职工在工作中的社会地位，是否被上司、同事和社会承认，其次才是金钱的刺激。职工的满足度越高，士气也越高，生产效率也就越高。所以，领导的能力在于要同时具有技术经济的技能和人际关系技能，在于如何保持正式组织的经济要求同非正式组织的社会需求之间的平衡，平衡是取得高效率的关键。人际关系理论的出现，开辟了管理和管理理论的新领域，纠正了古典管理理论忽视人的因素的不足。同时，人际关系理论为以后行为科学的发展奠定了基础。

3. 人际关系理论的贡献

梅奥的人际关系理论克服了古典管理理论的不足，导致了管理上的一系列改革，其中许多措施到现在仍是管理者所遵循的准则。其贡献主要有以下几点：①激起了管理层对人的因素的研究兴趣。②改变了人与机器没有差别的观点，恢复了人的“社会人”本来面目。③为行为科学奠定了基础。④为管理思想的发展开辟了新领域。⑤为管理方法的变革指明了方向。

当时，人们根据梅奥的人际关系理论，在管理过程中实施了新的措施，主要可以归纳为以下六点：

（1）强调对管理者和监督者进行教育和训练，以改变他们对工人的态度和监督方式。

（2）提倡下级参与企业的各种决策，否定采取解雇和人事考核制裁等强制性手段迫使职工服从的古典管理方法。

（3）加强意见沟通，允许职工对作业目标、作业标准和作业方法提出意见，鼓励上下级之间进行意见交流。

（4）建立面谈和调解制度，以消除不满和争端。

（5）改变管理人员的标准，重视管理者自身的人群关系，以及协调人群关系的能力。

（6）重视、利用和倡导各种非正式组织，重视美化工作和宿舍环境，建设娱乐、运动、生活福利设施等。

4. 人际关系理论的局限性

过分强调非正式组织的作用。人际关系理论认为，组织内人群行为强烈地受到非正式组织的影响。可是实践证明，非正式组织并非经常地对每个人的行为有决定性的影响，经常起作用的仍然是正式组织。

过多地强调感情的作用。似乎职工的行动主要受感情和关系的支配。事实上，关系好不一定士气高，更不一定生产效率高。

过分否定经济报酬、工作条件、外部监督、作业标准的影响。事实上，这些因素在人们行为中仍然起着重要的作用。

（二）双因素理论

双因素理论又称激励——保健理论（hygiene motivational factors），是激励理论的代表之一，由美国心理学家赫茨伯格于1959年提出。

该理论认为引起人们工作动机的因素主要有两个：一是保健因素，二是激励因素。只有激励因素才能够给人们带来满意感，而保健因素只能消除人们的不满，但不会带来满意感：第一，不是所有的需要得到满足就能激励起人们的积极性，只有那些被称为激励因素的需要得到满足才能调动人们的积极性；第二，不具备保健因素时将引起强烈的不满，但具备时并不一定会调动强烈的积极性；第三，激励因素是以工作为核心的，主要是在职工进行工作时发生的。

保健因素是指造成员工不满的因素。保健因素不能得到满足，则易使员工产生不满情绪、消极怠工，甚至引起罢工等对抗行为。但在保健因素得到一定程度改善以后，无论再如何进行改善的努力往往也很难使员工感到满意，因此也就难以再由此激发员工的工作积极性，所以就保健因素来说，“不满意”的对立面应该是“没有不满意”。

激励因素是指能造成员工感到满意的因素。激励因素的改善而使员工感到满意的结果，能够极大地激发员工工作的热情，提高劳动生产效率。但激励因素即使管理层不给予满足，往往也不会因此使员工感到不满意，所以就激励因素来说，“满意”的对立面应该是“没有满意”。

在实际工作中，借鉴这种理论来调动员工的积极性，不仅要充分注意保健因素，使员工不至于产生不满情绪，更要注意利用激励因素去激发员工的工作热情，使其努力工作。如果只顾及保健因素，仅仅满足员工暂时没有什么意见，是很难创造出一流工作成绩的。

双因素理论还可以用来指导我们的奖金发放。当前，我国正使用奖金作为一种激励因素，但是必须指出，在使用这种激励因索时，必须与企业的效益或部门及个人的工作成绩挂起钩来。如果奖金不与部门及个人的工作成绩相联系，一味地“平均分配”，久而久之，奖金就会变成保健因素，再多也起不了激励作用。

双因素理论的科学价值，不仅对搞好奖励工作具有一定的指导意义，而且对如何做好人的思想政治工作也提供了有益的启示。既然在资本主义的管理理论和实践中，人们都没有单纯地追求物质刺激，那么在社会主义条件下，就更不应把调动员工积极性的希望只寄托于物质鼓励方面。既然工作上的满足与精神上的鼓励将会更有效地激发人的工作热情，那么在管理中，就应特别注意处理好物质鼓励与精神鼓励的关系，充分发挥精神鼓励的作用。

（三）XY 理论

XY 理论实质上是 XY 假设，是由道格拉斯·麦格雷戈（Douglas M. McGregor，1906—1964）在他著的《企业的人性面》一书中首次提出来的。

X 理论的基本内容为：

多数人天生是懒惰的，他们都尽可能逃避工作；

多数人都没有雄心大志，不愿负任何责任，而心甘情愿受别人的指导；

多数人的个人目标都是与组织的目标相矛盾的，必须用强制、惩罚的办法，才能迫使他们为实现组织目标而工作；

多数人干工作都是为了满足基本的生理需要和安全需要，因此，只有金钱和地位才能鼓励他们努力工作；

人大致可以分为两类，多数人都是符合上述设想的人，这是一类人。而另一类人是能够自己鼓励自己、能够克制感情冲动的人，这些人应负起管理的责任。

Y 理论是与 X 理论根本对立的，其基本内容为：

一般人都是勤奋的，如果环境条件有利，工作如同游戏或休息一样自然；

控制和惩罚不是实现组织目标的唯一方法，人们在执行任务中能够自我指导和自我控制；

在正常情况下，一般人不仅会接受责任，而且会主动寻求责任；

在人群中广泛存在着高度的想象力、智谋和解决组织中问题的创造性；

在现代工业条件下，一般人的潜力只利用了一部分。

Y 理论告诉管理者，要尊重和相信下属员工，要为他们提供工作和发展的条件和机会，要想办法激励和调动员工的工作积极性，使人的智力、才能得到充分的发挥，在满足个人需求和目标的同时完成组织的目标。

不同于"性本恶"的 X 理论，也不同于"性本善"的 Y 理论，Z 理论是"以争取既追求效率又尽可能減少当局与职工的对立，尽量取得行动上的统一"。

根据 Y 理论的观点，管理人员的职责和相应的管理方式是：

第一，管理者的重要任务是创造一个使人得以发挥才能的工作环境，发挥出员工的潜力，并使员工在为实现组织的目标贡献力量时，也能达到自己的目标。此时的管理者已不仅仅是指挥者、调节者或监督者，而是起辅助者的作用，从旁给员工以支持和帮助。

第二，对员工的激励主要是来自工作本身的内在激励，让他担当具有挑战性的工作，担负更多的责任，促使其工作做出成绩，满足其自我实现的需要。

第三，在管理制度上给予员工更多的自主权，实行自我控制，让员工参与管理和决策，并共同分享权力。

需要指出的是，X 理论和 Y 理论是两种极端的观点，X 理论更适合人们低层次需求不能得到满足的前提下，Y 理论更适合人们低层次需求已经得到满足的前提下。事实上，X 理论和 Y 理论给我们提供了思考问题的角度，在使用时要根据社会发展现状以及人的个体因素综合考虑，不能机械照搬使用。

目前管理界还提出了 H 理论，H 即 Haier，海尔创造的具有中国特色的"H 理论"是：主动变革内部的组织结构，使其适应员工的才干和能力，而最终实现人企共同发展。

从现代管理发展的趋势来看，似乎 Y 理论更容易被大多数人接受，但这并不代表 Y 理论就十分正确、任何情况都适用，也不等于 X 理论就完全错误，毫无用处。在实际管理工作中，还是要将两者结合起来，根据不同情况灵活运用。

（四）马斯洛需要层次理论

该理论是行为科学的理论之一，由美国心理学家亚伯拉罕·马斯洛于 1943 年《人类激励理论》论文中所提出。书中将人类需要像阶梯一样从低到高按层次分为五种，分别是生理需要、安全需要、社会需要、尊重需要和自我实现的需要。

学习任务三

现代管理理论

任务引入

知难而上：克莱斯勒公司的挑战

在 20 世纪 80 年代，李·艾珂卡因拯救濒临破产边缘的美国汽车巨头公司之一的克莱斯勒公司而声名鹊起。现在，克莱斯勒公司又面临着一次危机：在过热的竞争和已预测到的世界汽车产业产能过剩的环境中求生存。为了渡过这次危机并在竞争中胜出，克莱斯勒不得不先解决以下问题：

第一个问题，世界汽车产业的产能过剩，意味着所有汽车制造商都将竭尽全力保持或增加它们的市场份额，不仅美国的汽车公司要靠增加投资来提高效率，而且日本的汽车制造商也不断在美国抢占市场，这就带来了问题，另外，欧洲和韩国的厂商也想增加它们在美国的市场份额。艾珂卡承认，需要对某些车型降价，为此，他采用全面打折和其他促销手段来吸引消费者进入克莱斯勒的汽车陈列室。

可是，艾珂卡和克莱斯勒的高层认为：价格是唯一得到更多买主的方法，可事实上，那不是最好的方法，尤其从长期性来看。相反，克莱斯勒必须解决第二个问题：改进它所生产的汽车的质量和性能。

艾珂卡认为，他犯了个错误，因为他把注意力过分集中在市场份额和财务方面，而把产品开发拱手让给了其他厂家。此外，克莱斯勒还必须重视向消费者提供高质量的售后服务，产业分析家一致认为，优良的消费者服务在一种饱和市场中至关重要。

艾珂卡的第三个问题，是要把美国汽车公司和克莱斯勒的运作结合起来。兼并美国汽车公司意味着克莱斯勒不得不解雇许多员工、既有蓝领工人也有白领阶层。留下来的员工对解雇工人这一做法的态度是既愤怒又担心。这种局面给克莱斯勒的管理带来了巨大的压力：难以和劳工方面密切合作，又无法回避骚乱，也无法确保汽车质量和劳动生产率。

为了生存，克莱斯勒承认，公司各级管理人员和员工必须通过协作，以团队的形式开发和制造与消费者的需要相匹配的高质量产品。克莱斯勒的未来还要以提高效率为基础。

今天，克莱斯勒一直注重降低成本，提高质量并靠团队合作的方式提高产品开发的速度，并发展与供应商和消费者更好的关系。在其他方面，艾珂卡要求供应商提供降低成本的建议，他已收到上千条这样的提议。艾珂卡说，降低成本的关键是“让全部1万名员工都谈降低成本”。

艾珂卡现在已经从克莱斯勒公司总裁的职位退休，有些分析家开始预见克莱斯勒的艰难时光。一位前管理人员说：“感受到克莱斯勒的时光确实已一去不复返，艾珂卡与其说是一种资产不如说是一种负债。”但一位现任主管却反诘道，克莱斯勒有一项大优势：那就是它从前有过一次危机，却又渡过了危机并生存了下来。所以，克莱斯勒能够向过去学到宝贵的东西。

思考：

（1）如何用当代管理学方法解决克莱斯勒面临的问题？

（2）如何用权变管理的思想解决克莱斯勒面临的问题？

（3）克莱斯勒在今天该怎么做？

一、现代管理理论的丛林

第二次世界大战之后，随着现代科学技术的发展，生产社会化程度的日益提高，生产活动更呈现出大生产的特点，过去那种大量生产、以产定销的时代已一去不复返。特别是进入20世纪70年代之后，由于石油危机的影响及新技术革命的出现，使企业经营环境更为复杂多变。企业为了盈利最大化，尽量维持高速增长和减少投资风险，西方一些大公司的发展范围已不再局限在单一行业之内，跨行业投资、兼并、收购、多元化经营以及资本的社会化、国际化在全球范围内兴盛起来，这些变化对管理也提出了一些新的要求。许多学者和管理专家都从各自不同的背景、不同的角度、用不同的方法对现代管理问题进行研究，相继出现许多管理理论和新学派，这些理论和学派，在历史渊源和内容上互相影响和联系，形成了盘根错节、争相竞荣的局面，被称为“管理理论的丛林”。

1961年12月，美国著名管理学家哈罗德·孔茨在美国《管理学杂志》上发表了《管理理论的丛林》的文章，把当时的各种管理理论划分为六个主要学派。1980年孔茨又发表了《再论管理理论的丛林》一文，指出管理理论已经发展到十一个学派：管理过程或经营管理学派、社会协作系统学派、决策理论学派、系统管理学派、社会技术系统学派、经验主义学派、管理科学或数量学派、经理角色学派、人际关系学派、群体行为学派、权变理论学派。

（一）管理过程学派

管理过程学派又叫经营管理学派、管理职能学派。这一学派是继古典管理学派和行为科学学派之后最有影响的一个管理学派。它的开山祖师就是古典管理理论的创始人之一法约尔。

管理过程学派的研究对象是管理过程和职能。这个学派试图通过对管理过程和管理职能进行分析，从理性加以概括，把应用于管理实践的概念、原则、理论和方法融合到一起，以形成一个管理学科。他们认为，各个企业和组织以及组织中各个层次的管理环境都是不同的，但管理却是一种普遍而实际的过程，同组织的类型或组织中的层次无关。把这些经验加以概括，就成为管理的基本理论。有了管理理论，就可以通过对理论的研究、实验和传授，改进管理实践。

管理过程学派的管理理论是以以下几个基本信念为依据的：

1. 管理是一个过程。可以通过分析管理人员的职能从理论上很好地对管理加以分析。

2. 根据在企业中长期从事管理的经验，可以总结出一些基本管理原理，这些基本管理原理对认识和改进管理工作能起到一种说明和启示的作用。

3. 可以围绕这些基本原理展开有益的研究，以确定其实际效用，增大其在实践中的作用和适用范围。

4. 这些基本管理原理只要还没有被实践证明不正确或被修正，就可以为形成一种有用的管理理论提供若干要素。

5. 管理是一种可以依靠原理的启发而加以改进的技能，就像医学和工程学一样。

6. 管理中的一些基本原理是可靠的，就像生物学和物理学中的原理一样。

7. 管理人员的环境和任务受到文化、物理、生理等方面的影响，但也吸收同管理有关的其他学科的知识。

（二）社会协作系统学派

社会协作系统学派是以组织理论为研究重点，从社会学的角度来研究组织的。这一学派的创始人是美国的管理学家切斯特·巴纳德，他的代表作是 1937 年出版的《经理的职能》一书。

巴纳德把组织看作一个社会协作系统，即一种人的相互关系的协作体系。这个系统的存在取决于三个条件：①协作效果，即组织目标能否顺利达成；②协作效率，即在实现目标过程中，协作的成员损失最小而心理满足较高；③组织目标应和环境相适应。

巴纳德还指出，在一个正式组织中要建立这种协作关系，必须满足以下三个条件：①共同的目标；②组织中每一个成员都有协作意愿；③组织内部有一个能够彼此沟通的信息系统。

此外，巴纳德还对一个管理者提出如下的责任要求：①规定目标；②善于使组织成员为实现组织目标作出贡献；③建立和维持一个信息联系系统。

这一学派虽然主要以组织理论为其研究的重点，但它对管理所做的贡献是巨大的。

（三）决策理论学派

该学派的代表人物是著名的诺贝尔经济学奖金获得者、美国卡内基——梅隆大学的教授西蒙。这一学派是在社会协作系统学派的基础上发展起来的，是当代西方影响较大的管理学派之一。

西蒙对决策理论的卓越贡献，使他在 1978 年度获得诺贝尔经济学奖。决策理论学派强调决策的制定、做决策的人或群体以及决策过程，一些理论家把决策看成是所有企业活动的出发点，其主要观点是：

1. 强调了决策的重要性，认为决策在管理中居于最为重要的地位，决策贯穿于管理的全过程，在某种意义上讲，管理就是决策。

2. 提出了决策应遵循的满意准则。在决策中，以往假定决策若为完全理性的认识是不正确的，人都是有限理性的，在决策中不可能产生所谓的最优决策，所得到的只能是满意决策。

3. 分析了决策的过程步骤。决策的程序应当科学化，这是保证决策正确的首要条件。决策的程序应当是：收集情况；拟订计划；评价计划；选择计划。

4. 归纳了决策的类型，指出组织中不同层次的管理者决策的内容是不同的，高层管理者应当将主要的精力用来进行非程序性的决策。

西蒙的决策理论是以社会系统理论为基础的，以后又吸收了行为科学、系统理论、运筹学和计算机科学等学科的内容，既重视了先进的理论方法和手段的应用，又重视了人的积极作用。

（四）系统管理学派

系统管理学派是运用系统科学的理论、范畴及一般原理，分析组织管理活动的理论。其代表人物有美国的卡斯特、罗森茨韦克等。

系统管理学派的主要理论要点是：

（1）组织是一个由相互联系的若干要素所组成的人造系统。

（2）组织是一个为环境所影响，并反过来影响环境的开放系统。组织不仅本身是一个系统，它同时又是一个社会系统的分系统，它在与环境的相互影响中取得动态平衡。组织同时要从外界接受能源、信息、物质等各种投入，经过转换，再向外界输出产品。系统管理和系统分析在管理中被应用，提高了管理人员对影响管理理论和实践的各种相关因素的洞察力。该理论在20世纪60年代最为盛行，但由于它在解决管理的具体问题时略显不足而稍有减弱，但仍然不失为一种重要的管理理论。

（五）社会技术系统学派

社会技术系统学派是第二次世界大战以后在西方兴起的一个较新的管理学派。它是社会系统学派的进一步发展。这一学派是由英国的特里斯特等人通过对英国达勒姆煤矿采煤现场的作业组织进行研究的基础上形成的。他们根据对煤矿中长壁采煤法研究的结果认为，许多矛盾的产生是由于只把组织看成一个社会系统，而没有看到它同时又是一个技术系统，而且技术系统对社会系统有很大的影响。只有使社会系统和技术系统两者协调起来才能解决这些矛盾，从而提高劳动生产率，而管理者的一项主要任务就是要确保这两个系统相互协调。

这一学派认为，就环境对企业的影响而言，可以发现：

（1）企业产品的市场变动在多大程度上可为企业所承受，而不至于引起企业组织结构上的变动，取决于企业的技术系统的灵活性。

（2）一个企业对它所需的资源市场的变动能在多大程度上承受，也取决于它的技术系统的灵活性。因此，企业作为一个系统，必须是一个社会技术系统，而不只是一个社会系统。社会技术系统学派的研究内容和成果，有些是符合社会化大生产的发展规律的，特别是在当前新技术革命和产业革命的条件下，更有现实意义。

（六）经验主义学派

经验主义学派又称案例学派，其代表人物是英国管理学家彼得·德鲁克和欧内斯特·戴尔。这一学派的中心是强调管理的艺术性。他们认为，古典管理理论和行为科学都不能完全适应企业发展的实际需要，有关企业管理的科学应该从企业管理的实际出发，以大企业的管理经验为主要研究对象，加以概括和理论化，向企业管理人员提供实际的建议。他们主张通过案例研究经验，不必企图去确定一些原则，只要通过案例研究分析一些经理人员的成功经验和他们解决特殊问题的方法，便可以在相仿情况下进行有效的管理。

经验主义学派的主要观点是：

（1）关于管理的性质。他们认为管理是管理人员的技巧，是一个特殊的、独立的活动和知识领域。

（2）关于管理的任务。德鲁克认为，作为主要管理人员的经理，有两项别人无法替代的特殊任务：①必须造成一个“生产的统一体”，经理好比一个乐队的指挥，他要使企业的各种资源特别是人力资源得到充分发挥。②经理在做出每一项决策和采取每一次行动时，要把当前利益和长远利益协调起来。

（3）提倡实行目标管理。

（七）管理科学学派

管理科学学派又叫数量学派，是泰勒科学管理理论的继续和发展。管理科学学派正式作为一个管理学派，是在第二次世界大战以后形成的，这一学派的特点是利用有关的数学工具，为企业寻得一个有效的数量解，着重于定量研究。

管理科学学派认为，管理就是制定和运用数学模型与程序的系统，就是用数学符号和公式来表示计划、组织、控制、决策等合乎逻辑的程序，求出最优的解答，以达到企业的目标。这个学派还提倡依靠电子计算机管理，提高管理的经济效率。管理科学学派似乎是有关管理的科学，其实它不是探索有关管理问题，而是设法将科学的管理原理、方法和工具应用于管理。

管理科学学派强调数量分析，主张用先进的技术成果和科学研究成果对管理学进行研究，其意义也是十分明显的。但管理活动纷繁复杂，并非所有的管理问题都能定量化、能用模型来分析，因此，过分依赖模型，也会降低决策的可信度。在管理活动中，应该用一分为二的态度来对待数学模型。

（八）经理角色学派

经理角色学派是20世纪70年代在西方出现的一个管理学派。它之所以被人们称作经理角色学派，是由于它以经理所担任的角色分析为中心，来考虑经理的职务和工作，以求提高管理效率。该学派的主要代表人物是加拿大麦克吉尔大学管理学院教授明茨伯格。

在经理角色方面，这一学派认为经理一般都担任十种角色，其源于经理的正式权力和地位，可归纳为三类，组成一个相互联系的整体。第一类是人际关系方面的角色。共有三种：挂名首脑的角色、领导者角色、联络者的角色；第二类是经理作为组织信息的神经中枢，充当三种角色：信息接受者角色、信息传播者角色、发言人角色。第三类是决策方面的角色，共分四种：企业家角色、故障排除者角色、资源分配者角色、谈判者角色。经理角色理论受到了管理学派和经理们的重视，但是经理的工作并不等于全部管理工作，管理中的某些重要问题，经理角色理论也没有详细论述。

（九）人际关系学派

这一学派把社会科学中的许多理论、方法和技术应用于研究管理中人际间及个人的各种现象。这个学派中大多数学者都受过心理学方面的训练，他们强调职工是由不同的个人所组成，是群体中的一分子，他们的各种需要得由组织来加以满足。也有些人致力于研究激励和领导的问题，提出了许多对管理者很有益的见解。需要指出的是，研究人际关系对管理工作确实很有用，也很重要，但是不能说人际关系就包括了管理的一切。

（十）群体行为学派

这一学派与人际关系学派关系密切，甚至易于混同。该学派注重研究的是组织中群体的行为，包括群体的文化、行为方式和行为特点等。这个学派也常被称作组织行为学派。

（十一）权变理论学派

权变理论是20世纪70年代在经验主义学说的基础上进一步发展起来的管理理论。权变理论认为，在组织管理中要根据组织所处的环境和内部条件的发展变化随机应变，没有什么一成不变、普遍适用的“最好的”管理理论和方法。权变管理就是依据环境自变数和管理思想及管理技术的因变数之间的函数关系来确定一种最有效的管理方式。

以上是孔茨提出的十一个管理理论学派。在20世纪70年代后期，在美国又产生了一个新的学派，即管理文化学派，又称企业文化学派。这一学派强调管理活动的文化特征。其代表人物是威廉·大内、特里迪尔和阿伦·肯尼迪等。代表作有威廉·大内1981年出版的比较美日管理不同的名著《Z理论》。在书中，威廉·大内指出，日本之所以能以咄咄逼人的架势对美国发起全面的经济挑战，是日本企业中存在着一种可称之为企业文化的价值观念体系，在这套价值观念体系中，企业职工能成为一体，主动地、充分地发挥他们的积极性和创造性。后来，特里迪尔和阿伦·肯尼迪合著了《企业文化》一书，对企业文化进行了系统论述。企业文化学派成了20世纪80年代最有影响的管理学派之一，在一定程度上反映了当代企业管理的客观要求和发展趋势。

二、现代管理理论的新思潮

进入20世纪90年代，信息技术高速发展，全球竞争日趋激烈，经济一体化程度大大提高，这些变化也触及管理学的一些根本问题，预示有关管理理论体系也要来一场革命。在这一时期现代管理理论最新思潮就是企业再造思想和学习型组织。

（一）企业再造思想

企业再造思想是美国人迈克尔·哈默和詹姆斯·钱皮在1994年出版的一本著作《企业再造》中首先系统表述的。

哈默与钱皮认为，自亚当·斯密以来的企业运营，都是建立在分工论的基础上的，这种效率低下的功能组织不能适应具有以顾客主导、竞争激烈、变化迅速为特征的现代企业经营环境。必须彻底摒弃大工业时代的企业模式，即将硬性拆开的组织架构，如市场开发、生产、营销、人事、财务、后勤等功能性部门，按照自然跨部门的作业流程重新组装回去。也即从协作的角度出发，用整体思想重新塑造企业的所有流程，使企业模式与当今时代信息化、全球化相适应，才能大幅度提高企业生产力。显然，这种重新组装是对过去组织赖以运作的体系与程序的一种革命。

企业再造的核心是业务程序或业务流程的再造。流程再造的最终目标是通过改变工作结构和工作方法来培养企业独特的个性，取得绩效的巨大飞跃。企业再造的思想将导致传统管理理论与实践出现全面革新，必将迎来全新的管理天地。当然，实践中对流程重新塑造为企业带来惊人变化的例子很多，但由于流程再造失败给企业带来很大损失的例子也不少。

（二）学习型组织

学习型组织是彼得·圣吉在《第五项修炼》中所倡导的一种新理论。该书的出版在全世界引起了巨大反响。彼得·圣吉以全新的视野考察影响组织危机最根本的症结所在，就是由于组织及组织成员片面和局部的思考方式及由此所产生的行动所造成的。为此，需要突破习惯的思考方式，排除个人及组织的学习障碍，重新塑造企业的价值观念、管理方式及方法。为此，彼得·圣吉提出了要建立学习型组织，并认为“五项修炼”是建立学习型组织的技能。所谓修炼，对于组织而言，就是通过学习和训练，提高组织内部结构、机能对社会、市场变化的适应能力。对个人而言，是指通过学习提高自身素质。

“五项修炼”的内容包括：

第一项修炼：自我超越。超越一词含有超过、胜过的意思。自我超越就是不断认识自己、认识外界的变化，不断赋予自己新的奋斗目标，突破过去，超越自己。这是一种学习和成长的修炼，也是学习型组织的精神基础。

第二项修炼：改善心智模式。心智模式是一种思维方法和行为模式，其往往是人们长期实践经验的总结。通常人们的一言一行都受到多年形成的固有的思维和逻辑的影响。比如说，由于外部环境和人们需求的急剧变化，越来越多的企业发现年复一年的传统做法已经不灵了，那些导致企业往昔成功的方法和手段在今天则成了企业失败的原因。所以，改善心智模式，就是改善认知模式，要求企业能够不断随着外部环境的变化适时调整甚至革新企业内部的习惯做法，只有人的思想和逻辑改变才能使行为发生根本的转变。

第三项修炼：建立共同愿景。愿景是期望的未来远景和愿望。建立共同愿景就是建立一个组织成员共同的远景和愿望，并以这个共同愿景感召全体组织成员，使之为这个愿景而奋斗。显然，共同的愿景是组织产生活力和勇气的源泉。

第四项修炼：团队学习。团队学习是发展团队成员整体合作与实现共同目标能力的过程，团队学习的主要形式为“深度会谈”。彼得·圣吉将学习型组织的交谈称为深度会谈。通过深度会谈，组织内的成员可以互相帮助，进行沟通，建立共识，使集体思维变得越来越默契，使团队智商达到远远大于个人智商的目的。

第五项修炼：系统思考。通常作为整体的一部分，置身其中而想要看清整体的变化非常困难，久而久之，也就形成了“见木不见林”的思考模式。系统思考的修炼就是要人与组织形成系统观察、系统思考的能力，以系统的观点、动态的观点观察世界，从而决定其正确的行动。

三、现代管理理论的特点

纵观现代管理理论各学派，虽各有所长，各有不同，但也不难寻求其共性。其共性可概括为：

(一) 强调系统化

现代管理理论越来越强调运用系统思想和系统分析方法来指导管理的实践活动，解决和处理管理问题，防止片面性和受局部的影响。

(二) 更加重视人的因素

管理的主要内容就是管理人，以人为中心的管理是现代管理区别于传统管理的重要方面。现代管理理论越来越重视人的因素，重视对人的需要的研究与探索及非正式组织的作用，以保证组织成员齐心协力地完成组织目标而自觉做出贡献。

(三) 注重效率和效果的结合

现代管理理论的内容不只限于效率的提高，不只注重“如何正确地做事”，还要把效率和效果结合起来，关注经营的实际效力，注重“做正确的事”。要求从整个组织的角度来考虑组织整体效果及对社会的贡献。

(四) 权变管理趋势

所谓权变，即权宜应变。由于市场和企业的外部环境越来越变幻莫测，企业需要不断地变更自己的管理方式来适应这种变化，权变管理应运而生。这种管理方式在管理的诸多方面都提出了相应的、新的管理理论。

随着社会的发展、科学技术水平的迅速提高，现代管理理论还发展了一些现代管理方法，如投资决策、线性规划、排队论、博弈论、统筹法、模拟方法、系统分析等。在管理手段的研究和使用方面也有了突破性进展，如办公设备的自动化，信息处理机的发明，电子计算机在市场研究、产品设计、生产组织、质量控制、物资管理、人力资源管理、财务管理等领域的应用，从而促进了管理水平更大地提高。

(五) 强调不断创新

随着计算机网络的迅猛发展，依靠网络技术，出现了“虚拟企业”，这对企业来说是个新的课题。因此，管理就意味着创新，就要保证在“惯性运行”的状态下，不满足于现状，利用一切可能的机会进行变革，从而使组织更加适应社会条件的变化。

总之，现代管理理论是一个综合性的管理理论体系，它广泛吸收了社会科学和自然科学的最新成果，对组织进行多方面的有效管理，从而达到组织既定的目标和应负的责任。

综合实训

一、单项选择题

1.（　）是一般管理理论的代表人物。

A. 泰勒　　B. 法约尔

C. 韦伯　　D. 孔茨

2. 科学管理中能体现权力下放分权尝试的原理是（　）。

A. 差别计件工资制　　B. 职能原理

C. 例外原理　　D. 工时研究

3. 确立企业在物质资源和人力资源方面的结构，这是法约尔提出的管理五要素中的

（　　）。

A. 计划　　B. 组织

C. 指挥　　D. 协调

4. 韦伯的行政性组织又可称为（　　）。

A. 神秘化组织　　B. 传统的组织

C. 现代的组织　　D. 合理化——法律化组织

5. 法约尔认为企业六种基本活动中最重要的活动是（　　）。

A. 管理　　B. 商业

C. 会计　　D. 财务

二、多项选择题

1. 泰勒科学管理理论的理论要点包括（　　）。

A. 工作定额原理　　B. 贯彻“例外管理”

C. 职能工长制　　D. 设置计划层，实行职能制

E. 实行新的奖励制度

2. 法约尔一般管理理论的主要内容有（　　）。

A. 概括了企业活动　　B. 提出了工人是“社会人”的观点

C. 提出了管理职能　　D. 提出了管理的十四项原则

E. 提出了“法约尔桥”

3. 人际关系理论要点包括（　　）。

A. 企业中存在着非正式组织

B. 管理应具有灵活性

C. 组织内的信息交流

D. 人有物质和金钱上的需求，还有精神和社会上的需求

E. 企业管理者要树立新型的领导方式，注重提高职工的满足感

4. 管理过程理论的理论要点包括（　　）。

A. 提出了权威接受理论　　B. 管理是一个过程

C. 管理职能具有普遍性　　D. 管理过程由五大职能构成

E. 管理应具有灵活性

三、案例分析题

裁员问题的冲突

刘明是某机械设备有限公司的总经理。该公司上半年出现亏损，年底又要还清一大笔银行欠款，在实行了两个月的节约计划失败后，刘明向各部门经理和各厂长发出了紧急备忘录。备忘录要求各部门各工厂严格控制经费支出，裁减10%的员工，裁员名单在一周内交总经理，并且规定全公司下半年一律不招新员工，现有员工暂停加薪。该公司阀门厂的厂长王超看到备忘录后，急忙找到总经理询问：“这份备忘录不适用于我们吧？”总经理回答：“你们也包括在内。如果我把你们厂排除在外，那么别的单位也都想作为特殊情

况处理，正像上两个月发生的一样，公司的计划如何实现？我这次要采取强制性行动，以确保缩减开支计划的成功。”王超辩解道：“可是我们厂完成的销售额超过预期的5倍，利润也达到指标。我们厂的合同订货量很大，需要增加销售人员和扩大生产能力，只有这样才能进一步为公司增加收入。为了公司的利益，我们厂应免予裁员。哪个单位亏损就让哪个单位裁员，这才公平。”

刘明则说：“我知道你们厂过去的成绩不错。但是，你要知道每一位厂长或经理都会对我讲同样的话，做同样的保证。现在，每个单位必须为公司的目标贡献一分力量，不管有多大的痛苦！况且，虽然阀门厂效益较好，但你要认识到，这是和公司其他单位提供资源及密切的协作分不开的。”“无论你怎么讲，你的裁员指标会毁了阀门厂。所以，我不想解雇任何人。你要裁人就从我开始吧！”王超说完，气冲冲地走了。刘明心想：这正是我要做的。但是，当他开始考虑如何向董事会解释这一做法的理由时，他又开始有点感到犯难了。

思考：

假如你是该公司的一名常务董事，你对上述冲突过程有相当清楚的了解，你不想让王厂长因此而离开公司，但又要推动公司裁员计划的落实，试问：在这样的情况下，你如何分析和处理王厂长与刘总经理的冲突。

项目三 *Project 3*

计 划

学习目标

知识目标：

- 理解决策的含义
- 理解决策的分类
- 理解计划的含义及性质
- 理解计划的类型
- 理解目标管理的概念
- 理解目标管理的过程及优缺点

能力目标：

- 培养一定的科学决策能力
- 掌握常用的决策方法进行决策
- 掌握各种决策类型与应用条件
- 掌握目标管理的过程及方法

思维导图，如图 3－1 所示。

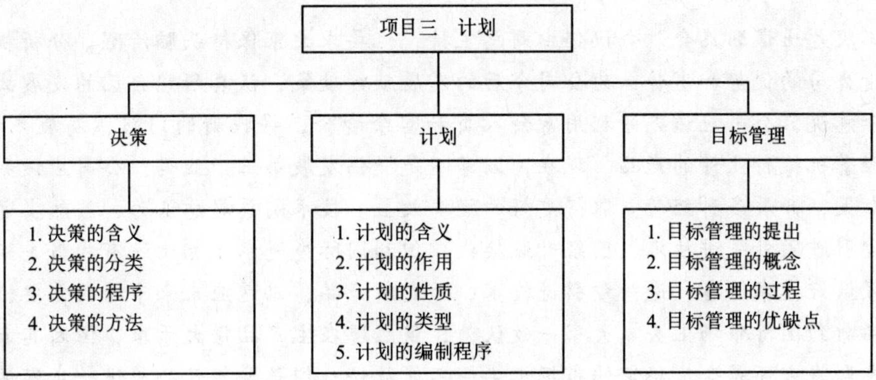

图 3－1 思维导图

学习任务一 决 策

任务引入

安通公司的投资决策

安通公司是一家特种机械制造公司。该公司下设10个专业工厂，分布在全国10个省市，拥有20亿元资产，8万名员工，其中本部员工200人。本部员工中60%以上是技术管理人员，基本上都是学特种机械专业的。该公司所属企业所生产的产品由政府有关部门集中采购，供应全国市场。

虽然安通公司的生产经营呈现较好的局面，但其管理层已意识到危机的存在，主要是随着经济的发展，机械行业普遍不景气，国内市场开始呈现供大于求的趋势。面对这样的新形势，安通公司领导连续召开两次会议，分析形势，研究对策。

第一次是形势分析会。刘总经理主持了会议，他说，公司的产品在全国市场已经趋于饱和。如果不是有政府主管部门干预和集中采购，公司的生产能力一下子就过剩30%，甚至更多。对此，大家要有清醒的认识。安通公司要想保持良好的发展趋势，取得稳定的效益，必须分析形势，认清形势，才能适应形势。经营副总李总说，现在，公司产品单一，并且呈现供大于求的趋势，要想保持资金利润率8%左右的水平（在全国机械行业平均水平之上）很难。公司本部和各厂的富余资金和人员都应该做出新的选择。技术副总赵总说，今年来，公司从国外引进了几项新技术，大大增强了公司的专业技术力量，所生产的产品基本上能满足国内外市场的需求。但是公司想要做大做强，就必须有新产品持续不断地开发出来，单靠现有老产品难使公司有较大发展，专业人员也会流失。其他的副总们也都从各自的角度分析了安通公司所面临的形势，大家都感到这次会议开得及时，开得必要。

第二次是出谋划策会。会议仍由刘总主持，他要求大家保持头脑清醒，分析机会和威胁，认清公司的优势和劣势，为公司今后的发展献计献策，认真研究自己的发展战略。经营副总李总说，公司应该充分利用富余人员和富余资金，寻找新的门路，发展多种经营，要敢于经营机械行业外的产品。现在，国家不是提倡发展第三产业吗？公司应该利用国家的优惠政策，开展多种经营。取得更好的经济效益。技术副总赵总认为，虽然安通公司的产品经过引进国外先进技术，已经升级换代，但和国际先进水平相比还有相当差距，公司现在必须做好技术储备，进一步引进技术，开发新产品，以适应未来市场的需要，同时争取把产品打到国际市场上去。大家一致认为，虽然现在主产品供大于求，但因其专业性很强，现在和将来还是会有稳定的市场，主业不能放松；但是要想让公司进一步发展，必须不断开辟新的经营领域，开展多种经营。基于这样的认识，安通公司提出了适应市场的新的经营战略：一业为主，多种经营，立足本业，面向全国，走向世界。

两次会议统一了思想，提出了新的经营战略，各个分厂和本部各个部门都积极行动起来，研究自己今后的发展方向和目标。这时，安通公司得到两条信息：一是山东省一家正在建设之中的饭店，由于缺乏资金，就要面临停工。该饭店投资100万元，地处市中心，据预测年利润可达25万以上，4年就可全部收回投资，是一个投资少、见效快的项目。二是辽宁省有个年产40万吨的煤矿，正在寻求合作伙伴。该矿允诺投资回报率至少20%，目前煤炭正供不应求，市场前景也是很可观的。

总公司立刻派出两队人马赶赴山东和辽宁了解情况，得知两家公司都是国营单位，投资前景看好。经领导批示，向山东省饭店和辽宁省煤矿分别投资50万元。由于有了这笔资金的注入，山东省的饭店得以顺利施工，并于第二年开始营业，开业当年，饭店的经营还不错。但第三年年底传来了饭店亏损10万元、煤矿亏损5万元的消息。第四年也是这种局面，饭店和煤矿都是小亏，没有利润可分。安通公司对此感到很棘手，一下子拿不出有效策略。

思考：

(1) 安通公司的投资决策是否正确？如果存在问题，主要问题是什么？

(2) 安通公司应对饭店和煤矿采取什么样的对策？

一、决策的含义

决策是管理的基本要素。计划、组织、领导和控制都是管理的职能，而每项职能都要求做出迅速且明确的决定，这些都是决策问题。“管理过程是决策的过程”，赫伯特·西蒙的这句话说明了决策与管理的关系。决策有广义和狭义之分，狭义的决策就是为达到某个目标，从众多方案中选定一个满意方案的行为，也就是通常所说的决定、拍板或决断。广义的决策是指人们为了实现目标，根据客观条件，通过调查和研究，在掌握大量有关信息和经验的基础上，借助一定的方法和手段，从众多方案中选择一个最满意或最合理的方案并付诸实施的过程。

管理知识

文化特质对决策风格的影响

决策风格和决策者愿意承担的风险程度，是反映一国文化环境下决策差异的两个方面。

例如，日本人崇尚团体合作，你可以在他们的学校和企业组织中体会到这一点。日本人比美国人更倾向于群体决策，制订决策前，日本企业的CEO要收集大量的信息，以便在群体决策时形成一致的舆论。此外，由于日本组织中的雇员享有高度的工作保障，所以管理决策是从长远观点出发的，而不是只考虑短期的利润。美国企业却是相反的情况。

在法国普遍以独裁方式制定决策。

德国文化讲究机构和秩序，在德国组织中制定有大量的规则和条例，管理者有明确的责任并按规定的组织路径进行决策。

瑞典管理者的决策风格与法国和德国不同，他们更富于进取性，主动提出问题，并且不怕风险。瑞典的高层管理者也是把决策权层层委让，他们鼓励低层管理人员和雇员参与影响他们利益的决策。

二、决策的分类

决策涉及组织管理的各个方面，内容非常广泛，从不同的角度可以把决策分为不同的类型。

（一）按所解决的问题在组织中的地位分类

按所解决的问题在组织中的地位分类，决策可分为战略决策和战术决策。

1. 战略决策，是确定组织远景规划的重大方向性决策，重点是解决组织与外部环境的关系问题。如企业的投资方向、新产品选择、企业上市、兼并企业等。这类决策事关组织全局，其正确与否，对组织的整体利益、发展速度以及前途影响极大。

2. 战术决策，是为实现战略决策而进行的短期具体决策，重点是解决组织内部人、财、物等有限资源分配的问题。如生产任务的分配、质量控制、劳动力调配等。这类决策虽然不直接决定组织的全局，但它的正确与否，将在很大程度上影响组织目标的实现程度和组织管理效率的高低。

（二）按问题出现的重复程度分类

按问题出现的重复程度分类，决策可分为程序化决策和非程序化决策。

1. 程序化决策，是指对经常重复出现的例行性问题，运用一定的程序、标准和模式来处理的决策。组织日常管理中的大部分工作都属于这类决策。管理人员可以凭借自己的经验，使决策过程标准化、程序化。当例行问题出现时，可以按照既定的程序处理。这样，可以大大节约管理者的时间和精力。

2. 非程序化决策，是对管理过程中的例外情况或不经常出现的偶然性问题所进行的决策。这类决策一般是由于客观环境条件和组织改革与发展所带来的非常规性问题，并伴有很大的不确定性。由于缺乏准确可靠的统计数据和资料，对这类问题的决策主要取决于决策者的知识、经验、洞察力和创造性思维以及决策方法的科学化程度。

管理故事

一万个电灯泡的赌注——商战危机

日本松下电器公司董事长松下幸之助早年曾在大阪电灯公司工作。他对电灯泡着了迷，为了实现其改进电灯灯头的构想，不惜倾资从事改良的工作，并组成了松下电器公司。不巧公司成立之初，恰遇经济危机，市场疲软，销售困难。怎样才能使公司摆脱困境，转危为安呢？松下幸之助权衡再三，决定一不做、二不休，拿出一万个电灯泡作为宣传之用，借以打开灯泡的销路。

灯泡必须备有电源，方能起作用。为此，松下亲自前往拜访冈田干电池公司的董事长，希望双方合作进行产品的宣传，并免费赠送一万只电灯泡。一向豪迈爽直的冈田听了此言，也不禁大吃一惊，因为这显然是一种很不合常理的冒险。但松下诚挚、果敢的态度实在感人，冈田终于答应了他的请求。

松下公司的电灯泡搭配上冈田公司的干电池，发挥了最佳的宣传效用，很快电灯泡的销路直线上升，干电池的订单也雪片般飞来。初创伊始的松下电器公司非但没有倒闭，反而从此名声大振，业务兴隆。

对于刚刚创办、家底不厚的松下电器公司来说，一万只电灯泡是个不小的数目。但松下在危机面前敢于孤注一掷、铤而走险，采取破釜沉舟的推销行动，震撼了人心，争取了支持者，终于获得成功。

思考：

从非程序化决策的角度分析，松下电器公司起死回生的关键因素是什么？

（三）按决策者掌握信息的完备程度分类

按决策者掌握信息的完备程度分类，决策可分为确定型决策、风险型决策和不确定型决策。

（1）确定型决策，是指各种备选方案只有一种确定结果的决策。即决策事件未来的自然状态明确，只要比较各方案的结果就能选出最优方案。在现实管理工作中，严格意义上的确定型决策并不多。

（2）风险型决策，是对未来的情况不太清楚和肯定，只能运用统计分析手段，确定其发生概率的方法进行决策，企业在经营管理中大多数的决策问题都会采用风险型决策。对于这类问题，由于决策者无法确定未来的情况，无论选择哪种方案都有一定的风险，在决策时，通常根据期望值对各备选方案的优劣进行评价。

（3）不确定型决策，是指决策过程中面临许多不确定因素，既不能确定各方案的后果，也不能确定其发生的概率的一种决策。这类决策比较复杂，难度大，风险也大，只有把科学方法与决策者的经验结合起来，才有可能做出比较正确的选择。

（四）按决策起始点分类

按决策起始点分类，决策可分为初始决策和追踪决策。

（1）初始决策，是指在对组织内外环境认识的基础上，对活动方案所进行的初次选择。

（2）追踪决策，是指由于环境的变化或组织对环境的认识发生了变化，在初始决策的基础上，随组织活动方向、内容与方式进行重新调整。

（五）按决策目标分类

按决策目标分类，决策可分为单目标决策和多目标决策。

（1）单目标决策，是指只用一个目标来评价和选择方案的决策。

（2）多目标决策，是指用两个以上的目标来评价和选择方案的决策。

管理知识

创新决策是一种基于发现、识别和诊断那些不同寻常的、模棱两可的问题且独特地、有创造性地解决问题的方法选择，创新决策往往包括一系列小的、相互联系的决策，需要投入几个月甚至是几年的时间才能制定出来。

三、决策的程序

要使决策有效就要遵循科学的决策程序，一般来说，决策的程序可以分为以下几个步骤：

（一）识别机会或诊断问题

问题是决策的起点，任何管理组织的进步、发展都是从发现问题开始，然后做出变革而实现的。这里的问题是指应有的状况和实际状况之间的差距。发现问题比较困难，必须不断对组织与环境的适应情况进行深入的调查研究和创造性思考才能做到。发现问题后还必须对问题进行分析，弄清楚问题的性质、范围、程度、影响、后果，为决策的下一步做准备。实际上，决策就是发现问题、分析问题和解决问题的过程。

（二）确定决策目标

决策要求有明确而具体的决策目标。若决策的目标是模糊的，甚至是模棱两可的，则无法以目标为标准评价方案，更无从选择方案。失败的决策，往往是由于决策目标不明确或不正确，犹豫不决，通常也是由于目标很模糊或设立得不合理。在确定决策目标的时候必须注意以下几个方面的问题：一是决策目标要明确而具体；二是目标要分清主次，并形成目标系统；三是要规定目标的约束条件；四是决策目标要有时间要求；五是决策目标要尽可能量化。

管理故事

杰克·韦尔奇的全员决策

杰克·韦尔奇1981年接任通用电气公司总裁后，认为“工人们对自己的工作比主管清楚得多，经理们最好不要横加干涉”。为此，他实行了全员决策制度，使公司取得了巨大的成就，他本人也被誉为全美最优秀的企业家之一。

杰克·韦尔奇的全员决策避免了企业中权力的过分集中，让每一个员工都体会到自己是企业的主人，从而真正为企业的发展着想。这绝对是一个优秀的企业家的妙招。

如果员工感到自己在某个决策中有份参与，那么他们就会更加热心和有效地执行这个决策。

（三）拟订备选方案

决策的基本含义是抉择，这就要求至少有两个以上的可行方案。国外有一条管理人员熟悉的格言：“如果看来只有一种行事办法，那么这种方法很可能是错的。”所谓可行性方案，是指能够解决某一问题，保证决策目标实现，具备实施条件的方案。可行性方案要具备三个条件：能够保证决策目标的实现；组织外部环境和内部条件都有可行性；具有排他性。

（四）分析评价备选方案

实际生活中我们经常发现，有些备选方案从某个角度讲是合理的，但从另一个角度看却有缺陷，这时如何合理分析每个备选方案的利弊，最终选择最有希望解决问题的方案，是决策过程中最关键的工作。应注意：要分析所有方案执行后可能产生的后果。要明智地评价备选方案，必须设法预测该方案执行后可能产生的后果，应尽量把所有的可能都估计到。对方案的后果做了预测之后，还要对其进行评估，应采用一个能达到满意程度的标准，如果某个方案达到这个标准就是可以接受的，而不合格的备选方案则被否决。运用这种方法可以使决策过程简化。

管理知识

评价备选方案的标准

通常是用四个标准来对备选方案进行评价：第一，合法性。管理者必须确保备选方案是合法的，不违反任何国内、国际法律以及政府的相关规定。第二，合乎伦理。管理者必须确保备选方案是合乎伦理道德的，不会对任何利益相关者带来不必要的损害。第三，经济可行性。管理者必须确定备选方案在经济上是否可行，即在组织的既定目标下，备选方案能否被完成。第四，实用性。管理者必须确定自己是否拥有实施备选方案的资源和能力，并确保备选方案的实施不会影响到其他组织目标的实现。

（五）决策方案的实施和反馈

决策的正确与否以及实施效果如何，要以执行结果来验证。决策执行结果，不仅取决于决策方案的选择，而且取决于执行过程中的工作质量。要使决策变为现实，达到预期目标，必须把决策内容具体化，落实到有关责任部门和人员，制订实施决策的规划和期限要求。同时决策者还必须对决策实施情况进行跟踪调查，根据反馈信息对决策不断进行调整。由于客观环境的复杂性和决策者认识能力的局限性，决策者所作出的决策不符合或不完全符合实际的情况时有发生，这就需要对方案运行及预测的结果做出评价。目的是检查方案是否达到了预先确定的目标或是否解决了问题，随时发现偏差的程度并查明原因，及时加以纠正。

四、决策的方法

（一）定性决策方法

定性决策方法又称主观决策法，是指在决策中主要依靠决策者或有关专家的智慧来进行决策的方法，这是一种“软技术”。管理决策者运用社会科学的原理并依据个人的经验和判断能力，采取一些有效的组织形式，充分发挥各自丰富的经验、知识和能力，从对决策对象的本质特征的研究入手，掌握事物的内在联系及其运行规律，对企业的经营管理决策目标、决策方案的拟订以及方案的选择和实施作出判断。这种方法适用于受社会、经济、政治等非计量因素影响较大，所含因素错综复杂，涉及社会心理因素较多以及难以用准确数量表示的综合性问题。这种“软技术”方法是企业决策采用的主要方法，它弥补了“硬技术”方法对于人的因素、社会因素等难以奏效的缺陷。“硬”“软”两种技术相互配合，取长补短，才能使决策更为有效。

定性决策方法有很多种，常用的有德尔菲法、头脑风暴法、哥顿法、专家会议法、经理人员决策法等。其中德尔菲法（Delphi technique）是最具代表性的方法。尤其在长远的战略决策中，由于许多条件的不确定性，德尔菲法特别适用。

1. 德尔菲法

德尔菲法是美国兰德公司于20世纪50年代初发明的，最早用于预测，后来推广应用到决策中来，德尔菲是古希腊传说中的神谕之地，城中有座阿波罗神殿可以预卜未来，因而借用其名。

德尔菲法是专家会议法的一种发展，是一种向专家进行调查研究的专家集体判断。它是以匿名方式通过几轮函询征求专家们的意见，组织决策小组对每一轮的意见都进行汇总整理，作为参照资料再发给每一个专家，供他们分析判断，提出新的意见。如此反复，专家的意见渐趋一致，最后做出最终结论。

德尔菲法的实施过程大致如下：

（1）拟订决策提纲。先把决策的项目写成几个提问的问题，问题的含义必须十分明确，不论谁回答，对问题的理解都不应两样，而且最好只能以具体明确的形式回答。

（2）选定决策专家。选择的专家一般都是有名望的或从事该项工作多年的专家，最好包括多方面的有关专家，选定人数一般以20～50人为宜，一些重大问题的决策可选择100人以上，

（3）征询专家意见。向专家邮寄第一次征询表，要求每位专家提出自己决策的意见和依据，并说明是否需要补充资料。

（4）修改决策意见。决策的组织者将第一次决策的结果及资料进行综合整理、归纳，使其条理化，发出第二次征询表，同时把汇总的情况一同寄去，让每一位专家看到全体专家的意见倾向，据此对所征询的问题提出修改意见或重新做一次评价。

（5）确定决策结果。征询、修改以及汇总反复进行三四轮，专家的意见就逐步集中和收敛，从而确定出专家们趋于一致的决策结果。

德尔菲法也可理解为组织集体思想交流的过程，这个方法有如下几个特点：

匿名性。征询和回答是用书信的形式“背靠背”进行的，应答者彼此不知道具体是谁，这就可以避免相互的消极影响。

反馈性。征得的意见经过统计整理，重新反馈给参加应答者。每个人可以知道全体的意见倾向以及持与众不同意见者的理由。每一个应答者有机会修改自己的见解，而且无损自己的威信。

收敛性。征询意见过程经过几轮（一般为四轮）重复，参加应答者就能够达到大致的共识，甚至比较协调一致。也就是说，统计归纳的结果是收敛的，而不是发散的。

2. 头脑风暴法

头脑风暴法又称为奥斯本震脑法。这一方法是由美国创造工程学家奥斯本于1939年为了帮助一家广告公司产生创意而发明的。这种方法问世后，被广泛地应用到许多需要大量的新方案来回答某一具体问题的场合。通常是将对解决某一问题有兴趣的人集合在一

起，用小型会议的形式，启发大家畅所欲言，充分发挥创造性，经过相互启发，让创造性设想产生连锁反应，从而引发更多的创造设想的灵感火花。这种方法需要创造一种有助于观点自由交流的气氛，开始只注重提出尽可能多的设想，并且不过多地考虑其现实性，某些人提出一些想法后，鼓励其他人以此为基础或利用这些想法提出自由的设想。通过这些方法找到新的或者是异想天开的解决问题的方法。

采用头脑风暴法时，为使与会者畅所欲言，互相启发和激励，达到较高效率，必须严格遵守下列原则：

（1）庭外判决原则。对各种意见、方案的评判必须放到最后阶段，此前不能对别人的意见提出批评和评价。认真对待任何一种设想，而不管其是否适当和可行。彻底防止出现一些“扼杀性语句”和“自我扼杀语句”。诸如“这根本行不通”“你这想法太陈旧了”“这是不可能的”“这不符合某某定律”以及“我提一个不成熟的看法”“我有一个不一定行得通的想法”等语句，禁止在会议上出现。只有这样，与会者才可能在充分放松的心境下，在别人设想的激励下，集中全部精力开阔自己的思路。

（2）欢迎各抒己见，自由鸣放。创造一种自由的气氛，激发参加者提出各种荒诞的想法。提倡自由发言，畅所欲言，任意思考，会议提倡自由奔放、随便思考、任意想象、尽量发挥，主意越新越怪越好，因为它能启发人推导出好的观念。

（3）追求数量。意见越多，产生好意见的可能性越大。

（4）探索取长补短和改进的办法。这是激励的关键所在，每个与会者都要从他人的设想中激励自己，从中得到启示，或补充他人的设想，或将他人的若干设想综合起来提出新的设想等。

3. 哥顿法

哥顿法又叫群辩法，是美国人哥顿于 1964 年发明并以他的名字命名的方法。与头脑风暴法不同，会议的参加者，不确切知道要解决的问题，仅仅提供一个一般化的概念。如要解决的问题是改善食品脱水方法，而给参与者的概念可能是保存。与头脑风暴法一样，与会者可以不受拘束地发表自己的见解。这是因为一般化的概念不会对人的思想产生先入为主的限制，也不易使提出点滴创见的成员产生不满，因为他对观点的确切意义不甚了解，应用这种方法要对参加者审慎选择，一般需要较高的文化素养和专业素养，而且主持领导也应该具有较高的领导艺术。

（二）定量决策方法

定量决策方法是建立在数学工具基础上的决策方法。这种方法的核心是利用统计学、概率论、运筹学、计算机技术，把决策的变量以及变量与目标之间的关系，用数学模型表示出来，然后根据决策条件，通过计算求得决策答案，以供领导者选择和决策。定量决策方法主要适用于重复性的程序化决策。定量决策方法一般分为确定型决策、风险型决策和不确定性决策三种。

1. 确定型决策

确定型决策常用的决策方法有盈亏平衡分析法、线性规划、网络计划技术等。这里我们仅介绍盈亏平衡分析法。

盈亏平衡分析法，又称量本利分析法。该方法是利用图表或计算，分析和处理利润、成本与产量之间的关系，提出企业“盈亏平衡”或“盈利”的各种不同方案，供企业领导者作出经营决策。

2. 风险型决策

风险型决策也叫统计型决策、随机型决策，是指已知决策方案所需的条件，但每种方案的执行都有可能出现不同的后果，每种后果的出现都有一定的概率。

风险型决策的标准是损益期望值。所谓损益期望值实质上是各种状态下加权性质的平均值，风险型决策方法有决策收益表法和决策树分析法。

（1）决策收益表法。决策收益表法又称决策损益矩阵，是一种比较简单、直观的方法，可用于比较简单的决策。

（2）决策树分析法。决策树分析法是将构成决策方案的有关因素以树状图形的方式表现出来，并据以分析和选择决策方案的一种系统分析法。该方法特别适于方案多且分析比较复杂的问题。

3. 不确定型决策

不确定型决策因其每一种自然状态出现的概率无法估算，故风险型决策所用的方法不能运用。不确定型决策常用的决策方法有乐观准则法、悲观准则法、折中准则法、最小后悔值决策法和等可能性法五种。

（1）乐观准则法。乐观准则法的决策步骤如下：

找出每个方案的最大收益值。

比较所找出的最大收益值的最大值，最大值所对应的方案为最佳方案。

有人把该方法称为“大中取大法”，或“最大最大原则”。在企业中富于开拓性的决策者会采取这种方法。

（2）悲观准则法。悲观准则法的决策步骤如下：

找出每个方案的最小收益值。

比较所找出的最小收益值，其中的最大值所对应的方案为最佳方案。

悲观准则法又称“小中取大法”。较保守的决策者会采用这种方法。

（3）折中准则法。乐观准则法和悲观准则法走向了两个极端，折中准则法主张用折中系数调和一下，并计算折中期望值，取折中期望值最大的方案为最佳方案。

（4）最小后悔值决策法。最小后悔值决策法是用后悔值标准选择方案。所谓后悔值是指在某种状态下因选择某方案而未选取该状态下的最佳方案而少得的收益。

（5）等可能性法。该方法是法国数学家拉普拉斯首先提出来的，又称之为拉普拉斯法。由于各个自然状态出现的概率无法估计，则认为它们是以等可能性出现的。若有 n 种自然状态，那么每一种自然状态出现的概率均相等，然后计算期望值，根据期望值的大小选择最优方案。

学习任务二
计 划

任务引入

剪嘴鸥出身于海鸥大家族，它从自立的那天起，就决定以捕鱼为生，但它没想过用什么有效的方法捕鱼。它贴着海面超低空飞行，将下颌斜插入水中，只要下颌一触到鱼，就立即把上颌闭合，将猎物紧紧夹住，然后再将其一口吞掉。实际上，剪嘴鸥贴着水面高速飞行，完全看不清水里到底有何物，也没有一个确定的目标：捕获的概率极低。它看到白鹭采用的是守候型掠食方式——一动不动地盯着水面看，许久也不出击一次——便认为这是懒惰的表现。它仍然按照自己的方式，每天从早到晚都在不停地耕耘。由于剪嘴鸥每天都在使用下颌劳作，不仅下颌变得又长又大，上颌变得又短又小，而且胃口也在逐渐增大，增大了胃口的剪嘴鸥越来越填不饱肚子，而白鹭每天都把肚子吃得饱饱的，还显示出一副悠然自得的样子，剪嘴鸥便抱怨老天爷不公平。

思考：

以上材料说明了什么问题？我们在实际的工作和学习中应该如何做？

一、计划的含义

计划是管理的首要职能，是组织生存和发展的必要条件。为使企业的管理有效，人们就必须知道他们被希望去实现的是什么。为使在企业工作的人们能取得有效的成果，首要的任务是要设法使他们清楚了解工作的目的和目标，以及实现它们的方法，这就是计划的职能。

计划有名词和动词之分。从名词意义上说，计划是指用文字和指标等形式表达的、在制订计划工作中所形成的各种管理型文件。从动词意义上说，计划是指为了实现决策所确定的目标，预先进行的行动安排，西方管理学将计划工作的内容通俗扼要地归纳为5W1H。即：Why（确定计划工作的原因和目的），What（明确所进行活动的内容和要求），Who（规定由哪些部门和人员来负责实施计划），When（规定计划中各项工作的起始和完成时间），Where（规定计划的实施地点），How（制订计划的实施手段和措施）。

计划有狭义和广义之分。广义的计划是指制订计划、执行计划和检查计划的执行三个紧密衔接的工作过程。狭义的计划则是指制订计划，也就是说，根据实际情况，通过科学的预测，权衡客观的需要和主观的可能，提出未来一定时期内要达到的目标，以及实现目标的途径。它是使组织中各种活动有条不紊地进行的保证。

二、计划的作用

1. 指引方向的作用

计划能使组织在置身于复杂多变的和充满不确定性因素的环境时始终把注意力集中在一定的目标上，使组织所有的行动保持同一方向，从而减小内耗，降低成本，提高效率。

2. 降低风险的作用

良好的计划有助于管理者预见未来变化，制定措施，把风险降低到最低限度。

3. 提高效益的作用

良好的计划还可以减少重叠和浪费性活动，有效地配置组织资源，提高经济效益。

三、计划的性质

1. 目的性

任何组织或个人制订计划都是为了有效地达到某种目标。当然，在计划工作开始之前，这种目标可能还不十分具体。目标是计划全部内容的核心，实现目标是计划的出发点和归宿点，没有目标就不能称其为计划。

2. 首位性

计划同管理的其他职能相比，居于首要地位，这主要是由于管理过程中其他职能都是为了支持、保证目标的实现，没有计划工作，其他工作无从谈起。

3. 普遍性

计划的普遍性表现在两个方面：首先，组织的任何管理活动都需要计划。计划涉及组织的各个层次、各个部门以至于全体成员。其次，计划是所有管理者应有的职能。各层次的管理者都要根据其职责和权力制订相应的计划。也只有这样，才能充分调动各级管理人员的积极性，更好地贯彻执行计划。

4. 经济性

计划工作的任务，不仅要确保实现目标，而且要从众多方案中选择最优的资源配置方案。以求得合理利用资源和提高效率。计划工作的效率，是以实现组织的总目标和一定时期的目标所得到的利益，扣除为制订和执行计划所需要的费用和其他预计不到的损失之后的总额来定的。

四、计划的类型

计划是对未来行动的事先安排。计划的种类很多，可以按照不同的标志进行分类。不同的分类方法有助于我们全面地了解计划的内涵。在实践中，由于一些主管人员认识不到计划的多样性，使得在编制计划时常常忽视某些重要的计划方面，因而减低了计划的有效性。

（一）按计划的形式分类

1. 宗旨（使命）

企业必然有一定的宗旨或使命，它是企业存在的根本原因，也可以是企业的发展意向。企业宗旨反映的是企业的价值观念、经营理念和管理哲学等根本性问题。

2. 目标

目标是计划所要达到的结果，它是一切企业活动所指向的最终目的。确定目标本身也是计划工作，其方法与制订其他形式的计划类似。从确定目标起，到目标分解，直至最终形成一个目标网络，不但本身是一个严密的计划过程，而且是构成组织全部计划的基础。

3. 政策

政策是组织在决策时或处理问题时用来指导和沟通思想与行动方针的明文规定。政策有助于将一些问题确定下来，避免重复分析，并给其他派生的计划一个全局性的概貌，从而使主干人员能够控制住全局。

4. 程序

程序是指导如何采取行动，而不是指导如何去思考问题。程序的实质是对所要进行的活动规定时间顺序，因此，程序也是一种工作步骤。

5. 规则

规则是一种最简单的计划。它是对具体场合和具体情况下允许或不允许采取某种特定行动的规定。

6. 规划

规划是为了实施既定方针所必需的目标、政策、程序、规则、任务分配、执行步骤、使用的资源等而制订的综合性计划。

7. 预算

预算是以数字表示预期结果的一种报告书，也称为数字化的计划。

（二）按计划的期限分类

按照计划的期限，可分为长期计划、中期计划和短期计划。一般来说，5 年以上的计划为长期计划，1 年以内的计划为短期计划，介于两者之间的计划为中期计划。

1. 长期计划

长期计划只规定组织的目标和达到目标的总的方法，而一般不规定具体的做法。长期计划越来越受到企业的重视，日本松下公司甚至已经制订了 2050 年的发展计划。

2. 中期计划

比长期计划更为具体和详细，主要起衔接长期计划和短期计划的作用，以时间为中心，具体说明各年度应达到的阶段目标。中期计划既赋予了长期计划的具体内容，又为短期计划指明了方向。

3. 短期计划

比中期计划更为具体和详尽，更具有可操作性，主要规定具体的要求，能够直接指导各项活动的开展。

由此可见，长期计划为组织指明方向，中期计划为组织指明路径，而短期计划则为组织规定行进的步伐。

（三）按计划的层次分类

1. 战略计划

一般由高层管理者制订，时间跨度大，内容也比较抽象概括。其目的在于使本企业的资源使用与外界环境的机会和风险相适应。它对战术计划和作业计划起指导作用。

2. 战术计划

战术计划是由中层管理者制订的，涉及企业生产经营、资源分配和利用的计划。战术计划解决的主要是局部的、短期的以及保证战略计划实现的问题等。

3. 作业计划

作业计划是由基层管理者制订的。作业计划根据战术计划确定计划期间的预算、利润、销售量、产量以及其他更为具体的目标，确定工作流程，划分合理的工作单位，分派任务和资源以及确定权力和责任。

（四）按计划的明确性分类

1. 指导性计划

指导性计划是指规定一些重大方针，指出重点但不规定具体的目标或特定的行动方案。

2. 具体性计划

具体性计划明确规定了目标，并提供了一套明确的行动步骤和方案。与指导性计划相比，具体性计划更容易执行和控制。

五、计划的编制程序

虽然计划的表现形式各种各样，但科学编制计划的工作程序却具有普遍性。依次包括：

（一）估量机会

在开始制订计划之前，首先要对企业所面临的环境进行分析。对环境中可能出现的机会进行估计。根据外部环境的机会、风险和企业内部的资源状况来确定自己应采取的行动，扬长避短。

严格地说，估量机会不是计划工作过程的一部分，但却是计划工作的真正起点。

（二）确定目标

计划工作的第一步，是在估量机会的基础上，为组织及其下属单位确定计划工作的目标，及组织在一定时期内所要达到的效果。

1. 估量机会

在开始制订计划之前，首先要对企业所面临的环境进行分析。对环境中可能出现的机会进行估计。根据外部环境的机会、风险和企业内部的资源状况来确定自己应采取的行动，扬长避短。

严格的说，估量机会不是计划工作过程的一部分，但却是计划工作的真正起点。

2. 确定目标

计划工作的第一步，是在估量机会的基础上，为组织及其下属单位确定计划工作的目标及组织在一定时期内所要达到的效果。

管理理论

SMART 原则

制定目标看似一件简单的事情，每个人都有过制定目标的经历，但是如果上升到技术的层面，则必须学习并掌握 SMART 原则。

（1）S（Specific）——明确性，指目标必须具体而不能笼统。就是要用具体的语言清楚地说明要达成的行为标准。

（2）M（Measurable）——可衡量性，指目标必须是可以衡量的。目标的衡量标准遵循“能量化的量化，不能量化的质化”。使制定人与考核人有一个统一的、标准的、清晰的、可度量的标尺，杜绝在目标设置中使用形容词等概念模糊、无法衡量的描述。

（3）A（Attainable）——可实现性，指目标必须是可以达到的而不能设立过高或过低的目标。目标设置要坚持员工参与、上下左右沟通，使拟定的工作目标在组织及个人之间达成一致。既要使工作内容饱满，又要具有可达性。比如，可以制定出“跳起来摘桃”的目标，不能制定出“跳起来摘星星”的目标。

（4）R（Relevant）——相关性，指目标必须和其他目标具有相关性。如果实现了这个目标，但对其他的目标完全不相关，或者相关度很低，那这个目标即使达到了，意义也不是很大。

（5）T（Time - based）——时限性，指目标是有时间限制的。目标设置要具有时间限制，根据工作任务的权重、事情的轻重缓急，拟订出完成目标项目的时间要求、定期检查项目的完成进度，及时掌握项目进展的变化情况，以方便对下属进行及时的工作指导，以及根据工作计划的异常情况变化及时地调整工作计划。

3. 确定前提条件

计划的前提是计划制订时的假设条件，也就是计划的预期环境。由于计划受到未来各种变动因素的影响，所以必须在制订计划时对它们进行预测和假设。

4. 拟订备选方案

计划工作的第三步是拟订备选方案，显然，最显眼的方案不一定就是最好的方案，在过去的计划方案的基础上略加修改也不会得到最好的方案。要发挥创造性，拟订出实现计划目标的各种方案，以便寻求实现目标的最佳方案。

5. 评价备选方案

有了备选方案之后，就要根据目标和前提条件来权衡各种因素，以此对各个方案进行评价。由于各备选方案有着大量的变数和限定条件，评价工作可能相当复杂。企业必须根据自身的实际情况对各个方案进行分析，以确定企业最满意的方案。

管理故事

选择是否越多越好

有选择好，选择愈多愈好，这几乎成了人们生活中的共识。但是最近由美国哥伦比亚大学、斯坦福大学共同进行的研究表明：选项愈多反而可能造成负面结果。科学家们曾经做了一系列实验，其中有一个让一组被测试者在6种巧克力中选择自己想买的，另外一组被测试者在30种巧克力中选择。结果，后一组中有更多人感到所选的巧克力不大好吃，对自己的选择有点后悔。

另一个实验是在加州斯坦福大学附近的一个以食品种类繁多而闻名的超市进行的。

工作人员在超市里设置了两个试吃摊，一个有6种口味，另一个有24种口味。结果显示有24种口味的摊位吸引的顾客较多，242位经过的客人中，60%会停下试吃。而260位经过6种口味的摊位的客人中，停下试吃的只有40%。不过最终的结果却出乎意料：在有6种口味的摊位前停下的302位顾客都进行了购买，而在有24种口味的摊位前的试吃者中只有3%的人购买。

太多的东西容易让人犹豫不决，拿不准主意，同理，对于管理者，太多的意见也会混淆视听。不要以为越多的人给出越多的意见就是好事，其实往往适得其反。由于每个人看问题的角度不同，给出意见的动机也不尽相同，所以太注重听取别人的意见很容易让自己拿不定主意。在征求意见之前，我们必须要有一个属于自己的坚定的信念，要明确最终的目的是什么，这样才能在众多的声音中保持清醒的头脑，找出最适合企业发展的金玉良言。

“伤人十指，不如断人一指”，把资源集中于适应市场机会的企业的核心竞争力上，将产生更大的效益。相反，盲目地平均使用资源，盲目地多样化，终将一无所得。

（三）选择方案

选择方案是从备选方案中，根据组织目标选定一个最合理、最满意的方案，并正式通过该方案。这是计划工作中最关键的一步，也是做出决策的紧要环节。有时会发现有两个可取的方案，这时，必须确定出首先选择哪个方案，而将另一个方案也进行细化和完善，作为后备方案。

（四）拟订派生计划

派生计划是总计划下的分计划。总计划要靠派生计划来保证，派生计划是总计划的基础。

（五）编制预算

最后，要把计划转化为预算，使之数字化。预算实质上是资源的分配计划。预算工作做好了，可以成为汇总和综合平衡各类计划的一种工具，也可以成为衡量计划完成进度的重要标准。

学习任务三
目标管理

任务引入

这家公司怎么了

金地酒业为销售部门制定奖金系统时使用了目标管理的办法。销售人员的实际薪资包括基本工资和一定比例的个人销售奖金两部分，奖金部分是按照目标的完成情况来支付的。于是，销售额大幅度提高，但生产部门很难及时完成交货计划。所以，公司高层管理者决定为所有部门和员工建立一个目标，全面实行目标管理。

他们高薪聘请咨询公司指导管理人员设计新的绩效评估和奖金系统，该系统与年度目标的实现程度密切相连。总经理期待着很快能够提高业绩。

然而不幸的是，业绩不但没有上升，反而下滑了。部门间的矛盾加剧，生产部埋怨销售部预测准确性太差，销售部埋怨生产部无法按时交货。每个部门都指责其他部门存在的问题。客户满意度下降了，利润也在急剧下滑。

思考：

问题可能出在哪里？为什么设定目标并与工资挂钩反而导致了矛盾加剧和利润下降？

一、目标管理的提出

目标管理是由美国著名管理学家彼得·德鲁克于1954年出版的《管理实践》中最先提出的。其后他又提出目标管理和自我控制的主张。德鲁克认为，并不是有了工作才有目标，而是相反，有了目标才能确定每个人的工作。所以企业的使命和任务，必须转化为目标，如果一个领域没有目标，这个领域的工作必然被忽视。因此，管理者应该通过目标对下级进行管理。彼得·德鲁克的上述主张是目标管理的基本理论依据。他的理论讲的是企业，但也适用于一切社会组织，特别适用于对各级管理人员的管理，故被称为“管理中的管理”。

目标管理方法提出来后，美国通用电气公司最先采用，并取得了明显效果。其后，在美国、西欧、日本等许多国家和地区得到迅速推广，被公认为是一种加强计划管理的先进科学管理方法。我国20世纪80年代初开始在企业中推广，目前采取的干部任期目标制、企业层层承包等，都是目标管理方法的具体运用。

二、目标管理的概念

目标管理是组织的最高领导层根据组织面临的形势和社会需要，来确定一定时期内组织的总目标。通过上下结合分解为层次目标，形成目标体系，按规定要求和措施组织实施、分级考核、检查结果的一种管理方法。实际上目标管理也是一种管理思想和法则，它强调了组织中各单位和个人确立目标的重要作用，强调以成果为目标的管理，充分肯定人的潜能，注重自我控制。其基本思想可以概括为以下几个方面：

（一）强调以目标为中心的管理

目标管理通过专门设计的过程，将组织的整体目标逐级分解，转换为各单位、各员工的分目标。从组织目标到经营单位目标，再到部门目标，最后到个人目标。在目标分解过程中，权、责、利三者已经明确，而且相互对应。这些目标方向一致，环环相扣，相互配合，形成协调统一的目标体系。用总目标指导分目标，再用分目标来保证总目标的实现。

（二）强调以人为中心的主动式管理

目标体系的建立是管理者和被管理者共同参与的结果，这不仅使目标更符合实际，更具可行性，而且有利于调动各级人员在实现目标过程中的积极性和创造性。

（三）目标管理强调授权

目标管理要求各司其职，各负其责，各级管理人员都要充分地履行职权。员工要按时完成自己的目标，也要有自主权。实行目标管理，必然会促使权力下放，这样才能确保各负其责。

（四）目标管理强调绩效和反馈

目标管理以制定目标为起点，以目标完成情况的考核为终结。工作成果是评定目标完成程度的标准，也是人事考核和奖评的依据，成为评价管理工作绩效的唯一标志。至于完成目标任务的具体过程、途径和方法，上级并不过多干预，有利于增强员工在工作中的满足感和调动他们工作的积极性。同时，目标管理寻求不断地将实现目标的进展情况反馈给个人，以便他们能及时调整自己的行动。

三、目标管理的过程

目标管理是由高层领导建立，全体成员共同参与的结果。

（一）建立目标体系

实现目标管理，必须建立一套完整的目标体系。首先，由企业的最高管理层，根据企业的实力和外部条件，制定出一定时期内企业生产经营活动要达到的总目标；然后，采取上下左右协商的方式，对企业的总目标进行展开，依次确定下属各级、各个单位以至个人的分目标，使企业上下左右都明确各自的具体目标。各层次目标之间的关系是：总目标指导分目标，分目标保证总目标的实现，形成一个以企业总目标为中心，上下左右紧密衔接、协调一致的目标体系。

（二）组织实施

在组织实施时，一方面依靠执行者自主管理、自我控制，即由执行者主动地、创造性地工作；另一方面，还需上级管理者充分授权，由直接管理转变为间接控制，即针对下级目标实施情况提出问题，提供情报，进行指导、协助，并为下级更好地完成目标任务创造良好的环境。

（三）考评和反馈

对各级目标的完成情况，进行定期的检查和考核。检查的依据就是事先确定的目标。对检查的结果应当根据目标进行评价，并将评价结果及时反馈。通过总结经验教训，把成功的经验固定下来，使之科学化、系统化、标准化、制度化。对不足之处进行原因分析，采取措施加以改进，从而把好的经验用于新的目标管理周期。

四、目标管理的优缺点

（一）目标管理的优点

1. 目标管理导致了管理的改进

对于那些在技术上具有可分性的工作，由于责任、任务明确，目标管理常常会起到立竿见影的效果。

2. 目标管理有助于改进组织结构的职责分工

目标管理全部划归一个职位或部门负责，容易出现授权不足、职责不清等问题。实行目标管理，必须进行授权，而分权管理更离不开目标管理。

3. 目标管理启发了自觉性，调动了职工的主动性、积极性、创造性

由于强调自我控制和自我调节，将个人利益和组织利益紧密联系起来，因而极大地提高了士气。

4. 目标管理促进了意见交流和相互了解，改善了人际关系

（二）目标管理的缺点

在实际操作中，目标管理也存在许多明显的缺点，主要表现在：

1. 目标难以制定

组织内的许多目标难以定量化、具体化；许多团队工作在技术上不可分解；组织环境的可变因素越来越多，变化越来越快；组织的内部活动日益复杂，使组织活动的不确定性越来越大。这些都使得组织的许多活动制定数量化目标变得很困难。

2. 目标管理的哲学假设不一定都存在

目标管理对于人类的动机作了过分乐观的假设，认为多数人都具有发挥潜力、承担责任、自我管理和富有成就感的需要，都有事业心和进取心。而且只要有机会，就会通过努力工作来满足这些需要。但是现实并不完全这样。因此，在许多情况下，目标管理所要求的承诺、自觉、自治气氛难以形成。

3. 强调上下协调可能会影响效率

目标的制定是上下级之间的双向沟通，而且要达成共识，往往需要花费较多的时间。每个单位、个人都关注自身目标的完成，很可能忽略了相互协作和组织目标的实现，滋长

本位主义、临时观点和急功近利倾向。

4. 强调短期目标

大多数目标管理规划中所设置的目标是短期目标，很少超过一年，有的仅为一季度或更短。过分强调短期目标往往以影响长期目标为代价，容易造成长期目标与短期目标相互脱节，这对组织的发展是没有好处的。

综合实训

一、单项选择题

1. 关于初始决策和追踪决策之间的关系，（　　）描述最为确切。

A. 它们是决策过程的两个阶段，初始决策属于对问题的前期决策，追踪决策为后期决策

B. 只有初始决策发生重大失误时，才需要实施追踪决策

C. 追踪决策是在组织环境、条件发生变化时，对初始决策调整和扬弃的过程

D. 两种决策属于不同方式，没有内在的联系

2. 程序化决策称为（　　）。

A. 开关式决策和重复性决策　　B. 例行决策、常规决策和定型化决策

C. 旋钮式决策和开关式决策　　D. 战略决策和旋钮式决策

3. 我国五年发展计划属于（　　）。

A. 非程序化决策　　B. 战略决策

C. 战术决策　　D. 确定型决策

4. 决策树适合（　　）。

A. 确定型决策　　B. 不确定型决策

C. 风险型决策　　D. 以上都是

5. 下列选项中最不适合采取程序化决策的是（　　）。

A. 车间作业安排　　B. 常规物资的订购

C. 财务报表的分析　　D. 组织结构的改变

二、多项选择题

1. 目标管理法是对管理人员和专门职业人员进行绩效评估的首选方法。你认为目标管理的优点有（　　）。

A. 有利于提高管理水平　　B. 有利于调动人的积极性、责任心

C. 灵活　　D. 有利于长期目标的实现

E. 有利于暴露组织结构中的缺陷

2. 某些企业的高层决策者，尤其是某些国有企业的高层决策者常常给下属各部提出一些模糊不清的目标，比如某公司的老总要求人力资源部必须努力做到在一定时间内为公司各关键岗位招聘合格人才。对于这一要求，你认为以下评价合理的有（　　）。

A. 时间不明确，难以具体操作　　B. 关键岗位提法欠具体，难以认定范围
C. 合格人才标准不清，难以界定　　D. 以上均合理

3. 当环境不确定性越大时，越易采用的计划类型有（　　）。
A. 具体的　　B. 指导性的
C. 长期的　　D. 短期的

4. 下列属于集体决策的有（　　）。
A. 头脑风暴法　　B. 量本利分析法
C. 德尔菲法　　D. 边际分析法

5. 群体决策的优点有（　　）。
A. 能得到更好的认同　　B. 受个体能力影响很大
C. 更好沟通　　D. 能拟订更多的备选方案

三、案例分析题

耐克的决策困境

耐克公司的首席执行官菲尔·奈特是靠开车沿街叫卖运动鞋起家的。在他的正确决策下，公司飞速发展，盈利颇丰，很快发展成为一家举足轻重的运动鞋制造商。尤其是篮球巨星迈克尔·乔丹的加盟，使耐克公司迅速成为人们眼中高品质的时尚企业，其产品风靡全美国，备受青少年的青睐。在20世纪八九十年代，耐克公司是世界上最赚钱的公司之一。然而，就是这样一家声名显赫的公司，近些年的发展却很不乐观，实在令人费解。

2001年，由于首席执行官菲尔·奈特对不断变化的顾客需要反应不够敏捷，也没有采取正确的措施应对新的商业挑战和威胁，失去了众多本可盈利的商业机遇。出于畅销品的存货不足以及滞销品的过剩，耐克公司出现了销售不旺和利润下滑。除此之外，耐克公司还被指责其国外工厂的生产条件差，员工待遇低。而奈特对这些指责不予理睬，这不可避免地影响到了公司的业绩。到底是什么原因致使这家颇受人们赞赏的公司出现下滑呢？

耐克公司拥有强有力的公司文化，一味强调所谓的“耐克人”的做事方法，并且其管理者过于倚重产品的内部开发，使得决策视野不够外向与开放。这就妨碍了其设计师和管理者关注客户需求及外部环境的变化，公司管理者不能随着环境条件的变化及时做出应变决策，导致耐克公司近年来诸多问题的出现。

菲尔·奈特也曾从公司外部聘用了一批高级管理人员，意在让这些管理者带来的新观念能够帮助公司赶上时代发展的步伐。耐人寻味的是，这些人所倡导的做法经常遭到菲尔·奈特和其他管理者的否决，因为那些倡议似乎不适合耐克的公司文化。例如，戈登·迈克法登就曾被聘为耐克公司的厂外产品总裁，他试图说服耐克公司的高层管理者收购诺思费西公司以占领迅速发展的远足用品市场。他认为，该收购可使耐克公司一步跨入最大的户外运动用品生产商之列。菲尔·奈特最终还是否决了他的这个提案，因为耐克公司还不习惯于靠收购其他公司来发展壮大。耐克公司文化决定了只有耐克公司的设计师们心里最明白如何去开发“适销对路”的产品。

耐克公司的设计师过分强调运动鞋的性能，而不够重视运动鞋的时尚或流行样式，这样，就错过了某些变化机会。当适合都市生活的深色、多用途鞋开始流行时，耐克公司依

旧我行我素，强调性能至上。另外，耐克公司牺牲60—90美元一双的中等价位的运动鞋的生产为代价，投入过多的资源开发像Shox系列这样的高性能、高价位鞋，每一双鞋的售价高达140美元以上，而事实上耐克公司有近一半的年收入来自这些中等价位运动鞋的销售。

为了改造公司僵化的思维定式，以帮助公司做出与时俱进的决策，耐克公司的一些管理者也曾参与了改造公司僵化的思维定式的活动，但他们的努力往往受挫，这就导致这些管理者无奈地离开了该公司。同样，Eller Turner ——前金柯公司的高层管理者也曾被耐克公司聘为首席营销官，但她很快明白，公司对她的改革行动支持甚少。六个月后，她辞职离开了耐克公司。要想克服上述问题或困难，耐克公司的决策者必须明白：公司的产品市场及外部环境都已发生了变化，适合迈克尔·乔丹时代的决策思路在今天未必行得通。

思考：

1. 在不断变化的环境中，管理者如何才能持续做出良好的决策？

2. 为什么说一家企业过去的成功有可能是现在失败的原因？

3. 在一个不确定的环境中，管理者如何才能做出有效的、及时的决策？

4. 管理者可通过采取哪些措施以确保创造性的建议得以实施？也就是说管理者该如何促进创新？

项目四　Project 4

组　　织

学习目标

知识目标：

- 理解组织与组织设计的概念
- 掌握组织设计的步骤
- 掌握组织设计的原则及影响因素
- 掌握组织结构的类型及其优缺点
- 掌握集权与分权的适用条件及授权的原则
- 理解人员配备的含义、原则
- 掌握人员选聘的方式和流程
- 理解人员考评的方法和内容
- 理解人员培训的目的和方法

能力目标：

- 掌握组织设计的步骤
- 能够结合实际，设计企业的组织结构
- 学会恰当地集权和分权
- 掌握人员招聘的方法
- 掌握绩效考核的方法

思维导图，如图 4 -1 所示。

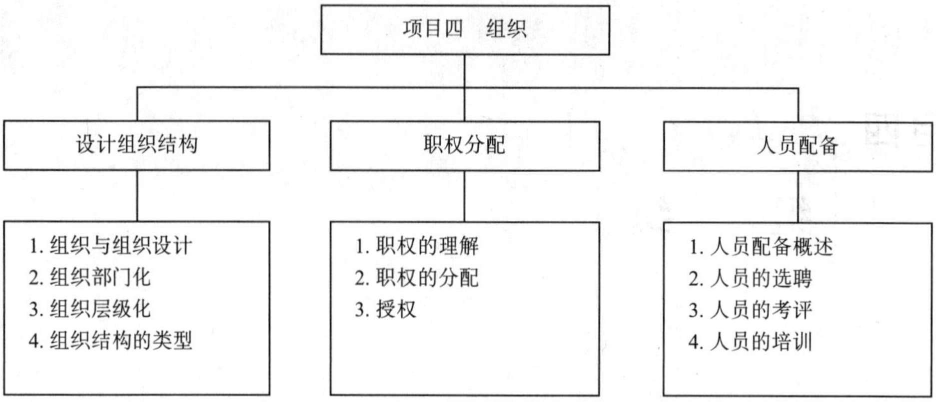

图 4－1　思维导图

学习任务一

设计组织结构

任务引入

某市造纸厂要建分厂，总经理田某派李某与谷某去筹备此事，但总经理并未说明何人主持工作。每当两人意见不同时，双方就争论不休。这位总经理经常以长途电话来解决纷争，但也无济于事。同时李某与谷某培养各自的小势力，弄得分厂筹备处乌烟瘴气，人心涣散，不仅私人方面伤了和气，而且分厂建设方面也耽误了时间，建厂工程至少延误了三个月，损失不小。这位不懂组织工作的总经理不得不亲自到分厂坐镇，以求弥补，可惜为时已晚，这位总经理只知道骂李某和谷某两人不能合作，却不知道问题的真正原因何在。

思考：出现这种情况的原因是什么？

一、组织与组织设计

管理学家哈德罗·孔茨指出："为了使人们能为实现目标有效地工作，就必须设计和维持一种职务结构，这就是组织管理职能的目的。"

在日常生活和实际工作中，人们总是在一定的组织中生活和从事各种活动。因此，建立一个良好的组织并使之有效地运转，无论是对个人目标还是组织目标的实现，都至关重要。组织既是各类团体和机构进行资源配置以实现其目标的工具和载体，也是管理的第二项职能，因此，组织工作在管理活动中占据着十分重要的位置。

（一）组织

1. 组织的概念

关于组织的概念，国内外学者各有不同的解释和说明，大体归纳起来，组织可以从静态和动态两个方面去理解其不同的含义。

从静态来讲，组织代表一个实体，是指人们按照一定的目的、任务和形式编制起来的有一定结构和功能的社会团体，是为了达成一定目标而有意识地建立起来的人群体系。如学校、医院、政府机关、部队、企业等都是静态的组织实体。从动态来讲，组织是指组织活动和组织工作，是指人们为了达到目标而创造组织结构，为适应环境的变化而维持或变革组织结构，并使组织结构发挥作用的活动过程。所以，组织应该是静态结构及其动态运行的统一。

实际上，组织结构并不能解决所有的组织问题。一个组织能否正常运转，除了要选择合理的组织结构形式外，还取决于人员配备、工作激励、行为控制和组织文化等诸多因素。因此，指望仅仅依靠组织结构解决所有问题是不切实际的。

综合多方面的分析，我们认为：组织就是存在不特定社会环境中，由人群构成的，为了达到共同目标，通过责权分配和层次结构所构成的一个完整的有机体。

2. 组织的特征

(1) 共同目标。任何一个组织都要有一个共同的目标。它是组织内成员的协作意愿的必要前提。只有组织的目标被组织成员所接受，才会导致协作活动。对每一个组织成员来说，组织的共同目标是外在的、非个人的、客观的目标。共同目标的实现，要靠组织成员的共同努力。而个人目标则是内在的、个人的、主观的目标。要使每个成员都为实现组织的共同目标做贡献，不能要求共同目标就是他的个人目标，而应尽力做到共同目标的实现有助于他的个人目标的实现。同时，组织成员对共同目标的理解也会存在差异。有人站在组织整体利益的立场上客观地理解组织的共同目标，也有人站在个人立场上主观地理解组织的共同目标，这两种理解往往会发生矛盾，尤其当共同目标复杂、抽象时，更是如此。组织中主管人员的重要任务，就是要克服组织目标和个人目标的背离，克服对共同目标不同理解的矛盾。当然，随着组织的发展和环境的变化，组织的共同目标也必须相应地改变。

(2) 相关结构。即组织内成员之间存在着的内在的联系。如领导与被领导的关系、工作的协作关系以及信息沟通等。组织内的相关结构要被组织成员明确了解，每一个成员要有一个信息联系的明确的正式渠道，以保证信息快速、准确、不中断地流通。

(3) 内部规范。指所有成员都要遵循，且区别于其他组织的规范。组织是由人组成的，每个人的行为都会对组织共同目标的实现产生影响。为了保证共同目标的实现，就要适当限制个人的行为，要求每个成员自我克制。要加入一个组织，首先要认可其内部规范，否则将被组织开除或自行退出。正是由于具有组织的内部规范，才使各个人的努力结合在一起。

3. 组织的分类

根据不同的划分标准，可以把组织划分为不同的类型。比如根据组织的目标，可以把组织分为互益组织（如工会、俱乐部、政党等）、工商组织（如工厂、商店、银行等）、服务组织（如学校、医院、社会机构等）、公益组织（如政府机构、研究机构、消防队等）。对管理者来讲，任何组织都可以根据满足其成员心理需求的差异来分类，将组织分为正式组织和非正式组织。

（1）正式组织。正式组织是指为了完成组织所规定的目标与特定工作而产生的法定组织结构。这种正式组织结构一般都有明确的目标、任务、结构、职能以及由此形成的成员间的责权关系，因此，对成员行为具有相当程度的强制力。例如，工厂里按照职务关系形成一系列的职务等级，如厂长、车间主任、工段长、班组长、职工等，每个人按其职务都有一定的权利和义务。

（2）非正式组织。非正式组织是正式组织的对应名称，它是人们在交往或工作过程中自然形成的以感情、喜好等情绪为基础的、松散的、没有正式规定的群体。例如，在同一个企业里的同事之间，或者在兴趣相同的人群之间，或者因职务关系接触较多的人们之间，会有各种各样的来往，从而形成各种各样的群体。这些群体不受正式组织的行政部门和管理层次的限制，也没有明确规定的正式结构，但在其内部也会形成一些特定的关系结构，形成一些不成文的行为准则和规范。非正式组织存在的根本原因，是人们追求一种正式组织内无法达到的情感需求的满足。

任何正式组织中都可能存在着非正式组织，非正式组织对正式组织来讲，既有积极的作用也有消极的影响。

非正式组织的积极作用主要体现在：非正式组织混合在正式组织中，容易促进工作的完成；可以利用非正式组织来弥补组织成员之间能力与成就的差异；可以通过非正式组织的关系与气氛获得组织的稳定；可以运用非正式组织作为正式组织的沟通工具；可以利用非正式组织来提高组织成员的士气等。利用非正式组织的积极因素为实现组织的总体目标服务，是管理者要学会的组织技巧。

当然，企业中的非正式组织对企业生产和经营管理也会具有消极影响，主要表现在：

影响工作效率。非正式组织在生产经营过程中，有时会有约定俗成的工作标准，当这一标准与企业的计划相冲突时，会阻碍或干扰企业目标的实现。

阻碍企业决策的贯彻。企业中的各种裙带关系和群体利益形成一个个独立于正式组织并与其抗衡的力量，阻碍了企业方针、政策、决策的贯彻执行，尤其体现在既得利益集团对组织变革的反作用上。

容易传播流言蜚语。非正式组织易于利用人际交往关系，扩散子虚乌有或者走了样、扩大化的小道消息。

滋生小团体倾向，影响企业内部稳定。

总之，管理者需要在企业内部建立起一种新型的正式组织结构关系，在这种新的组织结构关系中应该更加关注组织的人性化特征和社会成员的个体利益，并进一步增强灵活性。这是最大限度消除非正式组织消极影响的根本之道。

管理故事

阳贡公司的非正式组织

阳贡公司是一家中外合资的高科技公司，其技术在国内同行业中居于领先水平。公司员工100人左右，其中的技术、业务人员绝大部分是近几年毕业的大学生，其余为高中学历的操作人员。目前，公司员工当中普遍存在着对公司的不满情绪，辞职率也相当高。

员工对公司的不满始于公司筹建初期，当时公司曾派遣一批技术人员出国培训，这批技术人员在培训期间结下了深厚的友谊，回国后也经常聚会。在出国期间，他们合法获得了出国人员的学习补助金，但在回国后公司领导要求他们将补助金上交给公司，于是矛盾出现了。技术人员据理不交，双方僵持不下。公司领导便找这些人反复谈话，言辞激烈，并采取一些行政制裁措施对他们施加压力。少数几个人曾经出现了犹豫，却遭到其他人员的强烈批评，最终这批人员当中没有一个人按领导的意图行事，这导致双方矛盾日趋激化。

最后，公司领导不得不承认这些人已经形成了一个非正式组织，由于没有法律依据，公司只好作罢。因为这件事造成公司内耗相当大，公司领导也因为这批技术人员“不服从”上级而非常气恼。对他们有了一些成见，而这些技术人员也知道领导对他们的看法。于是，陆续有人开始寻找机会跳槽。一次，公司领导得知一家同行的公司来“挖人”，公司内部也有不少技术人员前去应聘，为了准确地知道公司内部有哪些人去应聘，领导特意安排两个心腹装作应聘人员前去打探，并得到了应聘人员的名单。谁知，这个秘密不胫而走，应聘人员都知道自己已经上了“黑名单”，于是后来都相继辞职。

思考：阳贡公司的非正式组织带来的影响是什么？

（二）组织设计

1. 组织设计的概念

组织设计（Organizational Design），是指管理者将组织内各要素进行合理组合，建立和实施一种特定组织结构的过程。组织设计是有效管理的必备手段之一，组织一般根据组织目标划分为若干性质不同的业务工作，形成若干部门，规定各部门的职责，明确上下级关系等。它的目的就是要通过建立一个适于组织成员相互协作、发挥各自才能的良好环境，从而消除由于工作或职责方面所引起的各种冲突，使组织成员都能在各自的岗位上为组织目标的实现做出应有的贡献。

在现实情况下，可能有以下几种情况需要进行组织设计：

（1）新成立的组织。

（2）组织出现较大问题或组织目标发生变化，对原有组织重新设计。

（3）组织进行局部的调整和完善。

具体来说，组织设计包括两个方面的工作内容，即组织的横向结构设计和组织的纵向结构设计。

2. 组织设计的步骤

（1）确立组织目标：通过收集及分析资料，进行设计前的评估，以确定组织目标。

（2）划分业务工作：根据组织的工作内容和性质，以及工作之间的联系，将组织活动组合成具体的管理单位，并确定其业务范围和工作量。

（3）形成组织结构的基本框架：按组织设计要求，决定组织的层次及部门结构，形成层次化的组织管理系统。

（4）确定职责和权限：明确规定各层次、各部门以及每一职位的权限、责任。一般用职位说明书或岗位职责等文件形式表达。

（5）设计组织的运作方式：确定各项管理工作和业务开展的工作程序、工作标准和管理方法，设计各类运行制度，规范各部门沟通与协调手段等。

（6）人员配备：按职务、岗位及技能要求，选择配备恰当的管理人员和员工。

（7）形成组织结构：对组织设计进行审查、评价及修改，并确定组织结构及组织运作秩序，颁布实施。

（8）调整组织结构：根据组织运行情况及内外环境的变化，对组织结构进行调整，使之不断完善。

（三）组织设计的原则及影响因素

1. 组织设计的原则

企业组织是一个有机系统，要把许多人组合起来，形成一个有机的分工协作体系。这并不是一件十分容易的事情，需要遵循一系列基本的原则，从而确保组织正常运转。组织设计应遵循如下原则：

（1）目标导向原则。目标导向原则要求在组织设计和组织形式的选择时必须有利于组织目标的实现。正是因为存在着组织的共同目标，组织成员才会有效地进行分工协作，并最终实现共同的目标。共同的目标是维系组织成员的纽带，是组织管理工作的依据。

例如，高校的目标是培养人才，那么它的组织结构及形式，如教学、行政、后勤保障、招生、就业、科研等，就是围绕着学校的目标而设置的。所以，管理者在进行组织设计时，无论是何种类型的组织结构，都必须服从并服务于组织目标的实现。这一原理还要求在组织设计中以事为中心，因事设机构、设职务，人与事高度配合，避免出现因人设事、因人设职的现象。

（2）统一指挥原则。统一指挥原则要求组织的各级机构以及个人必须服从一个上级的命令和指挥。只有在管理工作中实行统一领导，消除多头领导、政出多门的现象，才能保证全部活动的有效管理和正常工作。

统一指挥的原理在实践中可能会出现一些麻烦，例如缺乏横向联系和必要的灵活性等。为弥补这一缺陷，在实际应用中往往还规定主管人员有临时处置、事后汇报之权，上级可授权下级进行直接的联系，但必须将行动结果报告各方的上级，这样不但不会削弱而且还有助于统一指挥的实施。

（3）权责对等原则。权责关系是组织构成要素的核心内容。在组织管理过程中，明确各部门、各职位与整体组织之间的权责关系，使每个组织成员都明确自己应该干什么，有哪些方面的权力，归属谁直接领导，这是保持组织的稳定性和增进组织运行效果的前提条件。

如果组织中的成员担任某个职务，或负责某项任务，就应赋予其相应的职权。即在授予责任的同时，必须授予自主完成任务所必需的权力，权力不可太大也不可太小，必须与职责相适应。有责无权会束缚管理人员的积极性和主动性，而有权无责则会助长瞎指挥和官僚主义。

（4）适度管理幅度原则。适度管理幅度原则要求组织的管理幅度设计必须适度，保证有效控制。保持合理的管理幅度也是组织设计精干高效的体现，任何一种组织结构形式，都必须将组织工作的精干高效放在重要地位。

组织设计应力求减少管理层次，精简管理机构和人员，充分发挥组织成员的积极性，提高管理效率，更好地实现组织目标。一个组织只有机构精简，队伍精干，效率才会提高。如果组织层次繁多，机构臃肿，人浮于事，则势必导致浪费人力，滋生官僚主义，效率低下。

（5）稳定性与适应性相结合原则。稳定性与适应性相结合原则要求组织结构及其形式既要有相对的稳定性，又必须随着组织内外条件的变化及业务运行的需要作出相应的调整。

为保证企业的高效运作，一个企业的组织结构应保持相对的稳定性。一般来说，组织越稳定，效率越高。由于组织结构的调整和各部门职权的重新划分，都会涉及人员、分工、职责、协调等各方面的调整。所以，组织结构不宜频繁调整，应保持相对稳定。但由于组织的外部环境、内部管理发生变化时，组织设计必须适应这种变化而作出相应的调整和变革，这样才会给组织重新带来效率和活力。

2. 组织设计的影响因素

（1）环境。环境包括一般环境和具体环境。一般环境是指对组织管理目标产生间接影响的因素，如政治、经济、社会文化、技术等。具体环境是指对组织管理目标产生直接影响的因素，如顾客、竞争对手、供应商等。

环境是不断变化的，环境的复杂性和变动性决定了环境的不确定性。当环境变化足以影响组织发展时，就必须对组织结构进行调整和变革，以适应环境的变化。可见，只有与环境相适应的组织结构才能成为有效的组织结构。

（2）战略。组织战略规定了组织发展的方向和总目标，以及实现目标所应采取的行动。而作为实现企业战略手段之一的组织设计，与组织战略的关系十分密切。组织结构是由组织战略决定的，组织结构是为组织战略服务的。

一个组织为了在竞争中取胜，就要选择一个与自己条件相适应的战略，与此同时需要在组织设计上有所配合，才能令组织战略更有效地执行。如果一个企业的组织战略发生了重大变化，那么为其服务的组织设计也应作出相应的调整，以适应组织战略的变化。

（3）科技。科技是指企业在生产过程中（包括生产产品和提供服务）所运用的技能、知识、工具和设备的结合。任何组织都需要利用或采取一定的科学技术，将投入转换为产出。

科技及其变化对组织设计的影响主要表现在两个方面：一是生产技术对组织结构及管理特征有着系统的联系；二是信息技术对组织结构的发展趋势、权力配置、部门协调等可能会带来影响。

（4）组织规模。组织规模往往与组织的发展阶段相联系，随着组织活动内容的复杂化，人数越来越多，组织设计也要随之调整，以适应变化的环境。如创业初期，组织规模小，结构可以相对简单些；在稳定时期，组织规模大，如庞大的专业人员、大量的规章制度、业绩考核薪酬管理等，组织设计相对复杂得多。

相关链接

帕金森定律

美国著名历史学家诺斯古德·帕金森通过长期调查研究，写了本名叫《帕金森定律》的书，他在书中阐述了机构人员膨胀的原因及后果：一个不称职的官员，可能有三条出路：第一是申请退职，把位子让给能干的人；第二是让一位能干的人来协助自己工作；第三是任用两个水平比自己更低的人当助手。

这第一条路是万万走不得的，因为那样会丧失许多权力；第二条路也不能走，因为那个能干的人会成为自己的对手；看来只有第三条路最适宜。于是，两个平庸的助手分担了他的工作，他自己则高高在上发号施令，两个助手既然无能，也就上行下效，再为自己找两个无能的助手。以此类推，就形成了一个机构臃肿、人浮于事、相互扯皮、效率低下的领导体系。

二、组织部门化

组织设计的内容之一是部门化，主要解决组织的横向结构问题。

随着组织规模的扩大和生产经营活动的复杂化、高级化，组织业务活动种类越来越多，所涉及的专业领域越来越广。因此，为了提高工作效率，管理者就必须在劳动分工的基础上，把各项活动进行归类，使性质相同或相似的工作合并到一起组成单位，这样便形成了一个个专业化的部门。

在企业实践中，部门化的形式是多种多样的，典型的有：

（一）职能部门化

职能部门化是按照组织的各项主要业务工作和主要管理职能来划分和设置组织的部门，这是最常见的一种部门化组织形式。例如组织基本的职能部门一般包括生产、研发、质量、销售、财务、人事等部门。这种方法较多应用于管理或服务部门的划分。

职能部门化的形式符合专业化分工的原则，可以做到事权专一、职责明确，有利于提高各部门的效率和工作人员的专业技术水平，但它容易形成组织职能的专业性部门分割，由此造成部门本位主义，使组织中的综合事务和职能难以落实，也增加了组织统一和协调的难度。

（二）产品部门化

产品部门化是按产品不同来划分和设置企业组织的部门，也是一种很常见的部门化组织结构形式，产品部门化组织适合于经营环境多变、实行多品种与多系列生产经营的大型企业和联合企业。

产品部门化是以产品部为利润中心，便于对成本、利润和绩效进行测定和评价，有利于充分发挥个人的专业知识和技能；它是分权化的组织，有利于改善产品部门内部的协调工作。缺点是需要更多的综合管理人才，增加了主管部门控制与协调的困难，组织的职能部门经常出现重复，造成专业力量分散。

（三）流程部门化

流程部门化将企业的生产或制造过程分成几个阶段，按阶段来设置部门和机构，要求每个部门只负责整个过程中某一阶段的工作。很多制造业厂商及连续生产型企业常采用这种开法。例如在机械制造企业中，生产过程常被分为铸造、锻压、机械加工和装配等流程，进而按不同流程来设立相应的车间和部门。

流程部门化符合专业化的原则，可以充分利用专业技术与技能，便于采用专业化的机械和设备，同时也简化了员工的培训。缺点是一旦衔接出现问题，将直接影响总体目标，各部门之间沟通协作困难，同时也不利于全面管理人才的培养。

（四）区域部门化

区域部门化是以组织活动的特定区域作为划分部门的根据，把该地区范围内组织的全部活动集中起来形成一个部门。区域部门化比较适合目标用户在较大区域分布的企业。例如，企业按产品销售的区域设置部门，把消费者划分为东、南、西、北等区，有针对性地开展销售管理。

区域部门化的优点是有利于特定区域内组织工作的协调和效率的提高，有利于根据当地实际情况进行活动和管理，也有利于管理者综合管理能力和协调能力的加强。它的缺点是容易使区域性部门自成一体，增加组织总体控制和管理的难度，也不利于各区域之间的合作，同时会造成一些机构重复，增加管理费用。

（五）顾客部门化

顾客部门化以顾客为对象，根据不同顾客的需要或不同的顾客群设立部门。这种新型的组织结构形式，在激烈的市场竞争中，迎合了需求多样化发展的趋势，自20世纪90年代以来越来越受到青睐，例如，在百货公司里，按照服务顾客的不同划分为儿童用品部、女性用品部和男性用品部等。这种方法主要用于服务对象差异较大、对产品与服务有特殊要求的企业。

顾客部门化的优点是能够更好地满足各类顾客的需求，创造更大的社会效益。缺点是不利于各部门之间的协调，如果划分过细，可能会导致人员和设备利用率低。

需要指出的是，划分部门是为了保证组织目标的实现而对业务工作进行安排的一种手段。也就是说，一个组织究竟采用何种方式划分部门，应视具体情况而定。在实际工作中，任何组织很少根据唯一的标准来划分部门，而是经常同时利用两个或两个以上的部门化方式，形成合适的组织结构。

三、组织层级化

组织设计的内容之二是划分组织层级，即管理层级与管理幅度，主要解决组织的纵向结构问题。

（一）管理层级与管理幅度

1. 管理层级

管理层级也称为管理层次，是指组织内部从最高一级管理组织到最低一级管理组织的各个组织等级的数目。管理层级实质上反映了组织内部纵向分工关系，各个层级将担负不同的管理职能。

2. 管理幅度

管理幅度也称为管理宽度，是指一个管理者直接管理下级人员的数目。一般而言，上级管理的下级人员多，称之为管理幅度大；反之，称之为管理幅度小。由于管理者的时间和精力是有限的，其管理能力也因个人的知识、经验、年龄、个性等不同而有所差异，因而任何管理者的管理幅度都有一定的限度。超过一定的限度，就不能做到具体、高效、正确的领导。

影响管理幅度的主要因素：

（1）主管人员与其下属双方的素质和能力。凡受过良好训练的下属，不但所需的监督较少，而且不必时时事事都向上级请示汇报，这样就可以减少与其主管接触的次数，从而增大管理宽度。同样道理，素质和能力均较强的主管人员能够在不降低效率的前提下，比在相同层次、担负类似工作的其他主管人员管辖较多的人员而不会感到过分紧张。

（2）面对问题的种类。主管人员若经常面临的是较复杂、困难的问题或涉及方向性、战略性的问题，则直接管辖的人数不宜过多。反之，如果主管人员面临的是大量的日常事务，已有规定的程序和解决方法，则管辖的人数可以多一些。

（3）工作任务的协调。工作任务相似及工作中需协调的频次较少，则宽度可加大，组织层次也可减少。

（4）授权。适当的授权可以减少主管人员与下属之间接触的次数和密度，节约主管人员的时间和精力，锻炼下属的工作能力和提高其积极性。所以，在这种情况下，管辖的人数可适当增加。不授权、授权不足、授权不当或授权不明确，都需主管人员进行大量的指导和监督，效率不会高，因而宽度也不会大。

（5）计划的完善程度。事前有良好的计划，使工作人员都能明了各自的目标和任务，可减少主管人员指导及纠正偏差的时间，那么管辖的人数就可以多一些，反之亦然。

（6）组织沟通渠道的状况。组织沟通渠道畅通，信息传递迅速、准确，所运用的控制技术比较有效，对下属的考核制度比较健全，在这种情况下，管理宽度可考虑加大一些。

此外，工作对象的复杂性、下属人员的空间分布以及组织的稳定程度等因素也影响着管理宽度。

管理故事

摩西（Mosses）和管理幅度的故事

管理幅度问题和组织出现的历史一样古老，它出自《圣经》关于摩西组织以色列人逃出埃及的这段故事。摩西和十几名长老带领20余万人，在埃及沙漠中迁徙，但行进速度极为缓慢，每天行程不到20千米，而且迁徙队伍长达数十里。摩西的岳父注意到摩西和十几名长老费了相当多的时间去管理这么多人，于是劝告他；“你这样做不好。你和这些百姓都很疲惫，因为这些事情太繁重，你独自一人办理不了。现在我为你出个主意：你应当从百姓中挑选有才能的人，派他们当千夫长、百夫长、五十夫长、十夫长，叫他们随时管理百姓，大事都要呈到你这里，小事他们自己可以审判。这样，他们就可以替你分担许多琐事。你若这样做，你就能轻松些，这些百姓也能平平安安到达他们的住处。”

于是，摩西听从了他岳父的建议。他从以色列人中挑选出有才能的人，立他们为百姓的首领，做千夫长、百夫长、五十夫长、十夫长。他们随时审判百姓，有难断的案子就呈到摩西那里，但各种小事则由他们自己审判。

（资料来源：吕志士．圣经故事选．北京：学苑出版社，2009）

思考：摩西率众人成功逃出埃及的原因是什么？

（二）管理层级与管理幅度的关系

管理层级与管理幅度互相制约，二者之间是反比关系。管理幅度大，管理层级就可以减少；管理幅度小，管理层级就会增多。管理幅度的大小影响和决定着组织的管理层级。

组织的管理层级与管理幅度的反比关系决定了两种基本的管理组织结构，即高长式结构和扁平式结构。

1. 高长式结构

高长式结构管理幅度较小，管理层级较多。其优点是：管理人员的管理幅度小，能够对下属进行有效的控制和统一指挥；职责与分工明确；制度严明。其缺点是：管理人员多，彼此之间在协调过程中容易发生失真和误解；上层对下层的管理控制变得困难；组织的民主化程度较低；工作效率低下。

2. 扁平式结构

扁平式结构管理幅度较大，管理层级较少。其优点是：信息传递快，失真少；缩短上下级距离，密切上下级关系；管理费用低。其缺点是：由于管理幅度较大，对于管理者来说工作量很大，难以密切监督下属；对管理者的要求很高，同级别的横向沟通难度增大。

管理组织结构必须根据企业的具体条件选用。但是，在现代企业管理中，组织结构扁平化是一种普遍的趋势，这反映了对人的尊重与重视。

四、组织结构的类型

（一）组织结构的定义

组织结构是组织内的全体成员为实现组织目标，在管理工作中进行分工协作，通过职务、职责及相互关系构成的结构体系。组织结构的本质是成员间的分工协作关系，组织结构的内涵是人们的职、权、责关系，因此组织结构又可称为权责结构。

（二）组织结构的类型

1. 直线型组织结构

直线型组织结构是一种最简单、最原始的组织结构形式。它最初产生于手工作坊，当时老板或工厂主都是实行个人管理，对生产、技术、销售、财务等各项事务都要亲自处理。因此，这种组织形式没有职能机构，从最高管理层到最底层实现垂直领导，只适合那些规模小、任务单一、人员较少的组织或者是初创期的组织。

直线型的优点是结构简单，沟通迅速；权力集中，指挥统一；决策迅速，运营成本低。其缺点是缺乏专业化的管理分工，经营管理事务依赖于少数几个人，要求企业领导人必须是经营管理全才，但这是很难做到的。尤其是在企业规模扩大时，管理工作量会超过个人能力所能承受的限度，不利于集中精力研究企业管理的重大问题。因此，直线型的适用范围是有限的，它只适用于那些规模较小或业务活动简单、稳定的企业。

2. 职能型组织结构

职能型组织结构是在直线型组织结构的基础上为各级领导设置职能机构，此职能机构既协助领导工作，又在自己的职责范围内有权向下级发布命令和指示。这种组织结构适用于任务较复杂的社会管理组织和生产技术复杂、各项管理都需要专业知识的企业管理组织。

职能型的优点是分工较细，具有专业分工优势，能发挥专业化管理的作用。其缺点是容易出现多头领导，削弱了统一指挥权；过度专业化不利于培养全面的管理人才。在实际工作中，不存在纯粹的职能型组织结构。

3. 直线职能型组织结构

直线职能型组织结构又称直线参谋职能型组织结构，它是把直接指挥的统一化思想和职能分工的专业化思想结合起来。这种组织形式以直接指挥系统为主体，同时发挥职能部门的参谋作用。直线职能型组织结构适合那些面临较稳定环境的中小企业，它是目前我国绝大多数企业最广泛采用的组织结构形式，

值得注意的是，随着企业规模的进一步扩大，职能部门也将随之增多。于是各部门之间的横向联系和协作将变得更加复杂和困难。加上各业务部门和职能部门都须向厂长（经理）请示汇报，使其往往无暇顾及企业面临的重大问题。当设立管理委员会、完善协调制度等改良措施都不足以解决这些问题时，企业组织结构改革就会倾向于更多的分权。

4. 事业部型组织结构

事业部型组织结构也称分权制组织结构，是一种在直线职能型组织结构的基础上演变而成的现代企业组织结构形式。

事业部型组织结构遵循“集中决策，分散经营”的总原则，实行集中决策指导下的分散经营，按产品、地区和顾客等标志将企业划分为若干相对独立的经营单位，分别组成事业部。各事业部在经营管理方面拥有较大的自主权，实行独立核算、自负盈亏，并可根据经营需要设置相应的职能部门。总公司主要负责研究和制定重大方针、政策，掌握投资、重要人员任免、价格幅度和经营监督等方面的大权，并通过利润指标对事业部实施控制。

事业部型组织结构具有以下优点：

（1）权力下放，有利于最高管理层摆脱日常行政事务，集中精力于外部环境的研究，制订长远的全局性的发展战略规划，使其成为强有力的决策中心。

（2）各事业部主管摆脱了事事请示汇报的桎梏，能自主处理各种日常工作，有助于加强事业部管理者的责任感，发挥他们搞好经营管理的主动性和创造性，提高企业经营适应能力。

（3）各事业部可集中力量从事某一方面的经营活动，实现高度专业化，整个企业可

以容纳若干经营特点有很大差别的事业部，形成大型联合企业。

(4) 各事业部经营责任和权限明确，物质利益与经营状况紧密挂钩。

事业部型组织结构的缺点是：容易造成组织机构重叠、管理人员膨胀现象；各事业部独立性强，考虑问题时容易忽视企业整体利益。因此，事业部型组织结构适合于那些经营规模大、生产经营业务多样化、市场环境差异大、要求较强适应性的企业采用。

相关链接

通用汽车公司的事业部制

事业部制是由美国通用汽车公司于20世纪20年代创立的。1908年，当杜兰特创建通用汽车公司时，奉行的是广泛收购、急速扩张的战略和独断专行的原则。到1920年，已先后收购了50多家公司，但被收购的公司大部分依然像原来一样是“独立企业”，总公司除杜兰特本人和几个助手外，没有专门的职能管理机构，各子公司又互不通气，通用汽车公司犹如一个“大拼盘”。

这种独断专行和缺乏全面管理机构的组织使通用汽车公司险遭灭顶之灾。1920年秋，面对全美的经济恐慌，通用汽车的销售量只及高峰时的1/4，而库存则超过了2亿美元，加上通用汽车公司的股票行情暴跌，公司陷入了资金周转不灵的困境。

出于无奈，杜兰特不得不请求杜邦公司和摩根财团对通用汽车公司进行全面改组，随即杜邦公司的皮埃尔·杜邦入主通用汽车公司，在阿尔弗雷德·斯隆（1923年升任通用汽车公司总经理）的协助下进行改革，实行分权管理的事业部制，使通用汽车公司从杜兰特的“个人专断式的支配与管理”转变成“实行经营管理制度化的企业”。由斯隆创造的事业部制分权管理组织形式，不仅使通用汽车公司起死回生，也为现代大型企业的组织结构设计树立了典范。

（资料来源：中国棉纺织网，http：//www. zgmfz. com/）

5. 矩阵型组织结构

矩阵型组织结构是由纵横两套管理系统叠加在一起组成一个矩阵，其中纵向系统是按照职能划分的指挥系统，横向系统一般是按产品、工程项目或服务组成的管理系统。这种形式的组织结构最初出现在20世纪50年代末，被用于完成某些特殊任务。例如，企业为了研发某项新产品，在研究、设计、试制、生产各个方面要求有关职能部门派人参加，组成一个专门小组，小组成员既接受原部门主管的领导，又要服从项目主管的管理。这种结构形式一般适用于创新任务较多、生产经营复杂多变或以科技开发为主的企业。

矩阵型组织结构的最大特点在于其具有双道命令系统，小组成员既要服从小组负责人的指挥，又要受原所在部门的领导，这就突破了一个职工只受一个直接上级领导的传统管理原则。矩阵制结构具有以下优点：

(1) 将企业横向联系与纵向联系较好地结合了起来，有利于加强各职能部门之间的协作和配合，及时沟通情况，解决问题。

（2）能在不增加机构和人员编制的前提下，将不同部门的专业人员集中在一起，组建方便。

（3）能较好地解决组织结构相对稳定和管理任务多变之间的矛盾，使一些临时性的、跨部门的工作执行变得不再困难。

（4）为企业综合管理和专业管理的结合提供了组织结构形式。

但是，矩阵型组织结构中的组织关系比较复杂，一旦小组与部门发生矛盾，小组成员的工作就会左右为难。此外，有些小组成员可能会被原部门工作分散精力，或受临时工作观念影响。

6. 网络型组织结构

网络型组织又称虚拟组织，是一种以知识经济为背景，利用现代信息技术建立和发展起来的一种新型组织结构。网络型组织结构只有很小的中心组织。该组织以契约为基础，通过业务外包，进行制造、销售、宣传或其他业务的经营活动。在网络型组织结构中，组织的大部分职能从组织外“购买”，这给管理层提供了高度的灵活性，并使组织集中精力做它们最擅长的事情。

网络型组织结构比较适合于那些需要相当灵活性的行业，以便对市场的不断变化做出迅速反应。网络型组织结构也适合于那些制造过程中需要低价劳动力的公司，如服装、玩具制造，它们可以与一些外国或外地的低价供应商签订合同，委托生产和加工产品。

网络型组织结构的优点是：降低了管理成本，提高了管理效益；简化了机构和管理层次，促进了企业经济效益实现质的飞跃。其缺点是：网络型组织结构需要科技手段和外部环境的支持。

管理故事

耐克公司的虚拟组织

耐克（Nike）公司是利用虚拟组织抢占市场成功的公司之一。耐克公司是世界上最大的一家运动鞋供应商和制造商，公司将主要的财力、物力、人力投入产品的设计和销售上，甚至样鞋也不靠自己生产，其生产活动完全在中国台湾和其他地区的企业中进行。公司的许多经理经常穿梭全球寻找合适的生产合作伙伴。20 世纪 70 年代，耐克与菲律宾、马来西亚、英国、爱尔兰等地的制鞋厂合作；20 世纪 80 年代耐克转向中国台湾、韩国等地谋求合作；20 世纪 90 年代耐克对中国、印度尼西亚、泰国等又信心十足。耐克的成绩是惊人的，从 1985 年到 1992 年，耐克的纯利润增长了 24 倍。耐克成功的关键是恰当地组建虚拟组织，并在虚拟组织中处于领导地位，从而获得了低成本、高利润。

（资料来源：8899Y 管理知识网）

思考：耐克公司是如何组建虚拟组织的？

学习任务二
职权分配

任务引入

分权能否让 TCL 走出亏损泥潭

为了实现全面扭亏，TCL 集团从 2005 年就开始调整组织架构。现在，TCL 各大业务板块权力开始进一步向各自的掌门人集中。这次分权式管理是 TCL 诸侯文化最直接的体现。在 TCL 集团董事长李东生旗下，TCL 多媒体的胡秋生、TCL 通讯的刘飞、TCL 电脑的杨伟强和 TCL 家电的王康平，被称为 TCL 的四大诸侯。

诸侯文化在 TCL 通讯体现得最为明显：TCL 通讯的六大利润中心都充分将责、权、利下放到各个负责人，“大诸侯”套“小诸侯”，业绩上升就奖励，做不好就换人。

李东生习惯于分权，擅长宏观调控，不太喜欢过问旗下诸侯的管理细节，他关注的是诸侯所能实现的业绩。对自己看中的人才，他也能用人不疑。有人认为，分权而治是 TCL 走出困境的一着妙棋。因为分权可以降低决策风险，充分发挥个人的智慧。在 TCL 通讯的早期，李东生对万明坚的充分授权，就促进了 TCL 的繁荣和发展。2005 年 6 月，刘飞接手 TCL 通讯这个亏损大户。当年 12 月，TCL 通讯实现当月扭亏。这个案例也被认为是诸侯分权策略的成功案例。

但是，这种授权方式带有浓厚的李东生的个人色彩，随意性太大，缺乏系统的思考，而且，人事的调整是基于业绩来考虑，而不是主动地做战略性的安排。TCL 现在面临的是巨大的核心价值欠缺和外部的竞争压力，只强调业绩的授权，并不能解决企业战略层面的问题。

万明坚的例子就充分说明了这一点。2004 年 12 月，万明坚因健康原因离职。当时，李东生在谈到万明坚离职的原因时，表示最主要的是健康问题，但同时他也大篇幅地提到了当年 TCL 移动业绩的下滑。对此，外界的理解是，万明坚离职的真正原因，一是 TCL 移动业绩下滑，二是万明坚不再受到李东生的信任。

万明坚提出的 TCL 手机的发展思路是：走自主研发之路。恰恰也就是自主研发，导致了万的下课。有人这样说过：“万明坚坚持自主研发的道路，而这条路远比想象中复杂和艰苦，导致新产品的开发跟不上市场的速度，最晚的一个产品延期了一年多才开发出来，而国内其他手机厂商的研发和采购是开放式的，也就是海外有什么好的机型就去买，就去引进。”在国产手机普遍缺乏核心技术、少有高端品牌的情况下，自主研发无疑是 TCL 手机杀出重围的一把利刃，应该是要长期坚持的发展战略。对万明坚的离去，摩托罗拉、波导等手机厂商高层倍感惋惜。

思考：

1. 你如何看待李东生的管理策略？

2. 如何恰到好处地集权、分权？

一、职权的理解

（一）职权的含义和特点

1. 职权的含义

组织中的职权是指管理者由于处于某一职位而拥有的用以执行管理职能，实现组织目标的权力。所以，职权是职务范围内的管理权限，如法定权、强制权和奖赏权等，取决于一个人在组织中的职位，我们把它称为职位权力，即职权。职权也是职位和责任结合在一起的制度化权力。组织中的管理者为履行所在职位的职责，就必须拥有相应的权力，当管理者调离所在职位时，其权力也随之解除。

2. 职权的特点

（1）职权是组织结构设计中的权力设计所决定的。

（2）职权与组织的制度有关，如政府制度、法律制度、财产制度等。

（3）职权与一定的职位有关，具有合法性。

（4）职权与担任该职位的管理个人没有直接的联系，也与个人特征无关。

（5）通过职权关系上传下达，实现组织内的信息沟通。

（二）职权的类型

1. 直线职权

直线职权即指挥权、决策权，它是某项职位或某部门所拥有的包括做出决策、发布命令及执行决策的权力。在一个组织中，每一个管理层的主管人员都应有这种职权，只不过每一个管理层次的功能不同，其职权的大小及范围也不同。从组织的上层到下层的主管人员之间，便形成一个权力线，这个权力线被称为指挥链。

2. 参谋职权

参谋职权又称辅助性职权，它是指某项职位或某部门所拥有的咨询、建议、指导或者提供服务与便利的权力。参谋职权是顾问性质或者服务性质的，对上一级领导负责，虽然不能直接指挥上司的下属，却可以在专业范围内对其进行指导。

3. 职能职权

职能职权是指某参谋人员或部门的主管人员被授予的原属直线主管的那部分权力，该职权介于直线职权和参谋职权之间。

在实际工作中，应处理好三者的关系，确立直线职权的主导地位，发挥参谋职权的作用，适当运用职能职权。

二、职权的分配

组织的职权是授予人们利用其判断做出决策和发布指示的一种自由处置权，在一个组织中，如果没有对管理者进行正确的职权分配，就无法顺利地进行协调工作，保证最终组织目标的实现。

（一）集权与分权的含义

所谓集权，是指较多的权力和较重要的权力集中于组织的高层管理者。所谓分权，是指较多的权力和较重要的权力分授给组织的基层管理者。

集权与分权是相对的概念，没有绝对的集权与分权。在组织设计过程中，要考虑的是如何合理地确定集权与分权的程度。

（二）集权与分权的相对性

在组织中，集权与分权是相对的，没有绝对的集权，也没有绝对的分权，只是程度的不同。集权与分权的程度应该有多大，企业需根据具体情况来确定。例如，组织规模大、地理分布广、经营领域宽的企业，宜实行分权化的管理。经营环境稳定，生产技术连续性强，主要以内部发展方式成长起来的企业，则倾向于采取集权化的管理方式。

影响集权与分权的主要因素：

1. 组织的规模

组织的规模越大，要解决的问题就越多，为了防止组织的决策缓慢，高层管理者必然会把更多的决策权授予下级管理人员。

2. 职责或决策的重要性

所涉及的工作或决策越重要，与此相关的权力就越可能集中在上层，因此一般以集权为好。

3. 组织文化

一般从内部发展起来的或独资创办的组织，常表现出明显的集权化倾向。合资或联合创办的组织则往往表现出分权的倾向。另外，组织中的管理者的主观因素也会影响集权与分权。

4. 下级管理人员的素质

如果下级管理人员能力强、水平高，则偏向分权。如果缺少合格的下级管理人员，高层管理者就很可能偏向集权。

另外，还有一些因素的影响，如控制技术的发展程度、环境的影响等。

相关链接

印加效应

历史上，南美洲的印加帝国在经济、政治、生活上都在统治者高度严格的控制之下，即便是一件小事也要请示最高当局。有一天，西班牙征服者皮萨罗带领一支168人的分遣队来攻打印加，强大的印加帝国虽然拥有20万军队，但必须经过层层请示才可出兵。西班牙人抓住时机，活捉了印加皇帝。印加大军赶到时，看到皇帝被捉，便群龙无首，乱成一团，被几十名西班牙骑兵追杀。最终印加帝国战败了，这一战中被杀死的印加人不下7000人，而西班牙人却损失很小。

印加帝国灭亡的根本原因在于管理方式的错误，这种高成本的管理方式需要高度集权和绝对统治，一旦这个前提发生了改变，就会患上一种集体失能症，给组织带来无法预期的影响。

（三）集权与分权的优缺点

1. 集权的优缺点

集权的优点是：便于从整个组织目标出发处理问题，避免局部利益行为；可以使组织的有限资源得到更有效的利用，提高组织的控制力，防止政出多门、互相矛盾。

集权的缺点是：可能降低决策的质量和速度，影响组织对外部环境的适应能力；不利于调动下级的积极性与主动性；缺乏灵活性。

2. 分权的优缺点

分权的优点是：提高下级管理者和员工的工作积极性；将控制权分散到各处，可以很好地满足局部不断变化的需要；可以使低层管理者得到良好的培训机会；可以使高层管理者摆脱繁杂的日常事务性工作，把精力集中在重大的战略问题上。

分权的缺点是：由于权力分散，总部控制较困难；需要进行更多的汇报或视察性工作；分权后的部门与其他部门的关系紧张。

管理故事

丙吉问牛

汉代一位叫丙吉的宰相，有一次在吴国巡视的路上遇到一群乡民打架，看到有人被打死了，他竟然不予理睬，催促随从快走。走了不远，看到一头牛在路边不停地大口喘气，却立即叫人停下来向当地百姓仔细调查情况。随从们很不理解，问他为什么人命关天的大事他不去理会却关心一头牛的性命。丙吉说，路上打架杀人自有地方官吏去管，不必我过问，否则就是越俎代庖。而在温度不高的天气，牛大口喘气却是一种异常现象，可能引发瘟疫等关系民生疾苦的问题，这些问题地方官吏和一般人又不太注意，却正是宰相要管的事情，所以我要调查清楚。

三、授权

（一）授权的含义

高层主管人员将其行使引导别人行动的决策权，交由下属去行使的过程称为授权。授权者对被授权者有指挥监督权，被授权者对授权者负有报告与完成任务的责任。管理者授权是现代管理的一种科学方法与领导艺术。目标管理从某种意义上说就是授权的一种形式。目标制定后，上级只用目标管理下级，下级在一定的监督之下有相当的自主权、行动权。

（二）授权的作用

1. 有利于组织目标的实现

通过科学的授权，基层可以拥有实现目标所需的权力，自主运作，可以更好地促进目标的实现。

2. 有利于管理者从日常事务中超脱出来，集中力量处理重要决策问题

授权是管理者的分身术，高明的管理者都会恰当地运用授权。

3. 有利于激励下级

下级如果拥有完成任务的权力，就能按照自己的意图独立自主地进行工作，有利于调动其工作的积极性、主动性和创造性。

4. 有利于培养、锻炼下级

下级在自主运用权力、独立处理问题的过程中，会不断地提高管理能力，提高综合素质。

（三）授权的原则

1. 目标需要原则

授权是为了更有效地实现组织目标，所以必须根据实现目标和工作任务的需要，将相应类型与限度的权力授给下级，以保证其有效地开展工作。

2. 适度授权原则

授权既要防止授权不足，也要防止授权过度，应根据实际情况、工作任务及下级的情况灵活决定授权的程度。

3. 职权责利相当原则

在授权过程中要注意职务、权力、职责与利益之间的对等与平衡，要真正使被授权者有职、有权、有责、有利。要注意授权成功后合理报酬的激励作用。

4. 职责绝对性原则

管理者将权力授予下级，仍必须承担实现组织目标的最终责任。这种责任对于管理者而言，并不随授权而推给下级。

5. 有效监控原则

授权是为了更有效地实现组织目标，所以，在授权的同时，管理者必须采取必要的监督控制手段，使所授之权不失控，确保组织目标的实现。

（四）授权的步骤

1. 选择授权对象

授权必须首先选择好授权对象，被授权者应具有正确执行权力的能力，并能有效地完成工作任务。

2. 下达任务和授予权力

领导者对授权对象下达明确任务，规定所要实现的目标标准，并同时授予保证任务完成的权力，要做到责权对等，并给予下级充分的信任和支持。

3. 监控和考核

在下级运用权力进行工作的过程中，要以适当的方式和手段进行必要的监督和控制，以保证权力的正确使用与组织目标的实现。在工作任务完成后，还应对授权效果、工作成绩进行考核和评价。

管理知识

授权与代理、助理、分工、分权

授权不同于代理。代理职务是在某一时期内依法或受命代替某人执行任务，代理期间，代理人与授权人是平级关系，而授权是上下级关系。

授权不同于助理或秘书。助理或秘书只帮助主管工作而不承担责任，而授权者和被授权者都要承担相应责任。

授权不同于分工。分工是组织中的各个成员按照其工作不同各负其责，彼此之间没有隶属关系，而授权者与被授权者之间有上下级的监督与报告关系。

授权不同于分权。分权是授权的延伸，是在组织中有系统的授权，根据组织规定，这种权力可以长时期地停留在中下级管理者手中，而授权是一种短期的权责授予关系。

学习任务三
人员配备

任务引入

A 公司是一家软件开发公司，总经理马奔一直认为，招聘是很重要的一项工作，如果在这个环节没有选好人，相关的工作就会被延误。他不但注重选人，还很注重通过招聘来造势。有一次他在当地晚报上公开招聘软件工程师 50 人，而且待遇诱人，在业内引起不小的反响，好多人都认为 A 公司是非常有实力的一家软件公司。

在招聘选拔中，马奔一向出手准又狠，不看学历，不看简历，第一个环节就是编程。在某市的应届毕业生洽谈会现场，马奔亲自挂帅，只带一个秘书，别的展位前人头攒动，他这里却门可罗雀。他说，没必要浪费时间，我的第一关起点就要高。考核专业能力后，马奔还会让求职者跑 3000 米，坚持不下来的不用，比他跑得慢的不用。他说，干软件开发这一行，没有好的身体不行，没有敢赢的精神不行。在能力和体力之后，马奔看中的就是诚信了。他曾经让求职者替他转交给公司副总一份印有机密字样的文件，之后通过公司的电子眼观察求职者有没有窥视文件的企图。用他的话说，软件开发注重知识产权，我的企业要堂堂正正地赢。

思考：

1. 你怎样看 A 公司的人才招聘选拔？这项工作对企业有什么意义？
2. 企业应该如何进行招聘选拔工作？

一、人员配备概述

（一）人员配备的含义

人员配备是指对组织中全体工作人员的配备。具体地说，人员配备是指在确定组织结构及职位之后，依其需要，选择、配备适当人员的工作过程，包括管理人员的配备和非管理人员的配备。

（二）人员配备的重要性

人是组织中最重要的资源，是构成组织要素中最重要的要素。组织活动的进行，组织目标的实现，无一不是由人所决定的。人员配备的恰当与否直接影响着组织各项工作的质量与效率，与组织的兴衰存亡密切相关。

1. 是组织有效活动的保证

对于一个组织来说，组织目标的确定为组织活动明确了方向，组织结构的建立，又为组织活动提供了实现目标的条件。但是，再好的组织结构，如果人员的安排不合理，那么这个组织结构也是不能发挥正常功能的。人员配备不适当，不仅不能实现组织目标，而且还会干扰组织的有效活动，阻碍和破坏目标的实现。因此，人员配备工作的好坏，直接影响到组织活动的成效。

2. 是做好领导及控制工作的关键

人员配备职能不是孤立的，它以计划工作和组织工作为前提，又为领导工作和控制工作奠定了一定的基础。一个组织中，如果人员配备不适当，或人员配备工作不完善（例如配备的主管人员的德才与职务的要求不符，或对主管人员的考评或培训工作不重视），那么，这样配备出来的主管人员是无法发挥出领导才能，也不可能使组织成员的积极性、主动性得到发挥的。因此，人员配备是一项关系其他职能能否高质量实施的重要职能。

3. 是组织发展的准备

组织只有不断地发展，不断地获得新的生命力，才能适应内外环境的变化而立于不败之地。组织发展的能动因素是人，所以，人员配备同组织发展的关系极为密切，它是一项动态的职能。不仅要进行目前所需的各种人员的配备，而且要着眼于组织未来发展的需要，为将来在复杂多变的环境中从事组织活动所需的各类人员做好准备。

国外许多学者认为，19 世纪是经济学人才的盛世，20 世纪是管理人才的天下，这种看法不无道理。在当代，随着社会的不断进步、科学技术的飞速发展，组织之间的竞争将越来越集中到人才的竞争上，而管理人才不能不说是竞争的热点之一。日本早在 20 世纪 50 年代经济起飞的准备阶段，就曾把选拔管理人才、培养企业经营者作为与日本经济的战略分不开的大事来抓，为当时日本十年倍增计划的实现，以及后来经济的高速发展奠定了雄厚的人才基础。这一经验是我们应该借鉴的。

总之，人员配备职能在管理中占有十分重要的地位，任何组织都应充分认识到它的重要性，在实际工作中给予足够的重视。

（三）人员配备的原则

1. 经济效益原则

经济效益原则要求在人员配备时以组织需要为依据，以经济效益提高为前提。它既不是盲目地扩大职工队伍，更不是单纯为了解决职工就业，而是为了保证组织效益的提高。

2. 用人所长原则

用人所长原则要求在人员配备时做到知人善任，本着求贤若渴的精神，重视和使用确有真才实学的人，这是组织不断发展壮大、走向成功的关键。

3. 优化组合原则

优化组合原则要求在组合工作群体时充分考虑群体中的每个个体之间性格、年龄、专业、能力等要素是否匹配，结构是否合理，是否有利于组织目标的实现。只有通过优化组合的工作群体，才能形成优势互补，发挥人才组合的整体效应。

4. 权责利一致原则

权责利一致原则要求不同岗位的员工表现出不同的责任、权利、利益和荣誉。对于每一位员工，都应该做到在其位、谋其政、行其权、尽其责、取其利、获其荣，对于失职者应惩其误。

5. 不断培养原则

不断培养原则要求组织在人员配备和使用过程中注重人才培养，通过各种形式的智力和技能开发不断提高人员的素质，最大限度地发挥人的潜能。

6. 动态平衡原则

动态平衡原则要求组织以发展的眼光来看待人与事的配合关系，根据不断变化的情况，适时进行人员的调整，以实现人与工作的动态平衡与最佳匹配。

二、人员的选聘

组织的发展离不开员工，人员配备的第一个环节就是人员的选聘。“得人者昌，失人者亡”，这是古今中外都公认的一条组织成功的要诀。组织能否选拔和招聘到合适的人员是关系到组织活动成败的一项重要工作。

（一）人员选聘的方式

1. 内部招聘（内升制）

内部招聘是在组织内部公布空缺职位，发布招聘启事，通过职位需要与员工技能之间的匹配，从中选拔员工的招聘方式。内部招聘意味着组织中的一些人将从较低的职位被选拔到较高的职位，担负更重要的工作。实行内升制，一般要求在组织中，建立详尽的人员工作表现的调查登记材料，以此为基础建立管理人才储备库，以便在一些主管职位出现空缺时，能够据此进行分析研究，从而选出合适的未来主管人员。

内部招聘的优点：

（1）简化招聘程序，降低招聘成本。与外部招聘相比，内部招聘能够简化招聘流程。因为组织对员工已经掌握了比较丰富的测评和背景资料，能够简化一些程序，并且招聘速度快。同时，内部招聘还能够帮助组织减少员工入职培训等一系列成本，从而降低组织的招聘成本。

（2）增加员工和组织间的契合度。内部招聘，组织对内部的员工比较了解，员工也比较了解组织的企业文化、工作流程等，能够迅速进入工作角色，从而降低对聘用人员预期的不确定性和减少员工的离职率。

（3）激发员工积极性。员工可以通过内部招聘得到晋升，从而激发员工工作的积极性，增加员工对组织的认可度和忠诚度，并能塑造积极进取的组织氛围。

（4）防止组织内的冗员。空缺的岗位从组织内部进行补充，可以减少新设岗位带来的各方面成本，同时能够抑制组织机构膨胀的速度，减少组织内的冗员。

（5）巩固组织文化。从组织文化角度分析，员工与组织在同一个组织目标的基础上形成共有价值观、信任感和归属感，体现出组织与员工之间相互依存的关系。内部招聘的员工已经融入组织文化之中，对组织的价值观念、行为规范、忠诚度都有比较高的稳定性。

内部招聘的缺点：

（1）容易导致组织内“近亲繁殖”，内部招聘必须谨慎操作，客观公正，尽可能减少组织中的“裙带关系”。另外，由于组织成员习惯了组织内一些既定的做法，不易带来新的观念，而不断创新则是组织生存与发展不可缺少的因素。

（2）容易引发组织领导与员工的矛盾。因为提升的人员数量毕竟有限，没有被提升的人的积极性将会受到一定程度的挫伤，甚至会心生怨恨，导致组织内人际关系的紧张。甚至有些员工以消极怠工的方式发泄心中不满，从而降低组织效能。

（3）可能会失去从外界获得优秀人才的机会。过多的内部招聘，一方面会导致组织形成相对封闭的组织文化氛围，另一方面，由于组织选择员工的范围较窄，可能会在选择员工方面具有一定的局限性，失去从外界获得优秀人才的机会。

2. 外部招聘（外求制）

外部招聘是指组织借助于一些招聘渠道和方法，在组织外部寻找与岗位相匹配人才的过程。外部招聘的方式主要有人才市场招聘、校园招聘、员工推荐、媒体招聘、猎头公司等。要使外部招聘得以有效地实施，就必须将组织空缺职位的有关情况，事先如实地告诉应聘者，如职位的性质和要求、工作环境的现状和前景、报酬以及福利待遇等。

外部招聘的优点：

（1）人员挑选余地大。从外部招聘，无论是应聘者的技术、能力还是数量都比内部招聘有广阔的选择空间，能招聘到更多优秀的人才。

（2）有利于组织文化的创新。外聘员工的观念、技能等能够帮助企业从各方面进行更新，使组织更加充满生机和活力。

（3）可以缓解组织内部员工之间的紧张关系，由于内部招聘的空缺职位有限，员工在竞争期间可能导致钩心斗角的现象发生。通过组织外部聘用某些岗位的员工，可以避免组织内部成员之间由于竞争而导致的不团结。

（4）可以帮助组织树立形象。组织在进行外部招聘时，借助多种媒体、渠道宣传组织的目标、理念和文化等，可以扩大组织的影响力，树立组织的形象。

外部招聘的缺点：

（1）人才甄选难度大。因为组织和应聘人员之间的信息不对称，组织对应聘人员的能力无法真正了解，招聘过程中不可避免地会过多注重其学历、文凭、资历等。

（2）有可能挫伤内部员工的积极性。一些组织内部员工能够胜任的岗位进行外部招聘会影响到组织中工作积极、事业心强的员工的积极性，甚至对外聘者产生抵触情绪。

（3）招聘成本高。与内部招聘相比，无论引进何种层次的人才，都需要相当高的招聘费用，包括招聘人员的费用、广告费、测评费、中介费等。外聘员工通常需要较长的时间去了解组织及其产品和服务，同事及客户，完成这些融入组织的过程，也会增加组织的成本。

3. 内外结合的招聘方式

内部招聘和外部招聘各有优缺点，内部招聘和外部招聘相结合的方法是组织最常用的招聘方式。针对组织中不同层次的员工，可以采用不同的招聘策略。如对于组织内的中层员工而言，一般采用内部招聘，既有利于员工队伍的稳定，又能激发基层员工的积极性。对于组织中一些高层的、高级专业技术人才，可以通过外部招聘，既为组织注入新鲜血液，又能够引进别人先进的技术和宝贵的经验。

（二）人员选聘的流程

1. 制订招聘计划

根据组织一定时间内所需要的人员质量和数量的要求，拟订招聘计划。

2. 发布招聘信息

当组织中的岗位出现空缺时，在内部员工无法满足岗位要求的情况下，组织需要通过外部招聘的方式在各种媒体上发布招聘信息，吸引求职者前来应聘。

3. 初试

招聘者根据收集到的应聘者信息，开始进行简历的筛选，通知符合组织需要的人员进行初试。很多组织在进行初试时主要采用笔试的形式，通过应聘者的笔试，了解其专业知识、技能等，初试合格者方可进入复试。

4. 复试

复试主要采用面试的形式。面试官在现场通过有针对性的提问，对应聘者的专业技能、工作经验进行考查。很多跨国公司一般进行 2～3 轮面试，通过面试层层筛选，选择最适合企业的员工。

5. 录用及评估

员工通过笔试和面试之后，还有一些单位需要通过体检，然后和员工签订劳动合同。最后，在整个招聘结束后，需要对本次招聘过程进行总结，并对新入职的员工进行跟踪评估。

管理故事

司机考试与冰山理论

某公司准备高薪招聘一位小车司机，经过层层筛选，最后只剩下三名技术最优良的竞争者。主考官问他们：“悬崖边有块金子，让你们开着车去拿，你们觉得距离悬崖边多近而又不至于掉落呢”

“2 米”。第一位说。

“半米。”第二位很有把握地说。

第三位说：“我会尽量远离悬崖，越远越好”。

结果这家公司录取了第三位。

所谓“冰山理论”，是根据每个员工个人素质的不同表现形式，将其分为可见的“水上部分”和深藏的“水下部分”。其中，“水上部分”包括基本知识、基本技能，这是人员配备中人们一般比较重视、容易确认、培训易见成效的部分。而“水上部分”包括社会角色、自我概念、特质和动机，这是比较难以评估的。但在选择人才中，“水下部分”

内容却最具有选拔的预测价值，同时它也是“冰山理论”的核心内容。

三、人员的考评

人员考评是指对组织人员工作绩效的考核，即对照工作岗位职责和工作任务，对员工的业务能力、工作表现及工作态度等进行评价的过程。人员绩效考核是人员配备工作的一个关键环节。绩效考核一方面有助于了解任职者是否胜任岗位工作，从而实现有效的职位管理；另一方面为员工的培训开展和奖酬设计提供依据。

（一）绩效考核

1. 绩效考核的含义

绩效考核又称为绩效评估，是按照工作目标或绩效标准，对不同职务、不同岗位员工的业绩、能力、态度进行考核，来核定其履行职责的程度。

2. 绩效考核的作用

（1）绩效考核是组织人员聘用、选拔和培训的依据

第一，组织通过制定科学的评价体系，对员工的工作态度、能力和技能进行全方位的考核，决定是否继续聘用员工。第二，组织也可以将员工的考核结果作为其晋升的重要依据。第三，通过员工的绩效考核，可以发现员工在业务、能力、态度等方面存在的问题，制定相应的员工培训计划并实施培训。

（2）绩效考核是组织确定员工薪酬的依据。很多企业员工的工资分为基本工资和绩效工资两个部分。绩效工资是根据员工的绩效表现来确定员工获得薪酬的薪级，决定给予上浮或是下调。而绩效考核的结果，就是员工绩效工资评定的重要依据，直接影响着员工薪酬的多少。

（3）绩效考核是改善员工绩效的重要途径。通过绩效考核，对员工的工作表现进行引导，从而调动员工的积极性，最终将组织经营战略分解到个人的绩效目标中并完成。

（4）绩效考核有利于形成组织的核心竞争力。对员工而言，通过绩效考核能够提高劳动效率，提高个人对组织的贡献，增加员工的工作热情。对组织而言，员工个人绩效得到提高，也就意味着组织的技术、管理等方面也取得进步，有利于形成组织的核心竞争力。

管理故事

两熊赛蜜

黑熊和棕熊喜食蜂蜜，都以养蜂为生。它们各有一个蜂箱，养着同样多的蜜蜂。有一天，它们决定比赛看谁的蜜蜂产的蜜多。

黑熊想，蜜的产量取决于蜜蜂每天对花的“访问量”。于是它买来了一套昂贵的测量蜜蜂访问量的绩效管理系统。在它看来，蜜蜂所接触的花的数量就是其工作量。每过完一个季度，黑熊就公布每只蜜蜂的工作量，同时，黑熊还设立了奖项，奖励访问量最高的蜜蜂。但它从不告诉蜜蜂们它是在与棕熊比赛，它只是让它的蜜蜂比赛访问量。

棕熊与黑熊想的不一样。它认为蜜蜂能产多少蜜，关键在于它们每天采回多少花蜜，花蜜越多，酿的蜂蜜也越多。于是它直截了当告诉众蜜蜂：它在和黑熊比赛看谁产的蜜多。它花了不多的钱买了一套绩效管理系统，测量每只蜜蜂每天采回花蜜的数量和整个蜂箱每天酿出蜂蜜的数量，并把测量结果张榜公布。它也设立了一套奖励制度，重奖当月采花蜜最多的蜜蜂。如果一个月的蜜蜂总产量高于上个月，那么所有蜜蜂都受到不同程度的奖励。

一年过去了，两只熊查看比赛结果，黑熊的蜂蜜不及棕熊的一半。

黑熊的评估体系很精确，但它评估的绩效与最终的绩效并不直接相关。黑熊的蜜蜂为尽可能拔高访问量，都不采太多的花蜜，因为采的花蜜越多，飞起来就越慢，每天的访问量就越少。另外，黑熊本来是为了让蜜蜂搜集更多的信息才让它们竞争，由于奖励范围太小，为搜集更多信息的竞争变成了相互封锁信息。蜜蜂之间竞争的压力太大，一只蜜蜂即使获得了很有价值的信息，比如某个地方有一片巨大的槐树林，它也不愿将此信息与其他蜜蜂分享。

而棕熊的蜜蜂则不一样，因为它不限于奖励一只蜜蜂，为了采集到更多的花蜜，蜜蜂相互合作，嗅觉灵敏、飞得快的蜜蜂负责打探哪儿的花最多最好，然后回来告诉力气大的蜜蜂一齐到那儿去采集花蜜，剩下的蜜蜂负责储存采集回来的花蜜，将其酿成蜂蜜。虽然采集花蜜多的能得到最多的奖励，但其他蜜蜂也能得到部分好处，因此蜜蜂之间远没有到人人自危、相互拆台的地步。

激励是手段，激励员工之间竞争固然必要，但相比之下，激发起所有员工的团结精神更为重要。绩效评估是专注于活动，还是专注于最终成果，管理者须细细思量。

思考：黑熊和棕熊结果不一样的原因是什么？

3. 绩效考核的方法

（1）360 度考核法。360 度考核法又称全方位考核法，是组织中比较常用的一种考核方法，它主要是由与被考核者工作密切相关的人员作为评价人员来匿名对其考核。评价人员主要包括被考核者的上级、同事、下属、客户四组，每组需要选择 5 ~6 人来参与评价。通过这四组群体对被考核者进行全方位的评价，最后将考核的结果分析后反馈给被考核人。360 度考核法是一种全方位的考核方法，可有效避免某一方考核的主观武断，从而增强考核的信度与效度。该方法至今仍是一般人员和中层管理人员绩效评估时采用最多的。

（2）排序法。排序法是指根据被考核员工的工作绩效进行比较，从而确定每一位员工的相对等级或名次，等级或名次可从优至劣或由劣至优排列。它在实践中很容易操作，一般由员工的直属上司实行，结果一目了然。

排序法包括两种具体的操作方法：一是直接排序法，即按绩效结果从高到低进行排序，绩效结果可以是整体绩效，也可以是某一方面的绩效。二是间接排序法，当人数较多时，多采用此法。这种方法是从两头向中间排，首先在所有人中选出绩效最好的和最差的分别放在第一和最后的位置，然后在剩余人员中挑出绩效最好和最差的分别放到第二和倒数第二的位置，以此类推，最终排出整体顺序。

（3）目标考核法。目标考核法是根据被考核者完成工作目标的情况来进行考核的一种绩效考核方式。在开始工作之前，考核者和被考核者应该对需要完成的工作内容、时间期限、考核标准达成一致。在时间期限结束时，考核者根据被考核者的工作状况及原先制定的考核标准来进行考核。目标考核法适合于企业中实行目标管理的项目。

（4）强制比例法。强制比例法可以有效地避免由于考核者的个人因素而产生的考核误差。根据正态分布原理，优秀的员工和不合格的员工的比例应该基本相同，大部分员工应该属于工作表现一般的员工。所以，在考核分布中，可以强制规定优秀人员的人数和不合格人员的人数。比如，优秀员工和不合格员工的比例均占20%，其他60%属于普通员工。强制比例法适合相同职务员工较多的情况。

（5）小组评价法。小组评价法是由两名以上熟悉该员工工作的经理，组成评价小组进行绩效考核的方法。为了提高小组评价的可靠性，在进行小组评价之前，应该向员工公布考核的内容、依据和标准。在评价结束后，要向员工讲明评价的结果。在使用小组评价法时，最好和员工个人评价结合进行。为防止考核偏差，评价小组成员应该首先了解员工的具体工作表现和工作业绩，然后再做出评价。

（6）关键事件法。关键事件法是由美国学者福莱·诺格和伯恩斯在1954年共同创立的，它是由上级主管者记录员工平时工作中的关键事件：一种是做得特别好的；一种是做得不好的。在预定的时间，通常是半年或一年之后，利用积累的记录，由主管者与被测评者讨论相关事件，为测评提供依据。该考核方法一般不单独使用。

（二）薪酬管理

薪酬管理不但是人员配备的重要组成部分，也是其核心环节，是组织吸引和留住优秀员工的重要手段。在与同行企业进行竞争的过程中，优厚的薪酬更有利于员工的稳定，促进员工积极改进个人绩效，使员工的个人价值与组织目标更好地结合。

组织的薪酬一般由以下各项构成：

1. 工资

工资是根据劳动者所提供的劳动数量和质量，按照事先规定的标准付给劳动者的劳动报酬，也就是劳动的价格。工资一般是通过调查同行业或地区中竞争对手的薪酬水平，结合员工的工作表现、组织的支付能力、当地经济水平和消费水平来确定。在工资制定过程中，可以采用固定工资制、计时工资制、计件工资制、结构工资制、协议工资制等多种形式。

2. 奖金

奖金是组织付给员工超额劳动的报酬和补充性工资的分配形式。奖金可以及时弥补企业内工资制度的不足，对员工具有更强的激励作用。奖金的浮动性较大，可以根据员工一段时间的表现来决定发放的数额，能够调动员工的积极性，鼓励员工提高业务水平和工作效率，促进组织和个人都获得更大的发展。奖金一般包括绩效奖、职务奖、建议奖、特殊贡献奖等。

3. 福利

福利是指组织为员工支付的除金钱之外的一切物质待遇，它具有普遍性和浮动性的特点。虽然福利的增加相应会增加组织的成本，但它在吸引并留住员工、提高员工的积极性和凝聚力、降低员工离职率、提高组织经济效益等方面都起到积极作用。

一般组织所选用的福利主要包括以下几种：

（1）公共福利：属于国家法定福利，具体包括医疗保险、失业保险、养老保险、伤残保险、生育保险等。

（2）个人福利：养老金、交通费、通信费、工作午餐、海外津贴、住房津贴等。

（3）有偿假期：脱产培训、病假、事假、婚假、公休、节假日休息、旅游等。

（4）生活福利：法律顾问、心理咨询、贷款担保、托儿所、搬迁津贴、子女教育、内部商品折扣等。

四、人员的培训

人员培训是指组织通过各种措施和方法，促进内部成员学习的活动。很多组织都在内部设立专职的培训机构并创立培训体系，这样不仅有助于员工个人的职业生涯规划的发展，还有助于培养、激励和留住员工，使员工的培训工作呈现规范化和制度化的局面。

（一）人员培训的目的

1. 减少人力资本的耗损，提升员工的岗位技能

在知识和技能不断更新的信息时代，员工本身所具备的知识和能力也需要不断地提升。培训是减少员工人力资本耗损的有效方式，组织对员工培训的投放和人力资本价值的增加呈正比关系。

2. 增强组织的核心竞争力

员工的培训对组织的发展具有重要意义，通过员工专业技能及认知方面的培训，能够提高企业的生产效率，强化企业的竞争优势，弥补企业发展中所存在的不足。

3. 强化企业文化

企业通过开展形式多样的培训能够增加员工的凝聚力，增强员工对组织的认同感和归属感，使员工的个人价值与组织的文化相适应。

（二）人员培训的内容

1. 知识培训

（1）规章制度培训。组织对员工的制度培训体现在两个方面。一方面培训的是组织本身的制度，包括行政管理制度、财务管理制度、薪酬管理制度、绩效考核制度、考勤制度等。目的是帮助员工熟悉、掌握组织的办事流程、岗位职责、工作标准等，缩短员工与组织之间的磨合期。另一方面培训的是组织外部和员工密切相关的制度，如劳动法、合同法和社会保险制度等。

（2）岗位知识培训。对于具体的工作岗位而言，新员工入职后的培训对于他们掌握本岗位、本工种所需要的知识，对于提高生产效率、培养劳动安全意识具有重要的作用。

2. 技能培训

（1）通用技能培训。通用技能对于提高组织整体的能力具有重要的作用。虽然不同的岗位需要不同的专业技能，但对于一般员工而言，必须掌握一些通用的技能。

（2）专业技能培训。对于技术性或生产部门的岗位，新入职员工必须进行技术理论、实际技能的培训，并且合格后才能够上岗。一般企业在培训中，采用以老带新的方式，促

进新老员工之间的交流和学习。

3. 人际技能培训

人际技能是协调组织中员工关系、传递信息，沟通上下级的必备能力。通过培训，可以加强组织内员工和谐相处的能力。

4. 团队精神和意志力培训

针对不同层次的员工，培训的重点也不同。针对高层员工，主要培训其概念性的能力；对于中层员工，培训的重点在于其执行力的提升；对于基层员工，培训的重点在于其团队精神及基层事务的执行力。近年来，许多组织开始对员工进行拓展训练，培养员工的团队意识和合作意识，提升组织的凝聚力。

管理案例

东京迪士尼乐园的员工培训

到东京迪士尼去游玩，人们不大可能碰到迪士尼的经理，门口卖票和剪票的也许只会碰到一次，碰到最多的还是扫地的清洁工，所以东京迪士尼对清洁工非常重视，将更多的训练和教育大多集中在他们的身上。

在东京迪士尼扫地的员工，有一些是暑假工作的学生，虽然他们只扫两个月时间，但是培训他们扫地要花三天时间。

1. 学扫地

第一天上午要培训如何扫地。扫地有三种扫把：一种是用来扒树叶的；一种是用来刮纸屑的；一种是用来掸灰尘的。这三种扫把的形状都不一样。怎样扫树叶，才不会让树叶飞起来？怎样扫纸屑，才能把纸屑扫得干净？怎样掸灰尘，才不会让灰尘飘起来？这些看似简单的动作却都要经过严格培训。扫地时还有规定：开门时、关门时、中午吃饭时、距离客人 15 米以内等情况下都不能扫。这些规定都要认真培训，严格遵守。

2. 学照相

第一天下午学照相。十几台世界最先进的数码相机摆在一起，各种不同的品牌，每台都要学，因为客人会叫员工帮忙照相，可能会带着世界上最新的照相机，来这里度蜜月、旅行。如果员工不会照相，就不能服务好顾客，所以学照相要学一个下午。

3. 学包尿布

第二天上午学怎么给小孩子包尿布。孩子的妈妈可能会叫员工帮忙抱一下小孩，但如果员工不会抱小孩，动作不规范，不但不能给顾客帮忙，反而增添顾客的麻烦。抱小孩的正确动作是，右手要扶住臀部，左手要托住背，左手食指要顶住颈椎，以防闪了小孩的腰或弄伤颈椎。不但要会抱小孩，还要会替小孩换尿布。给小孩换尿布时要注意方向和姿势，应该把手摆在底下，尿布折成十字形，最后在尿布上面别上别针。这都要认真培训，严格规范。

4. 学辨识方向

第二天下午学辨识方向。有人要上洗手间，“右前方，约 50 米，第三号景点东，那个红色的房子”；有人要喝可乐，“左前方，约 150 米，第七号景点东，那个灰色的房子”；有人要买邮票，“前面约20米，第十一号景点，那个蓝条相间的房子”……顾客会问各种各样的问题，所以每一名员工要把整个迪士尼的地图都熟记在脑子里，对迪士尼的每一个方向和位置都要非常明确。

训练三天后，迪士尼就发给员工三把扫把，开始扫地。如果人们在迪士尼里面游玩，碰到这种员工，会觉得很舒服，下次会再来迪士尼。这就是所谓的引客回头，这就是员工面对顾客。

（资料来源：亚太管理训练网）

思考：如何看待迪士尼的员工培训？

（三）人员培训的方法

人员培训的方法多种多样，在具体培训过程中，应该因地制宜，根据组织自身的特点以及参加培训人员的具体特点来选择合适的方法。

常用方法如下：

1. 课堂培训

通过组织的内部培训或者选派人员去外部的学校、培训中心等专业机构进行培训学习，使受训者掌握系统的专业知识。

2. 工作轮换

工作轮换是培训工作技能的一种重要方法，不仅培养受训者丰富的技术知识和管理能力，掌握组织的各项业务和活动，而且还可以培养合作精神和全局观念。

3. 设立助理职位

设立助理职位是让受训者与有经验的管理者一起工作，有经验的管理者可以对受训者给予特别的培养和观察。这种方法可以使受训者逐步接触高层次管理实务，并通过处理这些实务和学习主管人员的管理方法积累管理经验，熟悉高层管理工作的内容和要求。

4. 临时职务代理

安排临时性的代理工作，可以使受训者亲身体验高层管理工作，使之在代理期间充分展示其管理才能，明确自己该如何迅速弥补在管理能力方面的不足。

综合实训

一、单项选择题

1. 组织中主管人员监督管辖其直接下属的人数越适当，就越能够保证组织的有效运行，指的是组织设计中（　　）的内容。

A. 目标导向原则　　B. 权责对等原则

C. 适度管理幅度原则　　D. 统一指挥原则

2. 划分部门最常见的一种划分方法为（　　）。

A. 按职能划分　　B. 按产品划分

C. 按流程划分　　D. 按区域划分

3. 下列关于扁平式结构与高长式结构的比较中，描述正确的是（　　）。

A. 扁平式结构管理费用高

B. 高长式结构信息传递快

C. 扁平式结构分工明确细致，管理监督严密

D. 扁平式结构更有利于密切上下级之间的关系

4.（　　）组织结构更可能造成多头指挥，从而降低组织效率。

A. 直线型　　B. 事业部型

C. 矩阵型　　D. 网络型

5. 一家产品单一的跨国公司在世界许多地方拥有客户和分支机构，该公司的组织结构应考虑按（　　）因素来划分部门。

A. 职能　　B. 产品

C. 区域　　D. 流程

二、多项选择题

1. 影响组织设计的因素有（　　）。

A. 科技　　B. 战略

C. 组织文化　　D. 组织规模

2.（　　）是组织中参谋人员发挥作用的主要方式。

A. 咨询权　　B. 建议权

C. 指挥权　　D. 指导权

3. 下列关于管理层次与管理幅度关系论述中正确的是（　　）。

A. 高长式组织结构的管理幅度窄，组织层次多

B. 高长式组织结构的管理幅度窄，组织层次少

C. 扁平式组织结构的管理幅度宽，组织层次少

D. 扁平式组织结构的管理幅度窄，组织层次多

4. 事业部型组织结构的主要优点是（　　）。

A. 自主经营，独立核算，有利于发挥事业部的积极性

B. 有利于锻炼和培养综合管理人员

C. 权力集中，指挥统一

D. 能发挥专业管理的作用

5. 矩阵型组织结构的缺点有（　　）。

A. 多重领导易导致效率低下　　B. 过度专业化

C. 需要科技手段和外部环境的支持　　D. 适应性不强

三、案例分析题

王氏年糕厂的抉择

王小旺是北京平谷的一位普通农民，他家有一种祖传绝招，能烹制出一种美味绝伦的年糕——王氏年糕。早在清朝道光年间，王小旺祖上所创的这种美食就远近闻名，王家代

代在村口开有一家专卖此种年糕的小饭馆。他的父亲直到解放初期还经营着这祖传的小饭馆。后来合作化，跟着又公社化，饭馆不开了，王小旺成了一名普通的公社社员。

20 世纪 80 年代，改革之风吹来，王小旺丢了锄把，办起了“王家饭馆”。由于生意兴隆，他很快就发了。1987 年，他在本村办起了利平年糕厂，开始生产“老饕”牌袋装和罐装系列年糕食品。由于产品风味独特和品质优秀，牌子很快打响，不仅在本县，甚至在北京也呈供不应求之势。王小旺厂长如今已管理着这家100 多名职工的年糕厂以及多家经营“王氏年糕”的饭馆和小食品店。

王小旺厂长在经营上有自己的想法。他执着地要求保持产品的独特风味与优秀品质，如果小食品店服务达不到规定标准，职工的技能培训达不到应有水平，宁可不设新店。王小旺强调质量是生命，宁可放慢速度，也决不冒险，不能砸了自己的牌子。

王小旺的年糕厂里的主要部门是质量检验科、生产科、销售科和设备维修科，还有一个财会科以及一个小小的开发科。其实年糕厂的产品很少有什么改变，品种也不多。王小旺坚持只做几种传统产品，服务的对象也是老主顾们，彼此都很熟悉。厂里质检科要检测进厂的所有原料，保证必须是最优质的。每批产品都一定抽检，要化验构成成分、甜度、酸碱度。当然最重要的是检控产品的味道，厂里高薪聘有几位品尝师，他们唯一职责是品尝本厂生产的美食。他们经验丰富，可以尝出与要求标准的微小偏差，所以王家美食始终努力地保持着它固有的形象。

不久前，王小旺的表哥回村探亲。他原在县城念过中学，20 世纪 80 年代初便只身南去深圳闯天下。大家都认为他聪明能干，有文化，敢冒险。他一去十多年，只听说他靠两头奶牛起家，如今已是千万元户了。表哥对年糕厂的发展称赞一番，还表示想投资入伙。但他指出王小旺观点太迂腐保守，不敢开拓。他认为牌子已创出，不必僵守原有标准，应当大力扩充品种与产量，大力发展北京市内市场甚至向北京以外扩展。他还指出，目前厂里这种职能型结构太僵化，只适合于常规化生产，为定型的稳定顾客服务，适应不了变化与发展，各职能部门眼光只限在本领域内，看不到整体和长远，彼此沟通和协调不易。他建议王小旺彻底改组工厂结构，按不同产品系列来划分部门，才好适应大发展的新形势，千万别坐失良机。但王小旺对表哥的建议听不进去，他说他在基本原则上决不动摇。最后表哥说王小旺是“土包子”“死脑筋”“眼看着大财不会赚”。王小旺反唇相讥说：“有大财你去赚得了，我并不想发大财，损害质量和名声的事我坚决不做。你走你的阳关道，我过我的独木桥!”表哥听罢拂袖而去，不欢而散。

思考：

1. 本案例反映了组织设计中的哪些问题?

2. 企业一定要做大吗? 请结合战略与组织设计的关系，谈谈你的看法。

项目五 *Project 5* 领 导

学习目标

知识目标：

- 理解领导的内涵，掌握领导者与管理者的区别
- 掌握领导的三个理论以及领导艺术的各个方面
- 掌握激励的含义和基本过程
- 掌握激励的原则和技巧
- 掌握沟通的内涵和过程
- 掌握沟通的类型

能力目标：

- 能结合实际，了解领导者应具备何种素质
- 能辨别不同的领导方式，找出有效的领导方式
- 能通过实际案例，分析激励理论的运用情况及其是否达到激励的目的
- 明确各种沟通方式的优缺点，以及在企业的运用情况
- 明确如何克服沟通中的障碍，进行有效的沟通

思维导图，如图 5－1 所示。

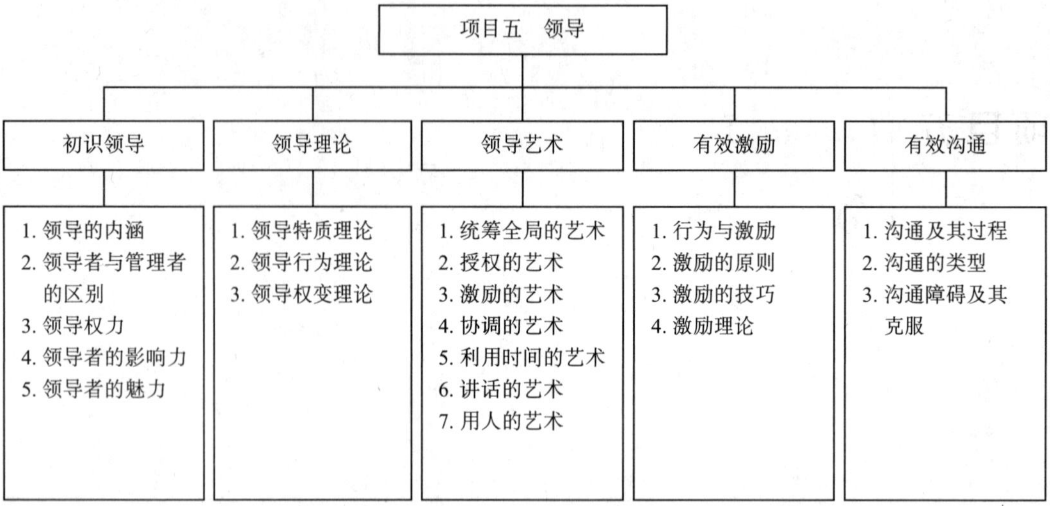

图 5－1　思维导图

学习任务一
初识领导

任务引入

哪种领导最有效

ABC 公司是一家中等规模的汽车配件生产集团。最近，对该公司的三位重要的部门经理进行了一次有关领导类型的调查。

1. 安西尔

安西尔对他本部门的产出感到自豪。他总是强调对生产过程、出产量控制的必要性，坚持下属人员必须很好地理解生产指令，以得到迅速、完整、准确的反馈。安西尔当遇到小问题时，会放手交给下级去处理，当问题很严重时，他则委派几个有能力的下属人员去解决问题。通常情况下，他只是大致规定下属人员的工作方针、完成怎样的报告及完成期限。安西尔认为只有这样才能导致更好的合作，避免重复工作。

安西尔认为对下属人员采取敬而远之的态度对一个经理来说是最好的行为方式，所谓的“亲密无间”会松懈纪律。他不主张公开谴责或表扬某个员工，相信他的每一个下属人员都有自知之明。

据安西尔说，在管理中的最大问题是下级不愿意接受责任。他讲到，他的下属人员可以有机会做许多事情，但他们并不是很努力地去做。

他表示不能理解在以前他的下属人员如何能与一个毫无能力的前任经理相处。

他说，他的上司对他们现在的工作运转情况非常满意。

2. 鲍勃

鲍勃认为每个员工都有人权，他偏重于管理者有义务和责任去满足员工需要的学说。他说，他常为他的员工做一些小事，如给员工两张下月在伽利略城举行的艺术展览的入场券。他认为，每张门票才15美元，但对员工和他的妻子来说却远远超过15美元。通过这种方式，也是对员工过去几个月工作的肯定。

鲍勃说，他每天都要到工厂去一趟，与至少25%的员工交谈。鲍勃不愿意为难别人，他认为另一位部门经理艾的管理方式过于死板，艾的员工也许并不那么满意，但除了忍耐别无他法。

鲍勃说，他已经意识到在管理中有不利因素，但大多是由于生产压力造成的。他的想法是以一个友好、粗线条的管理方式对待员工。他承认尽管在生产率上不如其他单位，但他相信他的雇员有高度的忠诚与士气，并坚信他们会因他的开明领导而努力工作。

3. 查理

查理说他面临的基本问题是与其他部门的职责分工不清。他认为不论是否属于他们的任务都安排在他的部门，似乎上级并不清楚这些工作应该谁做。

查理承认他没有提出异议，他说这样做会使其他部门的经理产生反感。他们把查理当成朋友，而查理却不这样认为。

查理说过去在不平等的分工会议上，他感到很窘迫，但现在适应了，其他部门的领导也不以为然了。

查理认为纪律就是使每个员工不停地工作，预测各种问题的发生。他认为作为一个好的管理者，没有时间像鲍勃那样握紧每一个员工的手，告诉他们正在从事一项伟大的工作。他相信如果一个经理声称为了决定将来的提薪与晋职而对员工的工作进行考核，那么，员工则会更多地考虑他们自己，由此而产生很多问题。

他主张，一旦给一个员工分配了工作，就让他以自己的方式去做，取消工作检查。他相信大多数员工知道自己把工作做得怎么样。

如果说存在问题，那就是他的工作范围和职责在生产过程中产生了混淆。查理的确想过，希望公司领导叫他到办公室听听他对某些工作的意见。然而，他并不能保证这样做不会引起风波并使情况有所改善。他说他正在考虑这些问题。

思考：

（1）这三位部门经理各采取什么领导方式？这些领导方式都是建立在什么假设的基础上的？试预测这些领导方式各将产生什么结果？

（2）是否每一种领导方式在特定的环境下都有效？为什么？

领导是任何社会组织共有的一种现象。在整个管理过程中，领导工作是计划工作、组织工作、人员配备以及控制工作等各个管理职能的纽带，是实现组织目标的关键。在帮助个体或群体确认目标以及激励和协助他们达到一定目标的过程中，领导是一个重要的因素。

一、领导的内涵

关于领导的概念，从不同的角度有不同的阐述。例如，认为领导是一种对下属进行指挥和控制的统治形式；领导是为达成目标而实施的影响力；领导是权力和责任的统一等。但一般说来，领导是指引和影响个人或组织，在一定条件下实现目标的行动过程。也就是说，领导不是一个静态事物，它是一个过程，实质上是一个行为过程，即所谓的领导行为。而致力于实现这一过程的人，就是领导者。凡是有人类聚集的地方，就有领导者存在。任何组织和团体，无论在哪个国家，无论其规模大小，总会有团体领导人，他们对内主持整个团体，对外代表团体的全部，是团体的象征。领导者胜任领导工作需要具备三个条件：第一必须具有影响组织成员为实现组织目标而努力工作的能力或力量；第二必须获得组织成员的拥护、爱戴及依赖，即在组织内部拥有众多的追随者；第三必须具有引导和鼓励组织成员实现组织目标的明确领导行为。

领导者在带领组织成员实现组织目标的过程中，主要发挥三大作用：一是指挥与引导组织成员按照一定的路径实现组织目标；二是在充分协调组织内部与外部环境关系、促进组织成员之间相互沟通的基础上，排除各种干扰，为实现组织目标统一认识和统一行动；三是激发组织成员的积极性和创造性，鼓舞组织成员实现组织目标的斗志。

二、领导者与管理者的区别

领导者与管理者是意义相近的两个概念。为了避免因为概念混淆而导致认识出现偏差，需要明确二者之间的区别，并理清二者之间的关系。领导者与管理者的区别主要表现在以下三个方面：

（1）从把握组织发展方向的角度分析，领导者的主要职责是面向未来做正确的事，即建立组织发展的远景目标；管理者的主要职责是立足现在正确地做事，即带领组织成员执行和完成组织目标规定的任务。

（2）从操作方式的角度分析，领导者侧重协调管理活动中的各种关系，注重管理的艺术性，表现出较高的情商；管理者侧重运用规章制度约束管理活动中的各种关系，重视管理的科学性，表现出较高的智商。

（3）从激励手段的角度分析：领导者是以组织目标为导向结合组织成员心理需求和价值观的倾向，重点进行精神激励，体现出一种情感逻辑；管理者激励和鞭策组织成员高质量地完成组织目标规定的任务，主要进行物质激励，体现出一种效率逻辑。

总之，领导者和管理者之间既存在着多种差异，又存在着不可分割的联系。领导者属于管理者的范畴，是高层次的管理者。从这个意义上说，所有的领导者都应该是管理者，但是管理者不一定是领导者，领导者寓于管理者之中。

三、领导权力

没有领导权力，领导者就不能对实现组织目标的行为施加影响。领导权力是领导者统领和支配被领导者共同创建未来远景的核心力量，也是驱动管理过程持续向高级阶段前进的动力源泉。

（一）领导权力的构成

领导权力主要由以下几个部分构成：

1. 法定权

法定权是由领导者职位决定的合法的、正式的权力。在法定权力允许范围内，领导者享有命令权、指挥权和调配权，被领导者有义务接受和服从领导者正当行使法定权的行为。在领导者合理地运用法定权支配组织发展过程中，将受到有关法律及制度的保护与支持。

2. 奖赏权

为了调动被领导者的积极性和创造性，领导者在职权范围内，有权力从薪金、晋升、表彰等方面对做出贡献的被领导者给予适当的奖赏，以满足被领导者的物质和精神需要。采用奖赏的方法可鼓励被领导者更好地工作。

3. 惩治权

为了约束和规范被领导者的行为，领导者依据有关规章制度，有权力采取降职、降薪、除名、起诉等手段惩罚和制裁被领导者的违规行为。对被领导者工作环境进行必要的治理，从而使被领导者受到教育和触动，发自内心地愿意接受教训，并下不为例。

4. 专长权

如果领导者在科技、管理、文艺、体育等方面拥有一技之长，并不断地在实践中产生良好的效果，将引起被领导者由衷的敬佩和追随，对领导者的决策更加支持与拥护，对领导者的支配更加服从与响应，从而使领导者获得专长权。

5. 感召权

领导者的杰出特质主要表现在坚定的信念、远大的抱负、科学的远见、脱俗的卓识、高尚的品质、非凡的能力、创新的激情、果敢的自信等方面。这些因素构成的人格魅力，使领导者成为被领导者愿意效仿的楷模。为此，领导者的影响力在潜移默化中得到有效的放大，逐渐形成一种感召权。

6. 亲和权

具备公仆意识的领导者，往往善于与下级进行沟通与交往，并注重从中了解和掌握被领导者的意愿、需要和追求，并在领导工作中有意识地给予合理满足，同时以宽容的心态体察和帮助下属在克服障碍中取得进步。领导者的诚挚、大度的情怀将产生一种强大的亲和力，使被领导者对领导者产生亲近感和依赖感，在无形中形成一种亲和权。

综上所述，奖赏权和惩治权来源于领导者的法定权力，而专长权、感召权与亲和权来源于领导者的非法定权力，要使领导权力有效地发挥作用，需要领导者的法定权力与非法定权为共同发挥作用，仅拥有法定权力而缺乏非法定权力的领导在实践中难以有作为。

（二）领导权力运用的一般原则

正确地运用领导权力是领导者的职责和义务，是检验领导者执政能力与水平的重要标准，也是领导权力理论研究的一个核心问题。要正确地运用领导权力，需要坚持以下几项原则。

1. 谦恭用权原则

作为领导者虽然大权在握，但在领导活动中要切记坚持谦恭用权的原则。领导者在行使权力过程中，要以谦虚恭敬的态度对待被领导者，不要变相炫耀手中的权力，更不要摆出高高在上的姿态训斥被领导者，甚至专横跋扈。

2. 依法用权原则

在行政过程中领导者要树立法治理念，坚持依法用权的原则。将一切权力纳入法律法规界定的空间内运作，必须做到行使权力的手段、方式、程序、内容合法化，避免领导权力凌驾于法律之上，制止和杜绝违法用权、违法施政的现象发生，从而维护领导权力的严肃性和正义性。

3. 求实用权原则

求真务实是领导者行使权力的出发点和归宿点。如果领导者忽视了这一原则，就会做出违背客观性的决策，如提拔用人失当、追求政绩过头、奖罚不公等现象发生，会给领导权力的运用造成多种负面影响。

4. 公开用权原则

暗箱操作是领导权力腐败的主要土壤。因此，领导者在施政过程中，要坚持公开用权原则，自觉地实行阳光行政。借助现代化的手段与工具，将领导权力行使的过程公开，置于被领导者的广泛监督之下，最大限度地减少自由裁量权，从而维护领导权力的纯洁性。

5. 适度用权原则

领导者驾驭全局工作，不仅要拥有权力，更重要的是坚持适度用权原则，合理地运用领导权力。在领导者与被领导者进行交流及沟通过程中，应该发挥权力的民主性和服务性作用，以平等的身份与下属共事。领导者精于适度用权，将有助于恰当地控制和协调全局工作。

管理故事

山田的工作表现

日本某工业总公司的创始人、总经理山田，习惯在下班前把办公桌清理一下，把没干完的工作装进包里带回家做。他以对人粗暴而闻名，看见员工做得不对，立刻就会发怒，甚至动手打人。工作中虽没有做错，但没有创新的人，也会遭到责骂。但事后山田会反省，并向员工解释发怒的原因。

公司员工并不讨厌山田，因为他们佩服他的表率作用。山田都是自己率先去干棘手的事、艰苦的活儿，亲自做示范，无声地告诉人们，你们也要这样干。例如，为了谈一宗出口生意，山田在一酒店里招待外国商人。外国商人在洗手间不小心弄掉了戒指，山田二话没说，挽起袖子帮助客人捞出戒指，当场嘱咐员工对戒指做消毒处理后还给客人。外国商人被山田的行为深深打动，当场就签订了合同。

思考：

从权力构成的角度分析，在山田的领导行为中哪些权力的作用发挥得好？哪些权力的作用发挥得差？为什么员工不讨厌他？

四、领导者的影响力

领导者的影响力是指领导者以其身份和个性特征有效地影响与改变被领导者心理和行为的能力。决定领导者的影响力大小的因素包括两个方面，即职权和威信。

（一）影响职权的因素

影响职权的因素主要有传统因素、职位因素和资历因素。

1. 传统因素

这是指人们对领导者的一种传统观念，总认为领导者不同于普通人。他们有权、有才干，比普通人强些，这些观念逐渐形成某种形式的社会规定，产生了对领导者的服从感。所以，服从领导作为一种观念，从小就影响着人们的思想，这使得领导者在其言行之前，就获得了这种影响力，好像只要是领导，自然就有这种力量。

2. 职位因素

这是指个人在组织中的职务和地位（职位）会使其下级产生畏惧感。领导者的地位（职位）越高，权力越大，别人对他的畏惧就越厉害，他的影响力就越强。这种影响力与本人素质无关，纯粹是社会组织赋予的力量。

3. 资历因素

资历是指领导者的资格和经历。领导者的资格和经历对被领导者产生的心理影响叫作资历因素。资历因素是个人历史性因素，一般人对资历较老的领导者比较敬重。由于资历主要与过去所担任的职务有关，因此，它产生的影响力的性质主要也属于强制性影响力。

显然，由传统因素、职位因素、资历因素所构成的影响力都不是领导者的现实行为造成的，是外界赋予的。它对别人的影响带有强制性、不可抗拒性，以外推力的形式发生作用，在它的作用下被影响者的心理与行为主要表现为被动服从。因此，它对人的心理和行为的激励是有限的。

（二）影响威信的因素

影响威信的因素主要有品格因素、能力因素、知识因素和感情因素。

1. 品格因素

领导者的品格主要包括道德、品行、人格、作风等。它反映在领导者的一切言行中。优秀的品格会给领导者带来巨大的影响力，使人产生敬爱感，吸引人、诱使人去模仿。

2. 能力因素

领导者的才干、能力是非权力性影响力大小的重要因素。才能不单反映领导者是否能胜任自己的工作，更主要地反映了工作的结果是否成功。一个有才能的领导者，会不断地给企业带来成功，使人们产生敬佩感。这种敬佩感是一种心理磁场，吸引人们自觉地去接受影响。

3. 知识因素

知识是一个人最宝贵的财富，它本身就是一种力量。一个领导者拥有他所在行业的专业技术及专业知识，那么他又多获得了一种权力，即专长权力。职位权力加上专长权力，使他具备了更加优越的领导条件。

4. 感情因素

感情是人对客观事物好恶倾向的内在反映，人与人之间建立了良好的感情关系，便能产生亲切感，有了亲切感，相互吸引力大，彼此的影响力就越大。一个领导者平时待人和蔼可亲，体贴关怀下级，与职工的关系非常融洽，其影响力往往比较高。相反，上下级关系紧张，易造成双方的心理距离，产生排斥力、对抗力，产生负的影响力。

五、领导者的魅力

领导者的魅力就是领导者个性、能力的综合反映。领导者的魅力一方面是岗位和职务自然而然带给他的；另一方面是由自身散发出来的，给人好感的、吸引人的风格气质，是一种智慧与人格的体现。领导者有一定的个人魅力，就会受到众人的拥戴、就能够吸引更多组织成员的追随。

一个优秀的领导者，他的魅力大致体现在以下四个方面：

1. 高瞻远瞩的眼光

领导者是决策者，因此一定要有不俗的眼光，面对竞争激烈和纷繁变化的世界，能够找到正确的方向，并带领团队全力以赴。

2. 聪慧敏捷的头脑

《三国志》中有一句名言："功以才成，业以才广。""才"是领导者成就事业的关键因素。一个优秀的领导者应该有智慧，反应敏捷，能够游刃有余地处理各种事务，能够在自己的领域里做出超乎寻常的贡献。

3. 海纳百川的胸怀

海纳百川，有容乃大，不仅是历代名君的治国策略，也是一个成功领导者的基本素质，这点对于现代领导者来说显得越发重要。领导者要有宽大的胸怀，要做到"用人所长，容人之短，谅人之过"，这样才能聚集人心。

4. 从容优雅的态度

从容表现为"泰山崩于前而色不变"的大将风度，用自己的信心和能力处理问题，优雅则要求领导者有风趣高雅的谈吐和得体的举止，用自己的良好形象获得众人的认可。

学习任务二
领导理论

任务引入

鼎立建筑公司应选择何种管理方式

鼎立建筑公司原本是一家小企业，仅10多名员工，主要承揽一些小型建筑项目和室内装修工程。创业之初，大家齐心协力，干劲十足，经过多年的艰苦创业和努力经营，目前已经发展成为员工过百的中型建筑公司。有了比较稳定的顾客，生存已不存在问题，公司走上了比较稳定的发展道路。但仍有许多问题让公司经理胡先生感到头痛。

创业初期，人手少，胡经理和员工不分彼此，大家也没有分工。一个人顶几个人用，拉项目，与工程队谈判，监督工程进展，谁在谁干，大家不分昼夜，不计较报酬，有什么事情饭桌上就可以讨论解决。胡经理为人随和，十分关心和体贴员工。由于胡经理的工作作风以及员工工作具有很大的自由度，大家工作热情高涨，公司因此得到快速发展。

然而，随着公司业务的发展，特别是经营规模不断扩大之后，胡经理在管理工作中不时感觉到不如以前那么得心应手了。首先，让胡经理感到头痛的是那些与自己一起创业的元老，他们自恃劳苦功高，对后来加入公司的员工，不管在公司职位高低，一律不看在眼里。这些元老们工作散漫，不听从主管人员的安排。这种散漫的作风很快在公司内部蔓延开来，对新来者产生了不良的示范作用。鼎立建筑公司再也看不到创业初期的那种工作激情了。其次，胡经理感觉到公司内部的沟通经常不顺畅，大家谁也不愿意承担责任，一遇到事情就来向他汇报，但也仅仅是遇事汇报，很少有解决问题的建议，结果导致许多环节只要胡经理不亲自去推动，似乎就要“停摆”。再次，胡经理还感到，公司内部质量意识开始淡化，对工程项目的管理大不如从前，客户的抱怨也正逐渐增多。

上述感觉令胡经理焦急万分，他认识到必须进行管理整顿。出于无奈，他请来了管理顾问，并坦诚地向顾问说明了自己遇到的难题。

思考：如果你是管理顾问，你会给胡经理怎样的建议？

本任务我们主要介绍领导的三个理论：领导特质理论、领导行为理论、领导权变理论，并以此为基础分析领导者应具备的素质。

一、领导特质理论

领导特质理论是研究有效领导的个人特征和品质，寻求最合适的领导者特质。传统领导特质理论认为，领导者的品质基本上是天生的，与后天的培养、训练和实践无关。现代领导特质理论认为领导者的个性品质是在组织管理的实践中形成的，后天的培养可以造就有效的领导者。

现代领导特质理论对领导者特质的研究主要表现在两个方面：一是识人方面，用现代心理学的方法，主要是心理测试，对领导者的个性性格进行测试，并通过心理咨询进行领导行为的矫正；二是育人方面，适应现代组织的特点与要求，提出不同组织的领导者应具备的能力、品质标准，并通过专业化职业培训和开发加以培养。专家们认为，前者在某种程度上受到遗传因素的影响，应注重优选和改善；后者则完全是在管理实践训练中形成的，应注重学习和提高。

将两种领导特质理论进行比较，现代领导特质理论的实践观比传统领导特质理论的天才观有更为科学的理论基础，这使得现代领导特质理论的研究方法和成果为企业所广泛采用。但是，特质理论在解释领导行为方面并不成功，很明显存在以下一些情况：都忽视了下属的需要；都没有考虑到领导的情感因素；对于领导者的特质和领导者的成功之间的关系没有讲清楚。

因此，需要更有说服力的领导理论来解决这些问题。

二、领导行为理论

从 20 世纪 40 年代末开始，研究者开始把目光转向具体的领导者表现出的行为上。研究者希望行为理论观点不仅能提供更为明确的有关领导实质的答案，而且希望找到有关领导行为的关键决定因素，希望可以通过训练而使人们成为领导者。

行为理论的具体模式很多，下面主要介绍有代表性的领导行为理论。

(一) 四种领导方式论（民主—独裁所构成的二维坐标）

以伦西斯·利克特为首的美国密执安大学社会调查研究中心，从 1947 年开始通过对大量企业的调查访问和长期研究。根据领导者在运用自身权力过程中所表现出来的专制独裁程度的高低，以及民主参与程度的强弱，他们把领导方式归纳为四种类型。

1. 专制—权威式

采用这种领导方式的领导者非常专制。其特点是：权力集中于最上层，上级对下属没有信心，缺乏信任，下属根本不能参与决策，也没有任何发言权，下属对组织目标没有责任感，组织内部几乎不存在相互协作关系；上级经常以威胁、恐吓、惩罚以及偶尔的奖励来激发下属人员的工作意识，沟通采取自上而下的方式。

2. 开明—权威式

采用这种领导方式的领导者对下属有一定信任和信心。其特点是：领导者仍然是专制的，但采取了家长式的恩赐领导方式；权力控制在最上层，但也授予中下层部分权力；领导人对下属有主仆之间的那种信赖关系，一般员工都不参与决策，但有时也能听取他们的某些意见；下属人员对组织目标几乎没有责任感，组织中极少有相互协作的关系；运用奖励和有形、无形的惩罚调动下属人员；有一定程度的自下而上的沟通。

3. 协商式

采用这种领导方式的领导者对下属抱有相当大但并不是完全的信任。其特点是：沟通是双向的，但重要问题的决定权仍握在上层手中，下属只能对某些特定问题参与决策；大部分组织成员尤其是上层人员对组织具有责任感；主要运用奖励，偶尔也运用惩罚手段激励下属人员。

4. 群体参与式

采用这种领导方式的领导者在一切问题上对下属完全信任。其特点是：上下级之间的工作问题可以自由地交换意见，上级都尽力听取和采纳下属人员的意见，组织内形成了紧密的协作关系；以参与决策、经济报酬、自主地设定目标、自我评价等手段调动下属人员的积极性。因而组织的各类成员对组织目标都具有真正的责任感，实行集体参与、自我管理。

根据利克特的研究，由于员工参与管理的程度不同，以及在实践中相互支持程度的不同，生产率高的企业大都采取群体参与式的领导方式，生产率低的企业大都采取专制－权威式的领导方式。因此，利克特大力提倡专制－权威式、开明－权威式的领导方式向协商式和群体参与式的领导方式转变。单纯依靠奖惩来调动员工的积极性的管理方式已过时，只有依靠民主管理，从心理因素来调动员工的积极性，才能使其潜能得以充分发挥。独裁式管理永远也不能达到民主管理体制所能达到的生产率水平，民主管理体制能使员工对工作产生高度满足感。由于群体参与式采取了从内在激励员工的办法，所以，利克特认为它是领导一个群体最为有效的方式。

（二）“双中心”论（行为极端的领导类型）

从领导者在态度与行为上是否对被领导者表现出关心这一角度，可以将领导风格区分为关心任务式与关心人员式，即以任务为中心的和以人员（或人际关系）为中心的“双中心”论。

1. 以任务为中心（或关心任务式）的领导风格

这种类型的领导者最关心工作任务的完成，他们总是把工作任务放在首位，而对人际关系却不甚关心。有时为了完成任务甚至不惜损害与其他人员的关系，受这种认识、态度和价值观的影响，这类领导者可能利用自已法定的决策制定权和进行奖赏或惩罚的权力，命令下属去做某项工作并指挥他们做好这项工作，同时还可能密切注视和掌握下属工作进程及其在工作中的表现。因此，以任务为中心的领导者在实际领导行为中表现为专制式。这种领导风格通常可带来较高的工作效率，但会降低组织成员的满意程度和影响群体团结。

2. 以人员为中心（或关心人员式）的领导风格

这种类型的领导者投入更大的关注在下属的身上，强调的是员工的感情和相互之间的人际关系，以及员工个人的成长和发展。其领导的权力多是建立在个人的专长和模范表率作用的基础上。这类领导者主要是通过指明努力的方向来使下属人员完成预期的目标，他们尊重、体谅、关心和支持其下属，通过建立良好的人际关系去推动工作任务的完成。这种领导风格能提高组织成员的体谅和关心，但这种体谅和关心对员工工作热情的提高是否都能够转化为生产效率的提高则是另外一回事。

（三）管理方格理论

美国管理学家罗伯特·布莱克和穆顿于 1964 年提出的管理方格理论指出，以任务为中心和以人员为中心的领导风格反映了两种最基本类型的领导行为，在两种行为极端的基本类型之间，还存在着多种中间形式。关心任务和关心人员不过是同一事物的两个方面。即对人关心并不意味着必定忽视任务，同理，对任务的重视也不意味着必定缺少对人的关心，领导者可以根据现实需要和可能，对任务或人表现出不同程度的关心。基于这一思路，布莱克和穆顿设计出了两维坐标图，即管理方格图。

在管理方格图中，横坐标表示领导者对任务的关心程度，纵坐标表示领导者对人员的关心程度。纵横坐标上各有9个不同刻度，表示对人员或任务的不同关心程度，这样，两者就形成81种管理方格，分别代表81种不同的领导方式。其中有五种典型的组合状态，即1.1，1.9，9.1，9.9和5.5，反映出典型的五种领导方式。

1.1为贫乏型管理。这种方式下的领导者对员工和生产均表现出极度的漠不关心，领导效果最差。

1.9为乡村俱乐部式管理。领导者充分注意搞好人际关系，注意对员工的支持与体谅，形成和谐的组织气氛，但对任务、效率、规章制度、指挥监督很少关心。

9.1为任务式管理。领导者的注意力集中于完成任务的效率，但不关心人的因素，对下属的士气和发展很少注意。

9.9为团队式管理。领导者对生产和人都极为关心，努力协调各项活动。生产任务完成得好，职工关系协调，士气旺盛，职工个人目标与企业目标相结合，形成一种团结协作的管理方式。

5.5为中间式（中庸之道型）管理。对人和生产都有适度的关心，保持完成任务和满足职工需要之间的平衡，追求正常的效率和令人满意的士气，倾向于维持现状。

管理方格理论对于培养有效的管理者是有用的工具，它提供了一个衡量管理者所处领导形态的模式，使管理者较清楚地认识到自己的领导方式，并指出了改进的方向。但上述五种典型的领导方式仅仅是理论上的概括，在实际工作中，很难出现这样一些特殊的领导方式。

布莱克和穆顿指出，哪种领导方式最佳要看实际工作情况。最有效的领导方式不是一成不变的，要依情况而定。

三、领导权变理论

领导权变理论认为，领导是一种动态过程，领导的有效性随着被领导者的特点和环境的变化而变化。因为领导是在一定环境条件下通过与被领导者的交互作用去完成某一特定目标的，所以，领导的成效有赖于领导者本身的条件、被领导者的条件、环境的条件这三个因素的交互关系而定。

比较成熟的理论有弗莱德·费德勒的权变理论，保罗·赫西、肯尼斯·布兰查德的领导生命周期理论和罗伯特·豪斯的途径–目标理论。

（一）费德勒权变理论

费德靳权变理论认为，有效的领导取决于三种关键因素：领导者的风格、领导者的情境控制、领导者的风格与情境控制的交互作用。

1. 确定领导者的风格

费德勒认为，影响领导成功的关键因素之一是个体的基本领导风格，为此开发了最难共事者量表（LPC 量表），测量领导者的需求偏爱度是任务导向型还是关系导向型。LPC 量表要求领导者设想一个最难共事的人（现在或过去的同事），请他运用 LPC 量表描述对这个人的印象。如果以相对积极的词汇描述最难共事者（LPC 得分高），则说明他很乐于与同事形成友好的人际关系，费德勒称他为关系导向型；反之，如果他对最难共事的同事描述得比较消极（LPC 得分低），则被称为任务导向型。费德勒认为领导风格是与生俱来的，个人不可能改变自己的风格去适应变化的情境。

2. 确定情境

费德勒认为，影响领导效果好坏的情境因素有三类：①领导者与被领导者的关系。这是指下属对其领导者的信任、喜爱、忠诚和愿意追随的程度，以及领导者对下属的吸引力。②工作任务的结构。这是指下属担任的工作任务的明确程度。③领导者所处职位的固有权力。这是指与领导者职位相关联的正式职权以及领导者从上级和整个组织各个方面所取得的支持程度。

根据这三类情境因素的情况，领导者所处的环境从最有利到最不利，可分成八种情境类型，领导者所采取的领导方式与情境变化相适应才能取得良好的领导效果。其中，三类情境因素齐备是最有利的环境，三者都缺的是最不利的环境。费德勒指出，领导者与成员关系越好，任务的结构化程度越高，职位权力越强，则领导者拥有的控制力和影响力也越高。

3. 领导者与情境相匹配

费德勒、蔡墨斯和马哈在 1977 年研究了 1200 个工作群体，并将八种情境类型逐一与“关系取向”和“任务取向”两种领导风格进行对比，得出结论：“任务取向”的领导者在非常有利的情境和非常不利的情境下工作更有效；而“关系取向”的领导者则在中等有利的情境中干得更好。

需要进一步强调的是，在费德勒模型中，个体的领导风格是稳定不变的。因此，提高领导的有效性实际上只有两条途径：①替换领导者以适应情境。如果群体所处的情境被评估为十分不利，而目前又是一个关系取向的管理者进行领导，那么替换一个任务取向的管理者则能提高群体绩效。②改变情境以适应领导者，通过重新建构任务提高或降低领导者可控制的权力，可以适应该点要求。

总之，费德勒模型获得相当多的证据支持。当然，该模型目前还存在一些欠缺，需要增加一些变量来加以改进和弥补。另外，在 LPC 量表以及该模型的实际应用方面也存在着一些问题。比如，LPC 的逻辑性尚未被很好地认识，一些研究指出，作答者的 LPC 分散并不稳定。这些权变变量对于实践者来说也过于复杂和困难，在实践中很难确定领导者与成员的关系有多好、任务的结构化有多高以及领导者拥有的职权有多大。

（二）领导生命周期理论

领导生命周期理论最早于 1966 年由科曼提出，1980 年由赫西、布兰查德共同发展，成为一个较成熟的理论。领导生命周期理论包含下面一些内容：

1. 成熟度

领导生命周期理论是一个重视下属的权变理论。赫西和布兰查德认为，适当的领导风格或行为依据领导的下属的成熟度（Maturity），即个体对自己的直接行为负责的能力和意愿。它包括两项因素：工作成熟度与心理成熟度。前者包括一个人的知识和技能，工作成熟度高的个体拥有足够的知识、能力和经验来完成他们的工作任务，而不需要他人的指导；后者指的是一个人做某事的意愿和动机，心理成熟度高的个体不需要太多的外部鼓励，他们靠内在的动机激励。对于成熟度，赫西和布兰查德将其定义为：

M1——无能力，且不愿意；

M2——无能力，但愿意；

M3——有能力，但不愿意；

M4——有能力，且愿意。

2. 领导类型

领导生命周期理论所采用的两个领导维度与费德勒的划分相同：任务行为和关系行为。但是，赫西和布兰查德更向前迈进了一步。他们认为，每一维度有低有高，从而组合成四种具体的领导类型：指示型、宣传型、参与型和授权型。

指示型（高任务－低关系）：领导者定义角色，告诉下属干什么、怎么干以及何时去何地干，其强调命令指导行为。

宣传型（高任务－高关系）：领导者同时提供指导性行为与支持性行为。

参与型（低任务－高关系）：领导者与下属共同决策，领导者的主要角色是提供便利条件与沟通。

授权型（低任务－低关系）：领导者提供极少的指导或支持，放手让下属自己做决定处理事务。

3. 领导类型与员工成熟度相匹配

领导生命周期理论认为，领导者应该根据下属的成熟度相应地采用恰当的领导方式，这样就能达到有效的领导。

指示型领导主要适用于低成熟度的员工。在这种情景下，员工既不能够也不愿意承担工作，此时最有效的领导方式是命令指导。

宣传型领导主要适用于较低成熟度的员工。在这种情景下，员工愿意承担一些工作的责任，但是他们还缺少一些工作的必要技能，领导者以双向沟通的方式使员工真正掌握必要的工作技能。同时，从心理上支持员工承担责任和鼓舞员工努力工作的热情。

参与型领导主要适用于较高成熟度的员工。此时，员工已掌握了工作技能，能够胜任工作，但是不乐意领导者对他们有过多的指示和约束。他们希望参与决策，但有时缺乏自信和安全感，因此希望领导者与他们多沟通，聆听他们的想法，相互交流、讨论问题。领导者在领导这部分下属时，要支持他们的参与，经常沟通，保持良好的人际关系，千万不要在工作方面横加干涉，这样就可以使下属保持高昂的士气。

授权型领导主要适用于高成熟度的员工。此时，员工已完全掌握了工作技能，而且有高度的工作责任感和自信心，他们或是中层管理人员，或是资深员工。对于他们，领导者不用再过多指导和沟通，而应放开手脚，让他们自己做决定处理事务，领导者只要稍加监督、了解一些反馈信息即可。

（三）途径—目标理论

途径—目标理论由加拿大多伦多大学教授伊凡斯（Evans）于1968年提出，后由其同事豪斯（House）教授补充发展而成。

该理论的核心在于：领导者的工作是帮助下属达到他们的目标，并提供必要的指导和支持，以确保下属的目标与群体或组织的目标相一致。有效的领导者能够通过明确下属的任务、理清路程中的各种障碍使下属能够顺利达到目标。而且，领导者在这方面发挥的作用越大，越能提高下属对目标价值的认识，也越能有效地激励下属。

通过实验，豪斯认为“高任务—高关系”组合不一定是有效的领导方式，还应该加入情境因素。因此，他确定了四种领导方式以供领导者在不同情境下使用。这四种领导方式是：

（1）指导型。指导型领导者明确告知下属期望他们做什么、怎么做以及何时完成。领导者在完成任务的过程中给予下属必要的指导，但决策完全由领导者做出，下属不参与。

（2）支持型。支持型领导者十分友善，平等待人，关心下属，但不太注意通过工作使人满意。

（3）参与型。参与型领导者在作决策时注意征求下属意见，认真考虑和接受下属的建议。

（4）成就型。成就型领导若向下属提出具有挑战性的目标，希望下属最大限度地发挥潜力，并相信他们能达到目标。

领导者究竟选择哪种领导方式，要考虑两个方面的因素：一个是下属的个性特点，比如领悟能力、教育程度、对成就的需求、愿意承担责任的程度等；另一个是具体的环境，包括任务结构、权力结构以及工作群体的情况等。

该理论的有关研究认为，当工作群体内部存在激烈的冲突时，指导型领导者会带来更高的员工满意度；内控型下属（即相信自己可以掌握命运）对参与型领导者更为满意；外控型下属对指导型领导者更为满意；当任务结构不清时，成就型领导者将会提高下属的期待水平，使他们坚信努力必会带来成功的工作绩效；与具有高度结构化和安排完好的任务相比，当任务不明或压力过大时，指导型领导者会带来更高的满意度；当下属执行结构化任务时，支持型领导者会带来员工的高绩效和高满意度；对于能力强或经验丰富的下属，指导型领导者可能被视为累赘多余。组织中的正式权力关系越明确、越官僚化，领导者越应表现出支持型行为，降低指导型行为。

管理知识

经济全球化对领导提出的新要求

中国企业领导人究竟需要哪些关键特质才能应对新经营环境下的高度不确定性？《世界经理人文摘》邀请世界经理人网站的广大用户和中国企业领导人、管理专家一起推荐和评选企业领导人的十大特质。结果显示，帮助中国企业领导人应对新时期不确定性的十大特质体现在以下方面：建立远景、信息决策、配置资源、激励他人、人才培养、承担责任、诚实守信、事业导向、快速学习。

学习任务三 领导艺术

任务引入

哪个科长能力强

某县县委办公室领导班子调整，两位副科级秘书被提拔，分别担任两个业务科室的科长。他俩心情十分激动，暗暗下定决心，要把工作搞出个样子来。C科长看到科里任务繁重，心急如焚。每天都早上班晚下班，忙忙碌碌，晚上一般都在办公室加班，许多时候还要拉科里的同志一起干。他对工作十分认真，每次工作安排下去，总是不断地催问，唯恐别人办不好，能自己动手干的，他尽量不让其他同志去做，很多时候，包括草拟通知、填报表也都是自己动手。可以说他是以身作则，起到了模范带头作用。科里的同志不论大小事情，从不自作主张，都是及时地向他请示报告，由他处理。任科长三四个月后，他明显消瘦了，科里的同志们私下谈论，有的说："咱们科长兢兢业业，不辞辛苦，任劳任怨，真是少有的好干部。"也有的说："跟着科长干工作，既轻松，又没责任，真是自在。"

F科长一上任，就让科里的同志把工作情况做了详细的汇报。很多人认为工作任务压头，想让他向上反映，要求科里增加人员。他对科里的工作任务和人员情况进行了认真细致地分析后，首先组织全体科员制定出各种规章制度，明确了每个工作人员的职责、任务和权限，并要求每个工作人员在自己的职责范围内，遇事要大胆处理，不准推诿。这样，全科成员都紧张地工作起来了。F科长只抓科内外的协调工作，处理一些比较重要的问题，平时对每个同志的具体工作一般很少过问，只是定时听取汇报和进行抽查。上班时间也不显得很忙，还可以看书学习。没有特别紧急任务，他晚上很少到办公室加班。科里的同志私下议论，有的说："跟着咱们科长干工作，虽然忙，但心情舒畅，因为他相信我们，对我们放手。"有的说："你看人家C科长，处处带头，没有一点科长的架子。咱们科长把大家搞得忙忙碌碌，紧紧张张，可他自己倒清闲。"

思考：

(1) 两个科长相比，谁的能力强？为什么？

(2) 在实际领导工作中，是向C科长学习还是向F科长学习呢？

领导艺术是指领导者在其知识、经验、才能和气质等因素的基础上形成的具有创造性的领导才能、技巧、艺术和方法。领导艺术是一门博大精深的学问，内涵极为丰富，存在于领导工作的始终，一般包括统筹全局的艺术、授权的艺术、激励的艺术、协调的艺术、利用时间的艺术、讲话的艺术和用人的艺术等方面。

一、统筹全局的艺术

统筹全局的艺术，又称为战略性领导活动艺术。领导者应尽量不参与与己无关的小事，应集中更多的时间专心自己的事业，抓好事关政策性、全局性、倾向性的工作和问题，严格按照“例外原则”办事，只管那些没有对下授权的例外的事情。

从提高领导处事艺术的角度，可以把领导者的工作分成以下四类，并设计相应的处理方式。

1. 常规事情规范化

对常规事情，领导者不事必躬亲，可授权下级人员去做，但要规定具体要求、操作程序、考核指标和奖惩规则，使之规范化。

2. 一般事情案例化

一般事情是指有先例可循、有处理此类事情的经验但对其规律尚未完全认识的工作事项。应该重视以往处理此类事情的经验教训，形成工作方案后交给部属去执行，然后听取汇报，进一步总结经验。

3. 例外事情决策化

例外事情是指新情况下的新问题、新矛盾，没有先例，单凭经验难以处理的事项。对此领导者要遵循决策程序组织力量，群策群力，制订方案，督导实施，检查考评，全程调控和调适，从中总结经验，摸索规律，使之走向案例化和规范化处理模式。

4. 重点事项亲自抓

所谓重点事项，一是关键性，二是薄弱性。关键性是指与领导目标密切相关并在一定程度上决定领导工作成败的事项；薄弱性是指因主客观条件不充分使工作受到延误，或无起色，需要加强的事项。

二、授权的艺术

授权的艺术是指领导者将自己一定的职权授予下属去行使，使下属在其所承担的职责范围内有权处理问题，做出决定。

授权的技巧主要有：

1. 因事择人，视能授权

择人的标准是才能，就是看他是否有这方面的专长和处理该事物的能力。授权不是提升职务，所以不用对人作全面考查，只要他能胜任该职务就行。

2. 明确权责，适度授权

所谓明确权责。就是要向被授权人讲清所授予的权力和责任范围，讲清执行该任务要达到的具体目标。被授权人摸清了领导意图，就会干劲倍增，充分发挥主动性和创造性。还应向有关人员宣布该项授权，以便有关人员协助被授权人共同完成该项任务。所谓适度授权，就是要分层授权，只向自己的直接下属授权。一般是一事一授权，有关任务完成了就及时收回权力。

3. 授权留责，监督控制

授权留责是对下属充分信任的表现。授权没有卸责，出了问题，领导者应勇于承担责任，这样下属往后就乐意接受你的授权并大胆工作。领导者还要支持被授权人的工作，同时领导者仍需监督控制，以免偏离目标方向，或出现滥用权力的现象。

授权应注意的问题：

1. 谨防“反授权”，就是下级把自己所承担的责权反授给上级，即把自己职权范围内的工作问题、矛盾推给上级。

2. 防止“弃权”，就是领导者所拥有的决策权、奖惩权、监督权在任何时候都不能放弃。

3. 防止“越权”，就是大权旁落，下属行使了上司的职权。

三、激励的艺术

领导者若想获得理想激励效果，关键是要了解和满足下属的心理需求。下属的心理需求有以下六点：

1. 愿意保持一致的心理

在不涉及重大原则问题和切身利益时，下属绝不愿与上级发生矛盾。因此，领导者可以通过良好的行为和形象，激励下属自觉自愿地完成上级所交给他的任务。

2. 希望得到承认的心理

下属希望自己的劳动、成绩、艰辛得到上级承认。因此，领导者在下属取得成绩时要及时表扬，出现困难时，也要积极创造条件解决下属的困难。

3. 追求平等和公平的心理

下属希望领导能够尊重人格，了解能力，采纳意见，公正处事。因此，领导者要平等待人，公平处事。

4. 渴望获得理解和信任的心理

理解和信任是每个人都希望得到的，领导者要运用各种方式向下属传递“充分信赖”的信号。

5. 愿意参与领导过程的心理

下属是希望能够参与领导过程的。因此，领导者在制定政策或在执行、检查、总结等领导过程中要充分依靠下属，尽量吸收他们参加，采纳合理建议。

6. 希望适度自由的心理

下属希望管辖和约束不要过紧，要有适当的自由。因此，领导者不应管得过死、管得过严，在抓好大事的前提下，给予下属适当的自由。

四、协调的艺术

协调的艺术是指在矛盾冲突中坚持原则性与灵活性的统一处理，以及协调矛盾的方法和技巧。领导工作有60%是用在各方面的协调上。

（一）对上协调艺术

1. 与上级领导者的交往要适度

（1）尊重而不恭维。下级尊重领导，维护领导权威是基本的组织原则，希望得到下级的尊重是领导者的普遍心理。但尊重不等于恭维，正常的上下级关系是建立在尊重领导、支持工作和维护威信上的。

（2）服从而不盲从。下级服从上级是领导者实现领导的基本条件，是上下级关系的基本原则。即使领导者的决策、做法有错误或个人与领导者有不同意见，下级也应该服从上级。但在具体操作过程中应该采取适当的方式向领导者阐明问题的严重性或在实际行动上有所保留、修正和变通。

（3）亲近而不庸俗。上下级之间既要保持经常接触，又要保持一定距离，做到组织上服从、工作上支持。

2. 要尽职、尽责、尽力而不越位

下级要明确自己的特定角色，努力按标准做好工作，不越位。

3. 创造性地执行上级领导者的指示

由于领导者所制定的工作方针、计划、要求一般都是比较笼统的。因此，下级必须在领会这些方针、计划的基础上，结合本单位的实际情况创造性地开展工作，这也是下级工作水平、能力的主要体现。

4. 善于将自己的意见变成领导者的意见

下级只有善于使自己的意见被领导者采纳，意见才会有实现的价值。在如何说服领导者采纳自己的意见上，有五点是要注意的：

（1）要掌握不同领导者听取意见的特点，采取相应方法反映意见；

（2）要使自己的意见有科学性、可行性，容易被领导者采纳；

（3）要选择适当的时间、地点和场合提出意见；

（4）建议中要有几种方案，留给领导者选择的余地；

（5）点出问题的成败利害，使领导者有紧迫感。

（二）对下协调艺术

上级对下级协调工作要遵循公正、平等、民主、信任的原则，主要体现在以下四方面：

1. 对“亲者”保持距离

“亲者”是指与领导者观点相近、接触较多者。领导者要提倡与下属打成一片，赤诚相见，对下属不分亲疏，爱护团结，一视同仁。

2. 对“疏者”应当正确对待

“疏者”是指反对自己或有不同意见者。领导者应该看到“疏者”往往是自己避免犯错和使自己工作取得成功的重要因素。因此，要客观、公正地对待“疏者”，应有将“疏者”当作治疗自己各种弱点、缺点的良药的气魄。

3. 对下级须尊重以礼相待

主要体现为尊重下属的人格尊严，以礼相待，尊重下级的进取精神，维护下级的积极性、创造性，关心、信任下属。

4. 对纠纷要公平、公正处理

即“一碗水端平”。主要是让下属心里会感觉欣慰，让下属更有激情工作。

（三）平行关系协调

同级之间关系的协调遵循以下原则：互相尊重，平等相待；相互信任，坦诚相待；为人正直，光明正大；相互学习，彼此宽容。

五、利用时间的艺术

有效地利用时间是一个优秀领导者最重要的特点之一。领导者必须通过不断的学习和训练，掌握合理利用有限时间资源的艺术，争做自己时间的主人。利用时间的艺术，一般有以下技巧：

（一）要养成记录时间的习惯

养成记录时间的习惯，就是每天把自己做事情所消耗的时间记录下来，每隔一两周对自己的时间消耗情况进行一次分析，找出自己在时间利用上的不合理和浪费之处，并努力加以改进。这样长期坚持下去，就会掌握充分利用时间的方法，提高工作效率。

（二）学会合理地安排时间

时间安排得是否合理，不仅与领导者个人的工作习惯有关，而且与组织的管理体制和组织结构以及领导者的分工和个人的职责等有关。一般来说，领导者应将主要的时间用于学习、思考、研究业务、研究决策等方面。

（三）消除其他时间浪费因素

时间浪费除了上述因素外，还可能是由于管理不善或组织不当造成的。此时领导者应做以下三方面的工作：

（1）找出由于缺乏合理的计划、制度和缺乏预见性所产生的时间浪费因素；

（2）人员过多容易造成领导者的时间浪费；

（3）消除缺乏优先顺序的时间浪费。

六、讲话的艺术

讲话，是人际交往取得良好的工作效果的主要方式，更是领导者的基本功。提高领导者讲话艺术的方法有以下四点：

1. 要了解讲话的对象

讲话对象由于性格、年龄、职业、文化程度、政治立场、思想觉悟的不同，以及心理欲望、情绪、个性不同，对领导者讲话内容的要求不同，对讲话内容理解的角度也大不相同。因此，领导者在讲话之前必须深入了解讲话对象的特点，选择与之对应的讲话方式和措辞，努力做到深入浅出，雅俗共赏，让听者有所知、有所得，并注意讲活对象的现场表情和反应，适当穿插精彩的事例或故事，要交替调动听者的抽象思维与形象思维，谋取最佳的现场效果。

2. 有明确的讲话目的，围绕主题展开

一个主题的要点不宜过多，要点超过了常人听力记忆、理解记忆的限度，内容再好，也会影响听者的兴趣和情绪。讲话内容要实，引用的数据资料要准确，正视现实，不回避矛盾和问题。千万不要玩弄修辞，哗众取宠，只有讲真话、实话，才能以理服人，达到讲话的目的。

3. 要掌握讲话的技巧

领导者讲话口齿要清楚，声音要洪亮，语速和节奏要与讲话的内容、听者的反应相匹配，富有变化和美感，动态地调整语气语态。

4. 根据会议的性质和目的来决定讲话方式与内容

在咨询会议等民主讨论会上，领导者的角色是向导和导演，不是演员，要少讲或不讲。仔细聆听各方面的意见，不轻率肯定或否定哪方面意见，总结时要全面吸收各家之长，引导群众深入探讨，但不做结论；在领导班子内部的政策研究会上，应在深思熟虑的基础上敢于亮出自己的观点，要有坚持真理的勇气，不人云亦云，或顺着一把手的梯子爬；在执行性会议上则要指明目标任务，做出具体的部署和分工，落实人员和资源，应讲得具体、明确、清晰而没有歧义；在告知性会议上，领导者讲话要依据文件，做出必要的解说，但不能随便发挥，以免冲淡主旨，干扰正听。

七、用人的艺术

世界著名的管理学家西蒙有这样一句名言："长官从事决策，而真正到战场上开枪打仗的则是士兵。没有一批精干、勇敢的士兵，长官再好的决策也无法实现。"可见，好的员工是领导者科学决策得以实施的前提，领导者必须科学、合理地使用人才。

科学的用人艺术包括以下原则：

1. 尊重人才，充分信任

信任能够激发人才的责任心和成就感，积极主动地发挥自己的优势，在实现自身价值的同时推动组织不断地发展。如果领导者能够在信任的基础上给予员工一定的支持，一定能取得事半功倍的效果。

2. 用人之长，容人之短

所谓用人之长，是指发挥人才在专业上的长处和才能，保证其能在最合适的岗位上发挥作用。但是，任何人都不是十全十美的，领导者不应只看到员工对组织有利的一面，还要对其缺点有一定的客观评价，并努力创建制约“短处”扩展的条件，做到容人所短。

3. 不断进行人才更新

合理有效的人事安排是组织高效运行的条件，因此，领导者要学会及时、慎重、果断地淘汰组织中的冗员。

学习任务四

有效激励

任务引入

赞美是力量

某足球队教练将该队队员分成三个集训小组，并在训练时做一个心理实验。

教练对第一小组队员的表现大加赞赏，说："你们表现卓越，配合度非常高，太棒了，你们是一流的球员。"

对第二小组则说："你们也不错，如果你们运球速度快一点，步伐再稳一点，就更好了。"

对第三小组则说："你们怎么搞的，总是抓不到要领，靠你们，我什么时候才有出头之日啊！"

其实这三个小组成员的素质、能力都是一样的。但是经过这样一个实验之后，结果第一小组获得的成绩最好，第二小组次之，第三小组最差。

思考：怎样激发员工的工作热情？

一、行为与激励

1. 行为

行为是行动的一种方式，它是指一个人的所作所为。按照行为科学的说法，由需要引起了动机，由动机产生了行为，这就是人类共同的行为模式。

动机是指引起个体行为、维持该行为并将该行为导向某一目标的过程，是产生和指导行为的直接原因。因此，研究激励问题，首先就要了解人类的行为规律，依照这种规律，采用有效的手段针对性地进行激励，才能达到理想的效果。

2. 激励

激励，从词义来理解，是激发鼓励之意。从管理的角度理解，主要是指激发人的动机，使人有一股内在动力，朝所期望的目标前进的心理活动过程。在这里，人的行为是由动机所支配的，动机是由需要所引起的，行为的方向就是实现目标，满足需要。所以，人的行为的心理活动过程，即是实现目标的过程。人们由未满足的需要引起需要，这种未满足的需要使人产生心理紧张，躁动不安，由此产生满足这一需要的动机。动机导致行为，当这一行为的结果使需要满足、达到目标时，人的紧张感消除，而满足的程度如何又会反过来衡量最初的需要。正是出于人的这种心理机制特点，才使得激励成为可能。

3. 激励的基本过程

激励的基本过程就是由需要开始，到需要得到满足为止的连锁反应。当人产生需要而未得到满足时，会产生紧张不安的心理状态，在遇到能够满足需要的目标时，这种紧张不安的心理就会转化为动机，并在动机的驱动下向目标努力。目标达到后，需要得到满足，紧张不安的心理状态就会消除。随后，又会产生新的需要，引起新的动机和行为，这就是激励的基本过程。由此可见，激励实质上是以未满足的需要为基础，利用各种目标激发产生动机，从而驱使和诱导人的行为，最终促使组织目标的实现。从这个意义上说，激励也就是对人的需要和动机的刺激与诱导。

二、激励的原则

组织不能没有激励组织成员的机制，它是激活组织成员的硬件措施。建立和完善组织的激励机制及其配套措施需要遵循一些基本的原则，这样才能收到预期的激励效果。

1. 激励需要平稳增加

激励渐增的原则：无论对组织成员奖励还是惩罚，其幅度都应平稳地、逐步地增加，以保持激励组织成员的持久性。

2. 激励情境要得当

由于组织成员个性差异的客观性，每个人对受奖励和惩罚的时间、方式和环境要求都不一样。并且，由于受奖励和惩罚的原因各不一样，个人对情境的要求也不一样。因此，组织在实施激励措施时要因人、因时、因地、因事制宜，选择适当的机会和环境。

3. 激励要公平

激励公平要求组织遵循社会的公平规范，或者是组织成员普遍接受的公平规范实施激励措施。激励公平原则具体包括：第一，所有组织成员在获得或争取奖酬资源方面，机会要均等，让所有组织成员处在同一起跑线，具备同样的工作条件，使用同一考核标准。第二，奖惩的程度要与组织成员的功过相一致，奖惩的原因必须是相关事件的结果。第三，激励措施实施的过程要公正，要做到过程的公开化和民主化。

三、激励的技巧

1. 奖励组织所期望的行为

美国著名管理学家拉伯夫经过 20 年的调查研究，总结出这样一个规律，即人们会去做受到奖励的事情。因而把奖励组织所期望的行为称为现代行为管理的基本原则。

2. 发现和利用差别

组织奖励的一个重要原理是利用利益的差别向组织成员传递组织期望的行为信息。利益差别可以推动竞争，从而调动广大劳动者的积极性。因此，管理者必须通过考核发现员工在行为及绩效方面的差别，奖优罚劣，切忌搞平均主义。在利用利益差别激励下属时，必须明确指出下属的贡献或不足，使之心服口服。为了避免造成员工之间的矛盾，应尽量用预先规定的工作标准衡量员工实际表现，不要直接进行人与人的对比。

3. 掌握好激励的时间与力度

激励要掌握好时机，一般来说，好人好事应及时表扬。下属做了错事，为防止扩大损失，固然应及时制止，但批评不一定马上进行，以防矛盾激化。对于反复出现的积极行为，不能反复表扬，而应当出其不意，使人们有所期待和有所争取。

奖励要注意力度。奖励、惩罚、表扬、批评都有一个最低限度，低于这个限度的激励，如轻描淡写的批评、漫不经心的表扬，是不起作用的。但是，激励的力度也不能过分，过度奖励与过度惩罚都会产生不良后果。

4. 激励需因人制宜

人们有不同的需要、不同的思想觉悟、不同的思想观念和奋斗目标，因此，激励手段的选择及应用要因人而异。

5. 系统地设计激励策略体系

激励策略要优化组合，在空间上相辅相成，在时间上相互衔接，形成综合治理的激励格局和积极性的良性循环。这样做的好处是，一方面，可防止顾此失彼，保证激励措施奏效；另一方面，可以利用几项措施结合的效果，即系统的组织效应。例如，物质奖励加上精神奖励对职工的激励作用，要比单纯采用一种奖励作用大得多。

管理知识

日本企业对员工的激励方法

日本职工干劲比较高是世人所公认的，这主要得益于系统激励。大量调查研究表明，日本劳动大军的积极性在于大企业终身雇用的就业体制、职工收入与企业经营挂钩的分配制度、以年功序列为基础的人事制度、家族主义文化传统及企业工会体制等因素。

日本是一个等级鲜明的国家，大企业与中小企业在职业保障收入和福利待遇方面的差别明显，大约只有30%的劳动者能够进入条件优越的大企业，从而造成就业人员为了争取较好的职位而去大企业竞争，以获得优选劳动者的机会，大企业实行终身雇佣制，就使职工在优越感、自豪感之外又产生了感激之情，从而产生忠诚和干劲。大企业为保持在生产经营变化时对劳动力需求的弹性，会利用小企业调节自身的工作量，并不断培训自己的职工，以适应新的工作需要。

日本企业还采取集体分红，分红数额在职工收入中占相当大的比例，它与企业经营状况直接相关，这不仅促使职工关心企业生产经营活动，而且可以在企业不景气时直接减少劳务费用而不必解雇工人。日本企业在工资、职务晋升方面强调员工的年资，尤其是企业工龄，从而使大多数职工忠于企业，勤恳工作。为防止压抑人才，日本企业对那些年轻有为的职工委以重任。日本企业管理有浓厚的家庭主义色彩，企业中各种联络感情、超越地位界限的小团体如同乡会、同学会、棋友会等非常活跃，各级领导干部被要求关心下属直至他们的家庭生活。他们还实行大办公室、公共食堂以密切上下级关系。名目繁多的民主管理形式，如合理化建议、TQC 小组、自主管理等增强了职工的凝聚力，日本实行企业工会制，管理当局常与工会一起协商企业政策，不仅避免了劳资纠纷，还利用工会做职工的工作。

以上各项措施单独使用，也许不一定有多大效果，但结合起来，就形成了对劳动者来说既有压力又有动力的环境。

四、激励理论

有关人的激励的理论很多，有人将它分为内容型、过程型及行为改造型激励理论。

（一）内容型激励理论

内容型激励理论重点研究激发动机的诱因，主要包括马斯洛的需要层次理论、奥尔德弗的 ERG 理论、赫茨伯格的双因素理论和麦克莱兰的成就激励理论等。

1. 需要层次理论

美国心理学家马斯洛在 1943 年所著的《人的动机理沦》中，提出了需要层次理论。马斯洛按照等级顺序将人们的需要分为五大类，由低到高依次为生理需要、安全需要、社会需要、尊重需要和自我实现的需要。

（1）生理需要，是人类最基本的需要，包括食物、水、住所以及其他方面的生理需要。在组织环境中，这一需要体现为对足够的热量、空气以及保障基本生存的工资的需要。

（2）安全需要，指人们对安全的生理与情感的需要，以及人们不受威胁的需要。在组织环境中，这一需要体现为人们对安全的工作，工作场所的安全保护以及对附加福利的需要。

（3）社会需要，体现为人们希望被同代人接受，享有友谊，属于某个群体，为人所爱。在组织中，这种需要影响着人们，与同事形成良好的关系，参与团队工作，并与上级友好相处。

（4）尊重需要，指人们需要他人的注意、肯定、欣赏以建立良好的自我形象。在组织中，这一需要体现为希望受到肯定，增加其所承担的职责，地位提高，并对组织有所贡献。

（5）自我实现的需要，是人们需要的最高层次。它关注人们爱心的树立，强化人们的能力，使人们在自我发展的道路上有所提高。在组织内，自我实现的需要可以通过为人们提供成长和富有创造力的饥会，以及使人们获得培训的机会以迎接新的工作任务的挑战而获得。

根据马斯洛的理论，低层次的需要应首先得到满足，这些需要的满足应按顺序进行，即生理需要先于安全需要。安全需要先于社会需要，等等。一旦某种需要得到满足，这种需要的重要性就降低了，高层次的需要则提上日程。从激励的角度来看，没有一种需要会得到完全的满足，但只要得到部分的满足，个体就会转向其他方面的需要。按照马斯洛的观点，如果希望激励某人，就必须了解此人目前所处的需要层次，然后着重满足这一层次或在此层次之上的需要。

2. ERG 理论

奥尔德弗 1969 年在《人类需要新理论的经验测试》一文中修改和简化了马斯洛的理论，并填补了该理论缺乏实证研究的空白。

ERG 理论将人类所有的需求归纳成三种：

（1）生存的需要，即人们生理方面的需要；

（2）相互关系的需要，指的是与外界发展友好关系的需要；

（3）成长的需要，关注对人们潜力的开发以及人们对个人成长和能力增长的需要。

ERG 理论与马斯洛的需求层次理论相似：两者都认为人类的需要是层次化的。然而，奥尔德弗减少了需要层次的数量，并提出沿层次上升的过程是复杂的，表现了一种挫折一退步原则，即未能成功地达成一个高级需要，可能会使人重新回到已经达成的低级需要上。ERG 理论比马斯洛的理论更加灵活，表明个体在沿层次上升的同时也有可能下降，这取决于他们满足自己需求的能力。

3. 双因素理论

20 世纪 50 年代末期，美国心理学家赫茨伯格与大量受到工作激励的员工和对工作感到失望的员工交谈。结果表明，与对工作不满相连的工作特性和与工作满意相连的工作特性截然不同，于是将其提炼为影响激励的双因素理论。

赫茨伯格认为两种完全不同的因素影响着员工的工作行为。

第一类称为保健因素。这些因素有的可能会导致员工对工作不满，有些则不会。可归入此类的因素包括工作环境、薪水以及企业政策和人际关系，当外部环境不良时，员工对工作会产生不满。但良好的外部环境仅仅只能消除不满意因素，其本身不能促使人们感到满意并激励人们工作。

第二类是激励因素。即高层次的需求，包括业绩、赏识、责任、成长机会。赫茨伯格认为当缺乏激励因素时，员工对工作持无所谓态度，但存在激励机制时，员工感到高度满意并受到激励。因此，保健因素和激励因素是在激励中起截然不同作用的两种因素。保健因素只在不满意区域起作用。例如，危险或嘈杂的工作环境会引起员工的不满，但解决这些问题并不能保证员工得到激励。而一些激励因素，如挑战性工作、责任和被人承认等，对于激励员工努力工作能起到无法替代的作用。

对于管理者来说，双因素理论的内涵是很清楚的。一方面，运用保健因素能消除人们的不满，但并不能激励人们达到更高的业绩。另一方面，赏识、挑战以及个人成长机会是强有力的激励因素，它们会带来高度的满意感并提高业绩。管理者的角色就是消除不满意因素，即提供保健因素以满足人们的基本需求，然后使用激励因素以满足人们高层次的需求并推动员工做出更好的业绩，获得更高的满足感。

需要注意的是，对于哪些属于保健因素，哪些属于激励因素，赫茨伯格是根据对美国 20 世纪 50 年代末部分工程师和会计师的调查得出的，并不一定符合各国的实际。对于每一个人来说，不仅需要因人而异，保健因素和激励因素也会各不相同。如对一个人来说是激励因素，对另一个人可能属于保健因素。因此，在实际运用中，应区别对待不同人的保健因素和激励因素，才能提高激励效果。

4. 成就激励理论

戴维·麦克莱兰等人提出了成就激励理论，该理论认为，特定的需求是在个人的生活过程中获取的。也就是说，人们的这种需求并不是与生俱来的，而是在其生活经历中不断产生的。除了生理需要外，人们的其他需要分别是成就需要、归属需要与权力需要。

（1）成就需要——达到标准、追求效率、争取成功的需要。

（2）归属需要——建立友好亲密的人际关系的愿望。

(3) 权力需要——影响或控制他人且不受他人控制的欲望。

具有强烈成就需要的人往往显示出以下三个特征：

(1) 喜欢能够发挥独立解决问题能力的工作环境。他们喜欢独自面对挑战性的问题，只有当问题是靠他们自己的努力解决的，他们才会感到满足。因此，高成就需要的人愿意对其行动承担责任，在工作中相信自己的能力，敢于作出个人决断。

(2) 往往倾向于谨慎地确定有限的成就目标。他们对成功有一种强烈的需求，同样也非常担心失败。他们对待风险采取了一种现实主义的态度，倾向于承担中等程度的风险。

(3) 希望得到对他们工作业绩的不断反馈。高成就需要的人很想了解其工作业绩的优劣，如果能够从上级那里得到嘉奖或表扬，他们就会感到莫大的满足。

培养人们高成就需要的方法：

(1) 个体应努力获得有关自己工作情况的反馈，以提高自己获得成功的信心，从而增强追求成功的欲望。

(2) 选择一种获得成功的模式，如模仿成功人物的做法。

(3) 努力改变自己的形象：把自己设想为某个追求成功和挑战的人。

(4) 根据现实情况审时度势，提出切实可行的目标，并付诸实施。

这一理论把重点放在鉴别和培养成就的需要上，丰富了马斯洛对自我实现需要的描述，它对于管理者发现高成就需要的人及培养下属的成就需要是非常有用的。但这一理论对于管理者应如何激励占绝大多数的低成就需求者的问题没有进行深入研究。

（二）过程型激励理论

过程型激励理论主要研究从行为动机的产生到行为的产生及发展变化这一过程中人的心理活动规律，阐明如何通过心理激励使人的行为积极性维持在一个较高的水平上或不断增强的问题，主要包括公平理论和期望理论。

1. 公平理论

公平理论主要研究个体对自己是否被平等对待的看法。该理论是美国心理学家亚当斯于20世纪60年代首先提出来的，也称为社会比较理论。它探讨的主要是个人所做的贡献与他所得的报酬之间如何平衡的问题，

根据该理论，如果人们认为自己的贡献与获得的报酬是基本平衡的，他们就会认为自己受到了公平的对待。人们用投入产出比衡量是否公平。如果员工感觉到自己的比率与他人相同，则为公平状态；如果感到两者的比率不相同，则产生不公平感。这种不公平出现后，员工们就会试图去纠正它，在公平理论中，员工所选择的与自己进行比较的参照对象是一个重要变量，一般有三种：他人、制度、自我。

公平理论认为每个人不仅关心由于自己的工作努力所得到的绝对报酬，而且还关心自己的报酬与他人报酬之间的关系。他们对自己的付出与所得和他人的付出与所得之间的关系进行判断。如果发现自己的付出所得比和他人的付出所得比不平衡，就会产生紧张感，这种紧张感又会成为他们追求公平和平等的动机基础。

2. 期望理论

期望理论的提出者是美国的心理学家弗鲁姆。这一理论并不关注人们需求的类型，它

关心的是人们用来接受奖励的思考方式。它以个人的努力和他所取得的成绩，以及与之关联的期望产生的成就之间的关系为基础。

这一理论认为，当人们预期到某一行为能给个人带来既定结果，且这种结果对个人只有吸引力时，个人才会采取这一特定行为，它包括以下三项变量或两种联系：

（1）努力—绩效的联系。个人感觉到通过一定程度的努力而达到工作绩效的可能性。

（2）绩效—奖赏的联系。个人对于达到一定工作绩效后即可获得理想的奖赏结果的信任程度。

（3）奖赏—个人目标的联系。这一奖赏能否满足个人的目标？吸引力有多大？

一个人从事工作的动机强度取决于他认为自己能够实现的理想的工作绩效的信念程度。在期望理论中包含着四个步骤：

第一，员工感到这份工作能提供什么样的结果？这些结果可以是积极的，如工资、人身安全、同事友谊、信任等；也可以是消极的，如疲劳、厌倦、挫折、焦虑等。

第二，这些结果对员工的吸引力有多大？他们的评价是积极的、消极的还是中性的？这一问题与员工的态度、个性及需要有关。如果员工发现某一结果对他有特别的吸引力，他将努力实现它。反之，则放弃。

第三，为得到这一结果，员工需采取什么样的行动？只有员工清楚明确地知道为达到这一结果必须做些什么时，这一结果才会对员工的工作绩效产生影响。比如，员工需要知道在绩效评估中“工作出色”是什么意思，知道使用什么样的标准来评价他的工作绩效。

第四，员工是怎样看待这次工作机会的？在员工衡量了自己可以控制的决定成功的各项能力后，他认为工作成功的可能性有多大？

期望理论的基础是自我利益，它认为每一位员工都在寻求获得最大的自我满足。期望理论的核心是双向期望，管理者期望员工的行为，员工期望管理者的奖赏。期望理论的假设是管理者知道什么对员工最有吸引力。期望理论的员工判断依据是员工个人的知觉，而与实际情况不相关。不管实际情况如何，只要员工以自己的知觉确认自己经过努力工作就能达到所要求的绩效，达到绩效后能得到具有吸引力的奖赏，他就会努力工作。

（三）行为改造型激励理论

1. 强化理论

该理论认为人的行为是对其所获刺激的函数。组织应该着眼于如何引导人的行为，使它朝着组织所希望的方向前进。斯金纳提出了以下几种行为改造策略：

（1）正强化：指奖励那些符合组织目标的行为，以使这些行为得到进一步的加强，从而有利于组织目标的实现。

（2）负强化：指惩罚那些不符合组织目标的行为，以使这些行为削弱直至消失，从而保证组织目标的实现不受干扰。

（3）不强化：指对某种行为不采取任何措施，既不奖励也不惩罚。这是一种消除不合理行为的策略，因为倘若一种行为得不到强化，那么这种行为的重复率就会下降。

（4）惩罚：指对不良行为给予批评或处分。它可以减少这种不良行为的重复出现，弱化行为。在采用惩罚策略时，要因人而异，注意方式和方法。

(5) 综合策略：指对某人的不同行为采取一种以上的策略。当有两种互不相容的行为，即一种合理、另一种不合理时，可采用综合策略强化合理的行为、减少或消除其他不合理的行为。

强化理论是影响和引导员工行为的一种重要方法，通过表扬、奖励等可以使动机得到加强，行为得到鼓励；通过批评、惩罚等可以否定某种行为，使不好的行为越来越少。不过，在运用强化理论时，要注意管理者应以正强化为主，同时，无论表扬还是批评都要在调查研究的基础上，实事求是，及时准确。另外，针对不同的人，强化的方式应有所不同。

2. 归因理论

归因理论是美国心理学家凯利（Harold H. Kelley）等人提出来的。目前，归因理论的研究着重在两个方面：一方面是把行为归结为外部原因还是内部原因；另一方面是人们获得成功或遭受失败的归因倾向。而人们的行为获得成功还是遭受失败可以归因于四个要素：努力、能力、任务难度、机遇。这四个因素可以按以下三个方面来划分：

(1) 内因或外因：努力和能力属于内因，任务难度和机遇属于外因。

(2) 稳定性：能力和任务难度属于稳定因素，努力和机遇属于不稳定因素。

(3) 可控性：努力是可控因素，能力在一定条件下是不可控因素，但人们可以提高自己的能力，这种意义上的能力又是可控的。任务难度和机遇是不可控的。

人们把成功和失败归因于何种因素，对以后的工作态度和积极性有很大影响。例如，把成功归因于内部原因，会使人感到满意和自豪；归因于外部原因，会使人感到幸运和感激。把失败归因于稳定因素，会降低以后工作的积极性；归因于不稳定因素，可能提高以后的工作积极性。

归因理论有助于主管人员了解下属的归因倾向，以便正确指导和训练正确的归因倾向，调动下属的积极性。

3. 挫折理论

挫折理论是由美国的亚当斯提出的，挫折是指人类个体在从事有目的的活动过程中，指向目标的行为受到障碍或干扰，致使其动机不能实现，需要无法满足时所产生的情绪状态。挫折理论主要揭示人的动机行为受阻而未能满足需要时的心理状态，并由此而导致的行为表现。力求采取措施将消极性行为转化为积极性、建设性行为。

管理故事

李英的困惑

李英已快到40岁了。回首这二十几年的工作经历，很为自己早年艰苦而又自强不息的日子感叹不已。想当初，自己没有稳定的工作就结了婚，妻子是位孤女，有父母留下的一栋虽然面积不小但很破旧的平房。妻子在待业之中，两人常为生计发愁。后来，李英在某企业找到了一份固定的工作，并很快被提拔为工段长，接着又成为车间主任，进而升为生产部长。他记得那段日子对他个人和公司来说，都是一个重要的转折，他没命地为公司工作，很为自己是其中的一分子感到自豪。他的付出也给他带来了丰厚的回报。他的工资收入已相当可观了。更重要的是，他在不断的提拔、升职中得到了权力和地位，他妻子也很为他自豪。

有段时间，他自己也沾沾自喜过，可现在细细想来，觉得自己并没有什么成就，心里老是空落落的。他现在是企业生产的总指挥官，可他看看企业一年比一年不景气，很想在开发新产品方面为企业做出更大的贡献。可他在研究开发和销售方面并没有什么权力。他多次给企业领导提议能否变革组织结构，使中层单位能统筹考虑产品的生产、销售及研究开发问题，以增强企业的活力和创新力。可领导一直没有这方面的想法。所以，李英想换个单位，换个职务不太高、但能真正发挥自己潜能的地方。可自己都步入中年了，跳槽又谈何容易。

思考：

（1）请运用激励理论分析李英在个人成长历程中获得个人需要满足的情况以及他目前产生困惑的主要原因。

（2）如果李英跳槽到你所领导的单位工作，你将重点采取哪些方面的激励措施调动他的积极性？请说明理由。

学习任务五

有效沟通

任务引入

年轻人出家

有几位年轻人想要出家，法师考问年轻人为什么要出家。

年轻人 A：我爸叫我来的。

法师：这么重要的事情你自己都没主见，打四十大板。

年轻人 B：是我自己喜欢来的。

法师：这么重要的事情你都不和家人商量，打四十大板。

年轻人 C 不作声。

法师：这样重要的事情想都不想就来了，打四十大板。

思考：如果你是年轻人 D，你怎么和法师沟通呢？

一、沟通及其过程

（一）沟通的内涵

沟通是指从一个人到另一个人的信息传递，是通过发送意见、事实、想法、感情和价值观念而了解他人的方式。为更好地理解沟通的基本概念，我们可以从以下几点来把握。

1. 沟通是信息的传递和交流

如果信息和想法没有传递到接受者，那么也就没有沟通的发生。沟通中传递的信息包罗万象，不仅包括一般事实，而且包括思想、情感、价值观、意见和观点等。沟通过程中，发送者把要传送的信息“编码”成符号传递给接收者，接收者则在收到后进行相反的“解码”过程。传递信息要完整，既要传递事实，又要传递发送者的价值观及个人态度，只有这样才能达到有效的沟通。

2. 沟通成功的关键在于信息被充分理解

有效的沟通，意味着信息不仅被传递，而且要被理解。最理想的沟通应该是信息经过传递后，接收者所感知的信息与发送者发出的信息完全一致。但是在现实生活中，由于信息是一种无形的东西，是一些符号，每个人对同一符号的理解和认识不同，由此导致了不少沟通问题和障碍，因此，在沟通过程中，只有传递的信息被充分理解，才能达到沟通的目的。

3. 有效的沟通在于双方能准确理解彼此的意图

在现实生活中，不少人认为，有效的沟通就是让别人接受自己的观点。实际上沟通并不一定要使对方完全接受你的观点，但一定要使对方完全明白你的观点。也就是说，对方可以只是准确地理解你所说的意思而不同意你的看法。沟通双方能否达成一致意见，对方是否接受你的观点，并不仅仅取决于沟通是否有效，它还涉及双方根本利益是否一致、价值观念是否相似等其他关键因素。只要沟通过程中双方能准确理解彼此的意图，就是有效沟通。

4. 沟通是一个双向动态的反馈过程

每天我们都在与他人进行各种各样的沟通，但并不能说每个人都是成功的沟通者，也并不是每一次沟通都能成功。这是因为沟通不是一个纯粹单向的活动。有时你已经告诉对方你所要表达的信息，但这并不意味着对方已经与你沟通了，如果接收者并未对你发出的信息做出反馈，那么就没有达成沟通。所以，有效的沟通必然是一个双向动态的反馈过程，这种反馈并非一定要通过语言表现出来。接收者也可以用表情、目光、身体姿势等形式将信息反馈给传递者，从而使发送者得知接收者是否接收与理解其所发出的信息，并了解接收者的感受。

（二）沟通的过程

沟通过程就是发送者将信息通过一定的渠道传递给接收者的过程。沟通有单向式和双向式两种。有反馈的是双向式沟通。反馈能够增强沟通效果，因为它能使发送者判断接受者是否正确理解了信息。

沟通的具体步骤如下：

第一步，发送者获得某些观点或事实（即信息），并且有传送出去的意向；

第二步，发送者将其观点、事实以言辞来描述或以行动来表示（即编码），力求不使信息失真；

第三步，信息通过某种通道传递；

第四步，接收者由通道接收到信息符号；

第五步，接收者将获得的信息解码，转化为其主观理解的意思；

第六步，接收者根据他理解的意思加以判断，以采取不同的反应或行为。

由此看见，一个看起来简单的沟通过程事实上包含着许多环节，这些环节都有可能产生沟通的障碍，从而影响沟通目的的实现。

（三）沟通的基本要素

沟通的基本要素是信息源、信息、通道、目标靶、反馈、障碍和沟通背景。

1. 信息源

信息源主要指拥有信息并试图进行沟通的人。沟通的过程通常由他们发动，沟通的对象和沟通的目的通常也由他们决定。一般说来，信息源的权威性和经验、可值得信赖的特征、信息源的吸引力等都会影响整个沟通过程。

2. 信息

信息主要指信息源试图传递给目标靶的观念和情感，它们必须被转化为各种可以被别人觉察的信号，这些信号包括语词的和非语词的。语词信号既可以是声音的，也可以是形象（文字）的，运用语词进行沟通时，沟通的双方必须具有共同的理解经验。非语词信号包括身段姿态、表情动作、语调等。

3. 通道

通道主要指沟通信息的传送方式。

4. 目标靶

目标靶主要指沟通过程中的信息接受者。

5. 反馈

沟通过程是一个交互作用的过程，沟通双方不断地将自己对接收到的信息的反应提供给对方，使对方了解自己所发送的信息引起的作用。了解对方是否接受了信息，是否理解了信息，接受信息后的心理状态是怎样的，从而根据对方的反应调整自己的信息发送过程，以便达到预期的沟通目的。

6. 障碍

在沟通过程中，障碍可能会发生在任何一个环节。

7. 沟通背景

沟通背景主要指沟通发生的情境，它是影响沟通过程的重要因素。

二、沟通的类型

沟通作为管理活动中一个不可忽视的重要方面，已经被越来越多的企业管理者所重视，其带来的影响也越来越大。良好的内部沟通机制不仅能够充分体现企业对员工的尊重与重视，同时也能够及时发现企业在生产管理方面的问题。要改善企业内部的沟通状况，建立好全方位的沟通机制，首先要了解沟通的种类。

（一）按沟通的组织系统分类

按沟通的组织系统分类，沟通可分为正式沟通和非正式沟通。

1. 正式沟通

正式沟通是指在组织系统内，依据一定的组织原则所进行的信息传递与交流。重要的信息和文件的传达、组织的决策等，一般采取这种方式。例如组织与组织之间的公函来往，组织内部的文件传达、会议召开，上、下级之间定期的情报交换等。另外，团体所组织的参观访问、技术交流、市场调查等也在此列。

正式沟通的优点是：沟通效果好，比较严肃，约束力强，易于保密，可以使信息沟通保持权威性。

正式沟通的缺点是：由于依靠组织系统层层传递，所以较刻板，沟通速度慢。

2. 非正式沟通

非正式沟通是指正式沟通渠道以外的信息交流和传递，它不受组织监督，自由选择沟通渠道。例如团体成员私下交换看法、朋友聚会、传播谣言和小道消息等都属于非正式沟通。非正式沟通是正式沟通的有机补充。在许多组织中，决策时利用的情报大部分是由非正式信息系统传递的。同正式沟通相比，非正式沟通往往能更灵活、迅速地适应事态的变化，省略许多烦琐的程序。并且常常能提供大量的通过正式沟通渠道难以获得的信息，真实地反映员工的思想、态度和动机。因此，这种沟通往往能够对管理决策起重要作用。

非正式沟通的优点是：沟通形式灵活，直接明了，速度很快，容易及时了解到正式沟通难以提供的“内幕新闻”。

非正式沟通的缺点是：非正式沟通难以控制，传递的信息不确切，易于失真、曲解，而且它可能影响人心稳定和团体的凝聚力。

现代管理理论提出了一个新概念，称为高度的非正式沟通。它指的是利用各种场合，通过各种方式排除各种干扰，来保持它们之间不断的信息交流，从而在一个团体、一个企业中形成一个巨大的、不拘形式的、开放的信息沟通系统。实践证明，高度的非正式沟通可以节省很多时间，避免正式场合的拘束感和谨慎感，使许多长年累月难以解决的问题在轻松的气氛下得到解决，减少了团体内人际关系的摩擦。

（二）按沟通的流动方向分类

按沟通的流动方向分类，沟通可分为向上沟通、向下沟通和横向沟通。

1. 向上沟通

向上沟通主要是指团体成员和基层管理人员通过一定的渠道与管理决策层所进行的信息交流。

向上沟通的优点是：员工可以直接把自己的意见向领导反映，获得一定程度的心理满足；管理者也可以利用这种方式了解企业的经营状况，与下属形成良好的关系，提高管理水平。

向上沟通的缺点是：在沟通过程中，下属会因级别不同造成心理距离，形成一些心理障碍；害怕“穿小鞋”、受打击报复，不愿反映意见；向上沟通常常效果不佳，有时由于特殊的心理因素，信息被层层过滤，导致上级曲解，可能出现适得其反的结果。

2. 向下沟通

向下沟通主要是指组织较高层管理人员通过一定渠道把信息传递给较低层管理人员或员工的过程。一般来说，传统的管理方式偏重于向下沟通，管理风格趋于专制。而现代管理方式则是向下沟通与向上沟通并用，强调信息反馈，增加员工参与管理的机会。

向下沟通的优点是：它可以使下级主管部门和团体成员及时了解组织的目标和领导意图，增加员工对所在团体的向心力与归属感；它也可以协调组织内部各个层次的活动，加强组织原则和纪律性，使组织机器正常地运转下去。

向下沟通的缺点是：如果这种渠道使用过多，会在下属中造成高高在上、独裁专横的印象，使下属产生心理抵触情绪，影响团体的士气；由于来自最高决策层的信息需要经过层层传递，容易被耽误、搁置，有可能出现事后信息曲解、失真的情况。

3. 横向沟通

横向沟通指的是在组织系统中层次相当的个人及团体之间所进行的信息传递和交流。

横向沟通的优点是：第一，它可以使办事程序、手续简化，节省时间，提高工作效率；第二，它可以使企业各个部门之间相互了解，有助于培养整体观念和合作精神，克服本位主义倾向；第三，它可以增加员工之间的互谅互让，培养员工之间的友谊，满足员工的社会需要，使员工提高工作兴趣，改善工作态度。

横向沟通的缺点是：横向沟通的头绪过多，信息量大，易造成混乱；横向沟通尤其是个体之间的沟通也可能成为员工发牢骚、传播小道消息的一条途径，造成团体士气涣散的负面影响，

(三) 按沟通的方法分类

按沟通的方法分类，沟通可分为书面沟通、口语沟通、非口语沟通和电子沟通四种。

1. 书面沟通

当组织或管理者的信息必须广泛向他人传播或信息必须保留时，报告、备忘录、信函等文字形式就是口语形式所无法替代的了。

2. 口语沟通

口语沟通要有一个清楚明确的主题，利用口语面对面地进行沟通是管理者最常用的形式，有效的口语沟通对信息的输出者而言，需要具备正确的编码，以有组织的、有系统的方式传递信息。

3. 非口语沟通

非口语沟通可以强化口语所传递的信息，非口语的信息可以用多种方式表达，例如利用空间沟通、利用衣着沟通、利用举止进行沟通等。

4. 电子沟通

电子沟通是指利用计算机作为信息传递的设备，通过互联网将资料与信息在使用者之间自由地传递与交换。一般而言，常见的电子中介沟通工具有电子邮件（E－mail)、电子布告栏（BBS)、全球信息网（WWW)、视讯等。

随着计算机和互联网技术的不断发展和普及，目前的沟通媒介已经开始向电子化方向发展，电子化媒介将可能取代传统的沟通媒介。

(四) 沟通渠道所形成的网络分类

按沟通渠道所形成的网络分类，沟通可分为单向沟通和双向沟通。

1. 单向沟通

单向沟通，也就是上司主管只用指令和训话向下属员工表述自己的意志、意愿，不听也不管下属员工有何种反馈。

2. 双向沟通

与单向沟通相对应的是双向沟通，即为形成共同的约定而在互动的基础上，进行充分

有效的沟通。在双向沟通中，发送者和接受者两者之间的位置不断交换，且发送者是以协商和讨论的姿态面对接受者，信息发出以后还需要及时听取反馈意见，必要时双方可以多次重复交谈，直到双方明确和满意为止。

三、沟通障碍及其克服

（一）沟通障碍的因素分析

沟通障碍存在于个体中，也存在于组织中。

1. 个体障碍

（1）人与人之间的障碍，包括由于员工的情绪和看法而带来的问题。

（2）选择错误的渠道或媒介发送信息。

（3）语意不清。

（4）语言和非语言沟通中的不一致使信息接受者感到迷惘。

2. 组织障碍

（1）地位与权力差异问题。权力低的人可能不太愿意将坏消息向上一层级传递，于是给上一层级带来了错误的印象。权力高的人可能没有注意或感觉到下面层级的人没有做出任何贡献。

（2）部门间需求和目标的差异形成了对沟通的干涉。每一个部门都以自己的观点看待问题。例如，生产部门关心生产效率，而不可能完全理解营销部门要将产品马上推销给消费者的需求。

（3）沟通流动也许不适合团队或组织的任务。如果某种集权沟通结构被运用于非日常性任务，就有可能会产生信息不足，难以解决问题。当组织内的信息流与组织的目标配合好的时候，组织、部门或团队最有效。

（4）缺乏正式沟通渠道削弱了沟通效率。组织必须以员工调查、开放政策、时事通信、备忘录、任务小组以及人员联络等方式提供充足的向上、向下以及横向沟通渠道。缺乏这些正式渠道，组织就无法进行整体沟通。

（二）有效沟通的重要性

管理沟通是指为了一个设定的目标，把信息、思想和情感在特定个人或群体间传递，并且达成共同协议的过程。沟通是自然科学和社会科学的混合物，是企业管理的有效工具。无论是企业管理者还是普通的职工，都是企业竞争力的核心要素，做好沟通工作，无疑是企业各项工作顺利进行的前提。有效沟通在企业管理中的重要性主要表现在：

1. 准确理解公司决策，提高工作效率，化解管理矛盾

公司决策需要一个有效的沟通过程才能施行，沟通的过程就是对决策的理解传达的过程。决策表达得准确、清晰、简洁是进行有效沟通的前提，而对决策的正确理解是实施有效沟通的目的。在决策下达时，决策者要和执行者进行必要的沟通，以对决策达成共识，使执行者准确无误地按照决策执行，避免因为对决策的曲解而造成的执行失误。

2. 从表象问题过渡到实质问题的手段

在企业的经营管理中出现的各种各样的问题，如果单纯地从事物的表面现象来解决问

题，不深入了解情况、接触问题本质，会给企业带来灾难性的损失。而在沟通中获得的信息是最及时、最前沿、最实际、最能够反映当前工作情况的。

3. 激励员工，形成健康、积极的企业文化

人具有自然属性和社会属性，在实际的社会生活中，在满足其生理需求时还要满足其精神需求。每个人都希望得到别人的尊重，社会的认可和自我价值的实现。一个优秀的管理者，就要通过有效的沟通，影响甚至改变员工对工作的态度、对生活的态度。

（三）有效沟通的条件

达成有效沟通须具备两个必要条件：首先，信息发送者清晰地表达信息的内涵，以便信息接收者能确切理解；其次，信息发送者重视信息接收者的反应并根据其反应及时修正信息的传递，免除不必要的误解。两者缺一不可。

有效沟通能否成立关键在于信息的有效性，而信息的有效性决定了沟通的有效程度。信息的有效程度主要取决于以下几个方面：

1. 信息的透明程度

当一则信息应该作为公共信息时，就不应该出现信息的不对称性的情况，信息必须是公开的。公开的信息并不意味着简单的信息传递，而要确保信息接收者能理解信息的内涵。如果以一种模棱两可的、含糊不清的文字或语言传递一种不清晰的、使人难以理解的信息，那么对于信息接收者而言就没有任何意义。同时，信息接收者也有权获得与自身利益相关的信息内涵，否则有可能导致信息接收者对信息发送者的行为动机产生怀疑。

2. 信息的反馈程度

有效沟通是一种动态的双向行为，而双向的沟通对信息发送者来说应得到充分的反馈。只有沟通的主、客体双方都充分表达了对某一问题的看法，才真正具备有效沟通的意义。

（四）沟通障碍克服的方法

克服沟通障碍的方法主要包括个人技能和组织行动。

1. 个人技能

（1）积极倾听。积极倾听意味着提出问题、表示兴趣以及不时地用自己的话说出对方的想法。积极倾听还意味着向信息发布人反馈已完成沟通循环。

（2）个体应选择发送信息的正确渠道。某种复杂信息应通过丰富渠道发送。日常信息以及数据可以通过备忘录、信件或电子邮件等方式发送，因为它们产生误解的概率较小。

（3）发送者与接受者应共同努力以理解对方的观点或立场。管理者应使自己对信息接受者高度敏感，以使他们能更好地确定信息目标、找出其中的偏见并澄清未能理解之处。通过沟通理解对方观点，语意可以被澄清，观点可以被理解，由此可以达到沟通的目的。

（4）通过四处走动可以进行沟通。管理者必须不时走出办公室与他人进行沟通。通过直接观察和面对面的交谈，管理者扩展了对组织的理解并将其重要信息和价值观传送给其他人。

2. 组织行动

（1）管理者要为组织创造一种信任和公开的组织气氛。它可以鼓励人们开诚布公地与他人沟通。下属可以向上级报告坏消息而不必担心受到责备；员工之间多进行人际交流可以更有利于工作。

（2）管理者应开发并使用来自各方的正式信息渠道。如时事通信、公告牌、信件、员工调查等，通过这些渠道，管理者可以获得员工的想法和反馈。

（3）管理者应鼓励使用多种渠道。通过多种渠道发送信息增加了信息被恰当接受的可能性。

（4）结构应适合沟通需要。组织可以设计一种沟通团队作为组织结构的一部分。该团队包括各部门的一名成员，团队处理组织的紧急事务并帮助来自不同部门的人从其他部门的立场考虑问题，与团队内的每一个人进行沟通并解决问题。

综合实训

一、单项选择题

1. 领导特质理论的研究重点是（ ）。

A. 领导行为 B. 领导环境

C. 领导者品质 D. 领导绩效

2. 领导行为理论的研究重点是（ ）。

A. 领导行为 B. 领导环境

C. 领导者品质 D. 领导绩效

3. 领导权变理论的研究重点是（ ）。

A. 领导行为 B. 领导环境

C. 领导者品质 D. 领导绩效

4. 管理方格理论是由（ ）提出的。

A. 利克特 B. 费德勒

C. 布莱克和穆顿 D. 坦南鲍姆和施米特

5. 需求层次理论是由（ ）提出的。

A. 麦格雷戈 B. 赫茨伯格

C. 马斯洛 D. 亚当斯

二、多项选择题

1. 激励—保健理论将以下哪些内容看作激励因素？（ ）

A. 责任感 B. 人际关系

C. 工作条件 D. 报酬

E. 晋升

2. 作为领导者，在履行领导职能时，必须遵循（ ）。

A. 组织目的明确原则 B. 目标一致原则

C. 统一指挥原则　　D. 沟通联络原则

E. 激励原则

3. 费德勒在领导方式测评的基础上，将领导工作所面临的环境状况具体分解为（　　）情境因素。

A. 制度现状　　B. 职位权力

C. 任务构成　　D. 下属素质

E. 上下级关系

4. 根据研究人员的研究，主要的激励因素包括（　　）。

A. 晋升　　B. 金钱

C. 竞争　　D. 权力

E. 荣誉

5. 组织中最普遍使用的沟通方式包括（　　）。

A. 口语沟通　　B. 书面沟通

C. 布告期刊沟通　　D. 非口语沟通

E. 电子沟通

三、案例分析题

柳传志重夺“中国最具影响力的商界领袖”头名

2010年《财富》(中文版）最新公布了“中国最具影响力的25位商界领袖”。柳传志、张瑞敏、马化腾、任正非、王石、李书福、王传福等25位中国知名的国有和民营企业家获选为“中国最具影响力的商界领袖”。

2010年上榜的人士与2009年最大的不同在于，许多第一代创业家又回来了，最著名的回归者是柳传志，这位66岁的老人在金融危机之后再次出山，担任联想集团董事局主席，当时，争议之声四起，更多的人是担心重新出山会毁了他的半世英名。一年多时间过去了，事实上这位传奇式的企业家做得相当出色。

柳传志认为，领导的过程就是争取追随者的过程。振臂一呼应者云集的领导能力绝不是一个领导职位就能赋予的，没有追随者的领导剩下的只是职权威慑的空壳。

柳传志争取追随者的第一步是行得正。“在公司里面，我对他们要求挺严格，大家还都信我。甚至离开公司想自己发展的人，也不会出去说联想不好。这其中，我觉得有一点很重要，就是决不搞宗派，决不给自己牟利，对人处事还要公正。今天我把他训了一遍，明天当他发现其他人犯了错误也一样挨训的时候，他就不会感到委屈。”

争取追随者，以身作则、身先士卒很重要。“创业的时候，没有高报酬，我怎么吸引别人呢？就凭着我多干、能力强、拿得少，来吸引住更多的志同道合的老同志。”

“要部下信你，还要有具体办法，通过实践证明你的办法是对的。我跟下级交往，事情怎么决定有三个原则：同事提出的想法，我自己想不清楚，在这种情况下，一定按照人家的想法做。当我和同事都有看法，分不清谁对谁错、发生争执的时候，我采取的办法是，按你说的做，但是，我要把我的忠告告诉你，最后要找后账，成与否要有个总结。你对了，表扬你，承认你对，我再反思我当初为什么要那么做。你错了，你得给我说明白当初为什么不按我说的做，我的话，你为什么不认真考虑。第二种情况很重要，不独断专行，尊重人家意见，但是要找后账。第三种情况是，当我把事想清楚了，我就坚决地按照我想的做。”

“还有，要取信于领导，取信于用户和合作者，取信于员工。说到的事情一定要做到，要不然，你就别说。另外，公司立的规矩一定要不管不顾地坚持。比如公司开会迟到罚站的规矩。传了十几年了，传下来不容易，因为不断地来新人，谁信这个。”在领导方式方面，柳传志认为，当企业小的时候，或者刚开始做一件全新的事的时候，一定要身先士卒，那个时候，领导是演员，要上蹿下跳自己去演。但是当公司上了一定规模以后，一定要退下来。“要做大事，非得退下来，用人去做。如果我一直身先士卒，就没有今天的联想了，我现在已经退到了制片人的角色。包括主持策划，都是由年轻人自己搞，杨元庆他们自己的事，由他主持策划，我只是谈谈未来的方向。”

（案例来源：传奇人物——柳传志，http：//ww. cas. ac. cn/html/Dir/2001/10/07/0719. htm）

思考：柳传志赢得下属追随的关键因素是什么？结合案例说明领导者拥有追随者的重要意义。

项目六 Project 6
控　　制

学习目标

知识目标：

- 了解控制的概念和作用
- 掌握控制的基本类型
- 理解控制与计划等其他管理职能之间的关系

能力目标：

- 能够灵活运用控制的各种方法进行管理实践活动

思维导图，如图 6－1 所示。

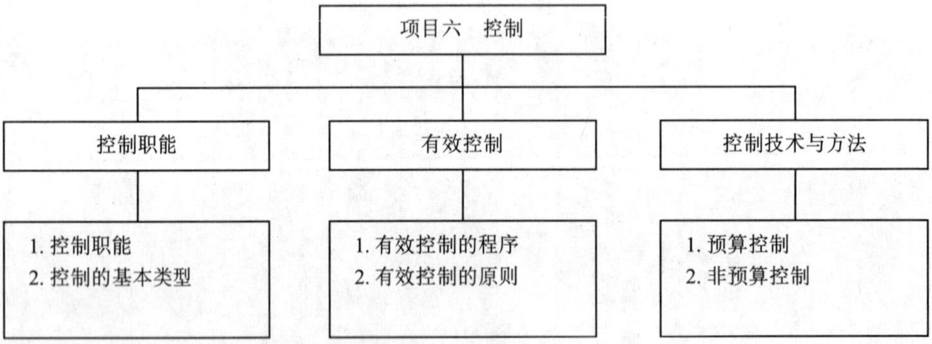

图 6－1　思维导图

学习任务一

控制职能

任务引入

有效的管理者应该始终督促他人，以保证应该采取的行动事实上已经在进行，保证他人应该达到的目标事实上已经达到。

——斯蒂芬·P. 罗宾斯

“有一群人本来可以揭穿并阻止我的把戏，但他们没有这么做。我不知道他们在监督上的疏忽与罪犯级的疏忽之间的界限何在，也不清楚他们是否对我负有什么责任。”

——里森《我是如何搞垮巴林银行的》

新加坡初级法庭以隐瞒公司巨额亏损5.5亿美元等罪，判处中航油新加坡公司原总裁陈久霖罚款33.5万新元和4年3个月监禁。“有一点可以肯定，和所有在衍生工具市场上发生的巨额亏损一样，中航油事件的根本原因在于其内控机制失灵。蚁穴虽小，可毁巨堤。所有金融市场上的大灾难无不由一些看似不起眼的疏忽引起，而这些疏忽之所以产生，根本就在于内控失灵。”

——《证券时报》2004年12月7日

德隆在短短的几年内一下子进入几十个行业，如水泥、红色产业（其中又包括很多种类）、旅游业、种业、农资超市、电动工具、汽车零部件、金融等。在中国民营企业中，德隆将多元化做到了极致。巴菲特有一句名言：“要是你有40个妻子，你将永远都不可能熟悉她们每一个人。”

——钟朋荣《解构德隆·序》

思考：以上文摘共同说明一个什么问题？在管理活动中有何意义？

一、控制职能

（一）控制的概念

所谓控制，是指对组织各方面的活动给以监控，使组织实际运行状况与组织计划要求保持动态适应的工作过程。这项工作由管理人员来完成，并作为一项管理职能来开展，通常称之为管理控制。

控制与计划存在着紧密的联系，是同一事物的两个方面。一方面，明确的目标和计划是组织开展控制工作的前提。另一方面，有效的控制是实现计划和组织目标的基本保证。计划越是明确、全面和完整，控制的效果也就越好；控制工作越是科学、有效，计划也就越容易得到实施。

可以从以下几点把握控制的含义：

（1）控制是组织的一项重要活动。在管理工作中，控制与管理的其他职能如计划、组织、领导是密不可分的，是各个管理层次和部门的主要职能。

（2）控制是一个检验计划执行成效和计划正确性的过程。控制的结果可能有两种：一种是纠正实际工作与原有计划和标准之间的偏差，即狭义的控制——纠偏；另一种是纠正组织已经确定的目标及计划与变化了的内外环境的偏差，修改计划标准，甚至重新制订计划，以使计划更加适合实际情况，即广义的控制——修订。

（3）控制过程包含三个步骤：拟订标准，衡量成效，纠正偏差。

（4）控制的目的是保证组织目标的实现。

（二）控制的必要性

亨利·西斯克指出："如果计划从来不需要修改，而且是在一个全能的领导人的指导之下，由一个完全均衡的组织完美无缺地来执行的，那就没有控制的必要了。"然而，这种理想状态是不可能成为企业管理的现实的。无论计划制订得如何周密，由于变化的动态环境的存在，管理权力的分散，不同组织成员的认知能力和工作能力的差异等各种各样的原因，人们在执行计划的活动中总是会或多或少地出现与计划不一致的现象。管理控制就显得非常必要。

管理案例

哈勃望远镜

经过长达15年的精心准备，耗资15亿美元的哈勃（Hubble）太空望远镜终于在1990年4月发射升空。但是，美国国家航天管理局（NASA）仍然发现望远镜主镜片存在缺陷。由于直径达94.5英寸的主镜片的中心过于平坦，导致成像模糊。望远镜对遥远的星体无法像预期的那样清晰地聚焦，结果造成一半以上的试验和许多的观察无法进行。

更让人觉得可悲的是，如果有好一点的控制，这些是完全可以避免的。镜片的生产商Perkings－Elmer公司使用了一种有缺陷的光学模板来生产如此精密的镜片。具体原因是，在镜片生产过程中，进行检验的一种无反射校正装置没有设置好。校正装置上的1.3毫米的误差导致镜片被研磨、抛光成了错误的形状。但是没有人发现这个错误。具有讽刺意味的是，这个项目和许多其他的NASA项目不同的是，这一次并没有时间上的压力，有充分的时间发现镜片上的缺陷。事实上，镜片的粗磨早在1978年就开始了，直到1981年才抛光完成。由于挑战者号航天飞机的失事，完成后的望远镜又在地上待了两年。

美国国家航天管理局中负责哈勃项目的官员，对望远镜制造过程中的细节根本漠不关心。事后一个由6人组成的调查委员会的负责人说："至少三次有明显的证据说明问题的存在，但三次机会都失去了。"

（三）控制的作用

1. 贯穿管理全过程

控制是管理的五大职能之一，与计划、组织、领导、创新职能密切配合，共同构成组织的管理循环。控制是贯穿于管理全过程的一项重要职能，与计划职能是孪生的。控制要以计划、组织、领导、创新职能为基础，同时，又是计划、组织、领导、创新工作有效开展的必要保证。偏差存在于各项职能当中，控制就会作用于各项职能直至偏差消失。而且控制不但能消除偏差，还能找出偏差产生的原因及消除偏差的有效途径，并及时反馈给管理者，减轻环境不确定性对组织活动的影响，避免或减少管理失误造成的损失。

管理故事

曲突徙薪

有一个造访主人的客人，看到主人家炉灶的烟囱是直的，旁边还堆积着柴草，便对主人说："把烟囱改为拐弯的，使柴草远离烟囱。不然的话，将会发生火灾。"主人沉默不答应。不久，家里果然失火，邻居们一同来救火，幸好把火扑灭了。于是，主人杀牛置办酒席，答谢邻人们。被火烧伤的人在上位，其他的人各以功劳的大小依次就座，但是不请说改"曲突"的那个人。有人对主人说："当初如果听了那位客人的话，也不用破费摆设酒席，始终也不会有火患。现在评论功劳，邀请宾客，为什么提曲突徙薪建议的人没有受到恩惠，而被烧伤的人却成了上客呢?"主人这才醒悟，赶紧去邀请那位客人。

（资料来源：飞象网，http：/www. cctime. com/）

2. 可保证复杂的组织活动协调一致地运作，帮助组织赢得竞争优势

有效的控制可以帮助管理者准确地评价组织的产出能力与资源利用效率，有效地监控产品和服务质量，维持良好的客户关系，塑造企业良好的文化氛围。

3. 可增强组织有效性

控制可以使复杂的组织活动协调一致、有序地运作，以增强组织活动的有效性；可以补充与完善期初制订的计划与目标，以有效减轻环境的不确定性对组织活动的影响；可以进行实时纠正，避免和减少管理失误造成的损失。

4. 可建立秩序

控制过程就是通过检查、监督、纠正偏差等活动限定实现组织目标的基本程序、行为准则，从而建立起组织存续的正常秩序。许多组织失败不是因为计划不周或缺乏制度，而是控制不力。

（四）控制的基本特征

1. 准确性和客观性

一个控制系统如不能提供准确的信息，就会导致管理者在应该采取行动的时候而没有采取行动，或者在根本没有出现问题的时候采取行动，导致控制失效。另外，在管理中难免会有许多主观因素，管理者不能只凭个人的主观经验或直觉进行判断，而应该采取科学的方法，要尊重客观事实。

2. 目标性

紧紧地围绕组织的根本目标，是管理控制无论着眼于纠正执行中的偏差，还是调整计划以适应环境的变化的前提。控制工作的意义就体现在，它通过发挥"纠偏"和"调适"两方面的功能，促使组织更有效地实现其根本的目标。

3. 整体性

首先，从开展控制工作的主体看，完成计划和实现组织目标是组织全体成员共同的责任。因此，管理控制不仅是管理人员的职责，也是组织全体成员的共同职责。让全体成员共同参与管理控制工作，有利于增进对控制工作的理解，更有效地开展管理控制工作。其次，从控制的对象来看，管理控制覆盖组织活动的各个方面，如人、财、物、时间、信息等资源。各层次、各部门、各单位的工作，以及企业生产经营的各个不同阶段等，都是管理控制的对象。最后，管理控制需要把整个组织的活动作为一个整体看待，使各方面的控制协调一致，以达到整体的优化。

4. 动态性

管理控制不同于一般的机械、物理控制，后者是一种高度程序化的控制，具有稳定性特征。组织不是静态的，其外部环境和内部条件随时都在发生着变化，从而决定了控制的对象、标准和方法不可能固定不变。管理控制应具有动态的特征，这样才能够保证和提高控制工作的灵活性和有效性。

5. 人性

组织中的管理控制是由具体的人执行的，本质上是对人的行为的一种控制。与物理、机械、生物及其他方面的控制不同，管理控制不可忽视其中的人性因素。

6. 标准的合理性与多重性

控制的标准应是富有挑战性、经过努力可以达到的合理标准。标准过高或过低，都不会起到激励作用。另外，控制应采取多重标准，多重标准比单一标准更难把握，可以防止工作中出现做表面文章的现象，多重标准能够更准确地衡量实际工作。

7. 重点与例外相结合

控制要突出重点。在控制过程中不可能面面俱到，要找出最能反映体现成果的关键因素控制。有些偏差无关紧要，有些偏差却意义重大。另外，控制工作要着重于计划实施中的例外情况，可使管理者集中精力解决问题，将其工作集中在需要注意和应该注意的问题上。在对例外情况的重视程度上，不仅依大小而定，也要考虑实际情况。同时重点与例外要结合起来，控制要注意关键点上的例外情况。

(五) 控制系统

控制系统是指由决定和被决定动态系统稳定状态的元素有机结合而成的集合。控制系统具有如下特征：

1. 系统有一个预定的稳定状态，或必须保持的平衡状态。
2. 它是一个不断变化的动态系统。
3. 从外部环境到系统内部有一种信息传输。
4. 系统具有一种能保证实现系统稳定或平衡状态的可进行纠正行动的装置。

企业管理就是一个具有上述特征的控制系统。

二、控制的基本类型

在组织中控制可以从不同角度进行分类。

（一）按控制信息获取的方式和时点分类

按控制信息获取的方式和时点分类，控制可分为前馈控制、同期控制和反馈控制三类。

1. 前馈控制

前馈控制不是等问题发生后再采取控制的措施，而是把问题消灭在发生之前。由于问题没有发生，那么就说明组织在运行过程中没有出现偏差，直接地实现了控制。前馈控制的具体做法是对输入系统的各种要素进行控制，把输入系统的各种要素与预先确定的标准进行比较。如果输入系统的各种要素与预先确定的标准相符，则让其输入系统；如果不相符，则调整输入的要素。在企业管理中，有许多应用前馈控制的例子。对企业人员素质的控制就是一例。企业经常要从外部招收新的员工，控制的目标就是要使这些新的员工能符合企业生产过程的需要。为了实现控制的目标，可以采用反馈控制的方法，也可以采用前馈控制的方法。如果采用反馈控制的方法，企业在招收新的员工时，可以不分性别与年龄，不管文化程度的高低与身体素质的好坏，只要按照企业所需要的人员数量招收进来即可。让这些新的员工在各个工作岗位上工作，然后再根据个人对工作的适应情况，把不符合工作要求的人员淘汰出去。通过不断重复这个过程，最后留在企业中的也必然是适合企业生产需要的合格员工。这种反馈控制的方式虽然也能实现控制的目标，但是实现控制目标的时间长，而且是以大量的人力、物力和财力的浪费为代价的。如果采用前馈控制的方式，则是根据企业生产的具体情况，确定企业招收员工的标准和要求，然后按照这个标准和要求招收新的员工。由于新的员工是按企业生产的要求招收的，所以能比较好地适应生产过程的需要。

从一个控制周期看，前馈控制是一种事前控制，它把问题消灭在发生之前。但从一个更大的周期看，前馈控制实质上也是一种反馈控制，因为前馈控制所根据的要素输入的标准也是过去经验的结果。

2. 同期控制

同期控制是通过对系统运行过程中的情况进行监督和调整来实现控制的。在这种方法下，对系统在运行过程中各个阶段的情况进行检查和监督，把系统运行的具体情况与预定的标准进行比较，如果发现偏差就采取措施进行纠正。如企业根据在生产过程中的几个关键点对产品生产的情况进行抽查，发现产品质量出现异常情况就立即采取措施进行纠正，以保证生产出符合质量要求的产品。从组织系统的运行周期看，同期控制也是一种事前控制。因为它不是等系统运行的结果产生以后再采取措施纠正偏差，而是对系统运行的过程进行控制，使系统运行的结果不会出现偏差。但是，从同期控制本身来看，它也是一种反馈控制。因为，所谓的即时是指对系统运行的某个时点进行监督和调整。就这个时点来说，也是等问题发生后再采取措施来纠正偏差。

3. 反馈控制

所谓反馈控制，是把组织系统运行的结果返送到组织系统的输入端，与组织预定的计划标准进行比较，然后找出实际与计划之间的差异，并采取措施纠正这种差异的一种控制方法。比如，某企业在年初制订了一年的生产计划。根据这个计划，企业投入了各种生产要素，并对这些生产要素进行了组织与管理。到了年底，组织把系统运行一年的结果与原来制订的计划标准进行比较，然后根据比较的结果来采取相应的控制措施。可能是调整第二年的计划方案，也可能是调整各种要素的投入量和投入比例，也可能是调整组织与管理的方式与方法。到了第二年年底，又对组织运行一年的结果与第二年年初制订的计划标准进行比较，这时的偏差可能比第一年年底的偏差小。然后组织又采取新的控制手段。如此循环往复，组织不断地进入新的管理过程和新的控制周期，使组织在运行过程中的偏差越来越小，组织在得到不断控制的同时也得到了不断地发展。

从一个比较长的时期看，采用反馈控制的方法，能通过不断地调整使组织运行中的目标差不断地缩小。但是，从一个控制周期看，采用反馈控制的方法却使组织系统对运转过程中产生的偏差纠正滞后了一个周期，它是一种等到问题发生后再进行纠正的控制方法。

（二）按控制的原因和结果分类

按控制的原因和结果分类，控制可分为间接控制和直接控制。

1. 间接控制

所谓间接控制，是指对管理者管理的结果进行检查和监督，分析管理者在管理过程中出现偏差的原因，然后采取措施来纠正偏差的一种控制方法。间接控制把控制的重点放在对管理者管理活动的结果监督与调整上。间接控制的优点在于它能纠正管理人员出于缺乏知识、经验和判断力所造成的管理上的失误和偏差，并能帮助主管人员总结经验、吸取教训，增加知识、经验，提高判断能力和管理水平。

2. 直接控制

所谓直接控制，是指通过对管理者的选择和培养，使管理者能成为合格的管理者，在管理过程中不犯或少犯错误，从而直接地实现控制。采用直接控制的一个前提条件是，合格的管理者可以不犯错误或少犯错误。因此，这种控制方法就把控制的重点放在对管理者的选择与培养上，使管理者都能成为合格的管理者。但是，直接控制的假设前提并不能经常成立，所以，采用直接控制的方法并不能保证对组织的有效控制。因而在控制过程中还要采用间接控制的方法。

其优点在于：

（1）主管人员管理素质的提高，使决策和计划更加科学，管理者对计划和目标的理解更加准确、深刻，为开展有效的控制工作奠定了良好基础。

（2）可以提高管理人员的控制技能，更加及时、准确地发现偏差，并及时采取矫正措施。

（3）直接控制有助于培养管理人员的自我控制意识，提高自我控制能力，增强控制工作的主动性和自觉性。

（4）有效的直接控制可以减少间接控制发生的费用和导致的损失。

（5）直接控制的实施使管理人员的管理水平和业务能力不断提高，有助于培养主管人员在下属中的威望，减小控制工作的阻力。

（三）按领导的角度分类

按领导的角度分类，控制可分为制度控制和文化控制。

1. 制度控制

通过制度进行控制，主要是把握好在组织框架内授权的运用。

管理者通过授权给下属，领导成千上万的员工个体和员工团队，作出直接影响到他们工作的关键性的业务决策。他们进行财务预算，安排工作负荷，管理库存，解决质量问题以及各种类似活动。

有关授权的原理、原则以及授权艺术等已在项目五中阐述。事实上，授权与控制的关系具有科学性和艺术性。组织必须在合理授权的过程中建立反馈控制机制。

2. 文化控制

在组织的文化控制中，创新的作用尤其突出。

20 世纪 90 年代，企业经理们面对的一个主要问题是，如何在一个要求灵活性和创新性的企业中施加足够的控制。面对日趋成熟的消费者和竞争激烈的市场环境，企业必须领导员工们主动去寻求机遇，对消费者的需求作用反应。但是对于一些机遇的寻求也会使得业务面临极大的风险，或是引发一些可能影响企业道德的行为。

管理故事

扁鹊的医术

魏文王问名医扁鹊：“你们家兄弟三人，都精于医术，到底哪一位最好?”扁鹊答：“长兄最好，中兄次之，我最差。”文王很诧异，再问：“为什么你最出名呢?”扁鹊答道：“长兄治病，是治于病发之前。由于一般人还不知道自己有病，觉得他没有做什么事，所以他的名气无法传播出去。中兄治病，是治于病起之时。一般人对自己病况不以为然，以为他只能治治轻微小病，所以他的名气只及本乡里。而我扁鹊治病，是治于严重之时。一般人常见我施行大手术而让病情有了好转，疗效对比明显，所以都以为我医术高明，名气因此响遍全国。”文王听罢很是敬佩：“你说得好极了。”

【启示】事后控制不如事中控制，事中控制不如事前控制。防重于治，企业家要有防患于未然的敏锐洞察力，尽最大可能去化解经营中的潜在风险。可惜大多数经营者都未能体会到这一点，总是要等到错误决策造成了重大损失才寻求弥补，有时候却是为时已晚。

任务二 有效控制

任务引入

撞钟的小和尚

一个小和尚担任撞钟一职，半年下来，觉得无聊至极，“做一天和尚撞一天钟”而已。有一天，住持宣布调他到后院劈柴挑水，原因是他不能胜任撞钟一职。

小和尚很不服气地问："我撞的钟难道不准时、不响亮？"

老住持耐心地告诉他："你撞的钟虽然很准时，也很响亮，但钟声空泛、没有感召力。钟声是要唤醒沉迷的众生，因此，撞出的钟声不仅要洪亮，而且要圆润、浑厚、深沉、悠远。"

思考：这事该如何分析？是小和尚错了，还是住持错了？为什么？

一、有效控制的程序

控制贯穿于管理过程的始终。在组织目标的实施中，不断地在计划与结果之间进行比较，发现两者之间的差距，并找出差距产生的原因和制订新的改进措施，这即是控制过程。有效的控制程序一般应包括确定控制标准、衡量工作成效、纠正偏差等几个基本环节。

（一）确定控制标准

要控制就要有标准。因此，控制过程的第一步就是确定标准。目标和计划是控制的总标准。为了对各项业务活动实施控制，还必须以总标准为依据设置更加具体的标准，如劳动定额、消耗定额、生产进度、质量标准等，作为控制的直接依据。

1. 确立控制对象

"控制什么"是在制订控制标准前首先要解决的问题。虽然管理的控制职能贯穿整个管理活动，但由于控制对象的复杂性和管理人员的能力的有限性，决定了管理者必须选择重点要素进行控制。影响组织目标成果实现的关键因素有以下几点：

（1）环境特点及其发展趋势。环境是动态变化的过程，对环境及其发展趋势的控制有利于科学地制订组织计划，并根据其变化做出科学的判断。

（2）资源投入。组织在管理过程中要实现投入产出的效益关系，所以对资源的投入要给以充分的控制，以使各方面达到预期的经营效果。

（3）活动过程。对组织活动过程的控制，有利于把握组织的经营成果以及员工的工作质量和数量。

2. 选择关键控制点

牵牛要牵牛鼻子。控制住了关键点也就控制住了全局。比如啤酒酿造企业中，啤酒质量是控制的一个重点对象。尽管影响啤酒质量的因素很多，但只要抓住了水的质量、酿造温度和酿造时间，就能保证啤酒的质量。

所谓关键控制点，是指对计划目标的实现具有重大影响的关键点，它们是业务活动中一些能使计划更好发挥作用的有利因素。控制了关键点就控制了全局。关键控制点通常包含以下几点：

（1）影响整个工作进程的重要操作事项。

（2）能在重大损失之前显示出差异的事项。

（3）若干能反映组织主要绩效水平的时间与空间分布均衡的控制点。

3. 制订控制标准

制订控制标准的常用方法有三种：统计分析法、经验估计法和工程标准法。

(1) 统计分析法。统计分析法是根据企业的历史数据资料以及同类企业的水平，运用统计学方法来确定企业经营各方面工作的标准。用统计分析法制定的标准，便称为统计标准。统计分析法的优点是简便易行，但也有一定的局限性：

对历史统计数据的完整性和准确性要求高，否则制定的标准没有意义；

统计数据分析方法选择不当会严重影响标准的科学性；

统计资料只反映历史的情况而不反映现实条件的变化对标准的影响；

利用本企业的历史性统计资料为某项工作确定标准，可能低于同行业的先进水平，甚至是平均水平。

(2) 经验估计法。经验估计法是根据管理人员和工作人员的实际工作经验，并参考有关技术文件或实物，评估计划期内条件的变化等因素，从而制订标准的方法。经验估计法适用于缺乏技术资料、统计资料的情况。其特点是简单易行，工作量小，但受主观因素影响大，准确性差。

(3) 工程标准法。工程标准法是指对工作情况进行客观的分析，并以准确的技术参数和实测的数据为基础，通过科学计算确定标准的方法。

(二) 衡量工作成效

衡量工作成效就是按照标准衡量工作实绩达到标准的程度。当工作实绩低于或超过标准时，就说明工作出现了偏差。衡量工作成效的过程为：搜集反映实际成效的信息；比较实际成效与标准找出差距。

如何衡量工作成效，具体有以下几点：

1. 确定适宜的衡量方式

管理者在进行衡量前，应该对需要衡量什么、何时衡量、间隔多长时间进行衡量和由谁衡量等做出合理的安排。

2. 通过衡量工作成效来检验标准的客观性和有效性

衡量工作成效是以预定的标准为依据来进行的。在衡量工作成效的过程中可能会出现这样一个问题：偏差究竟是执行中出现的问题还是标准本身存在的问题呢？如果是前者，当然需要纠正；如果是后者，则需要修正和更新预订的标准。所以衡量工作成效的过程也是对标准的客观性和有效性进行检验的过程。

3. 建立有效的信息反馈系统

信息是现代管理的基础，也是管理控制的依据。

为了使反映实际工作情况的信息能迅速地收集上来，适时地传递给恰当的主管人员，又能够将纠偏指令迅速地传达到有关人员以便对问题做出处置，有必要建立有效的信息反馈系统。信息要能有效地服务于管理控制工作，必须符合三个基本要求，即信息的及时性、信息的可靠性和信息的适用性。管理人员获得信息的方法主要有亲自观察、分析报表资料、召开会议、抽样调查等。

(三) 纠正偏差

对实际工作衡量后，下一步就是将衡量结果与标准进行对比，分析造成偏差的原因，确定矫正措施实施的对象并采取矫正措施。

(1) 分析偏差的性质和原因。首先必须对于偏差的性质加以认定，对偏差的原因进行分析。产生偏差的原因一般有四类：

外部环境的变化，使得组织原定的目标无法实现。对于这类因素，管理者一般无法控制，只能调整组织的目标和计划。

组织自身调整方针和策略，这一类原因应当通过组织变革或计划调整来适应新的方针和策略。

原来制定的计划不合理，需要调整计划。

管理不佳，如工作人员的懈怠等。

（2）查明原因以后，才能对症下药，制订出纠偏措施，确定矫正措施实施的对象。根据造成偏差的原因分析，矫正措施的实施对象可能是组织所进行的活动，也可能是衡量的标准，甚至是指导活动的计划。针对矫正措施的实施对象和造成偏差的原因，就可能制订改进工作或调整计划与标准的纠正方案。

（3）选择适当的矫正措施。管理者在控制工作中可采取的处理措施有两类：纠偏和调适。对于因工作失误所造成的问题，控制的办法主要是纠偏，即加强管理和监督确保工作与目标的接近与吻合。若计划目标不切合实际或组织运行的环境出现了重大变化，致使计划失去了客观的依据，那么相应的控制措施就是调适，即按实际情况修改计划目标、启动备用的计划或重新制订新的计划。

（四）在纠偏措施的选择与实施过程中，管理者应注意的问题

保持矫正方案的双重优化，就是既要使矫正行动的投入最少和成本最低，又要是解决偏差效果最优的方案。

充分考虑原有计划实施的影响。管理控制中对计划的修订或否定类似于追踪决策的性质。因此，管理者在实施管理控制中要充分考虑由于原有计划的实施已经消耗的资源和这种消耗对客观环境造成的种种影响以及人员思想观念的转变等问题。

进行纠偏时要充分考虑和处理组织成员对准备采取的矫正措施的各种态度，特别要消除人们对矫正措施的疑虑，努力争取多数人的理解、赞同和支持，以避免方案在付诸实施的时候可能出现人为的障碍。

二、有效控制的原则

大多数计划要靠人去执行，而人的才能、动机和工作责任心是不同的。而且，计划往往因过时而需要修正。这就使控制成为十分重要的管理工作。

控制是管理的重要职能之一，是一个连续不断、反复发生的过程。在此过程中，管理人员要努力设法保证各项活动达到预期效果。控制的目的就是要指出计划实施过程中的缺点和错误，以便加以纠正和防止重犯。一位学者说过，拙劣的经理无所事事，平凡的经理什么事都干，精明的经理把任务交给下级，同时建立足够的考核点，这样便能了解工作完成得怎样。

控制的基本过程和基本原理是普遍适用的。任何控制程序都包括三个基本步骤：确定控制标准；衡量工作成效；纠正偏差。但是，在组织中实际起作用的控制系统却千差万别，需要经过专门的设计。比如，生产进度的控制在甲部门中通过下达报表来实现，在乙部门中则通过班前会来实现。要使控制系统有效运行，必须根据实际情况来灵活设置。下述一些原则已被证明是提高控制系统有效性的一般原则：

1. 适应性原则

它是指控制应当与计划和工作特点以及主管人员的具体情况相适应。比如，要有针对性地收集信息，要使主管人员理解信息的内容，使系统便于使用，等等。

2. 及时性原则

它是指能够及时发现偏差，纠正偏差。最理想的控制应该是在偏差未出现之前，能够预计偏差的产生，做到防患于未然。

3. 灵活性原则或弹性原则

它是指控制工作即使在面临计划发生变动、出现了未能预见到的情况或计划失败的情况下，也能发挥作用。不能把控制工作过于死板地同计划拧在一起，以免在整个计划失策或发生突然变动时控制也跟着失控，或者说，控制必须有弹性。比如企业的预算工作、滚动计划、应变计划等都体现了控制的弹性原则。

4. 经济性原则

它是指控制所支出的费用必须是有效的和合理的，要防止在无效控制上花费精力和财力。要重视选择关键性问题和注意对例外出现的偏差进行控制。因此，经济性原则也称关键控制点原则和例外情况原则。

5. 匹配性原则

它是指任何控制或技术都必须适合组织气氛才能奏效。例如，在员工自由度较大、对管理的参与程度较深的组织中，严格监视型的控制系统将不受欢迎，也很难成功。

学习任务三

控制技术与方法

任务引入

大洋洲从前只有土著人居住，后来英国把这里当作流放犯人的地方，这些犯人代代繁衍，就形成了今天的澳大利亚。当年，承担运送犯人任务的是私人船主，他们接受英国政府委托，自然也收取相应的费用。开始，英国政府按上船人数付给费用。于是，船主们为了牟取暴利，想尽种种方法虐待犯人，克扣犯人食物，甚至把犯人活活扔下海，导致运输途中犯人的死亡率最高达94%。后来英国政府改变付款规则，按活着到达目的地的人数付费。于是，船主们又想尽办法让更多犯人活着到达澳大利亚，甚至有的船主还聘请随船医生，犯人的死亡率最低降到1%。

（资料来源：亚洲联盟咨询网，http：//www.acunion.net/）

思考：谈谈控制的效果并举例说明。

一、预算控制

在管理控制中使用最广泛的一种控制方法就是预算控制。预算控制清楚地表明了计划与控制的紧密联系。预算是计划的数量表现。预算的编制是作为计划过程的一部分开始的，而预算本身又是计划过程的终点，是转化为控制标准的计划。

（一）预算及其含义

预算是一种数量化的计划。从预算的范围看，有整个组织的预算，也有部门预算，甚至有个人预算。从预算的时间看，有月度预算、季度预算，但更多的是年度预算。作为计划的一种表现形式，预算又有与其他的计划形式不同的地方。第一，预算为组织的控制提供了控制的标准。实际上这是组织编制预算的真正目的所在。第二，预算能帮助管理者协调组织的资源。因为，通过编制整个组织和各个部门的预算，能清楚地反映组织资源的实际利用情况。第三，编制预算有利于对整个组织及各个部门的工作进行评价。总之，通过预算把计划数字化，就可以使计划成为一种有条理的东西，并把计划指标分解成各个部门的计划，管理者就可以清楚地看到组织中的各种收入、开支以及以实物表现的投入和产出计划与各个部门之间的关系。这样，一方面能保证组织整体计划的实现，另一方面又有利于对整个组织及组织中各个部门的工作进行控制。

（二）预算的种类

预算在形式上是一整套预计的财务报表和其他附表。按照不同的内容可以将预算分为经营预算、投资预算和财务预算三大类。

1. 经营预算

经营预算是指企业日常发生的各项活动的预算。它主要包括销售预算、生产预算、直接材料采购预算、直接人工预算、制造费用预算、单位生产成本预算、推销及管理费用预算等。其中最基本和最关键的是销售预算，它是销售预测正式的、详细的说明。由于销售预测是计划的基础，加之企业主要是靠销售产品和劳务所提供的收入维持经营费用的支出和获利的，因而销售预算也就成为预算控制的基础。生产预算是根据销售预算中的预计销售量，按产品品种、数量分别编制的。生产预算编好后，还应根据分季度的预计销售量，经过对生产能力的平衡排出分季度的生产进度日程表，或称为生产计划大纲。在生产预算和生产进度日程表的基础上，可以编制直接材料采购预算、直接人工预算和制造费用预算。这三项预算构成对企业生产成本的统计。而推销及管理费用预算，包括制造业务范围以外预计发生的各种费用明细项目，如销售费用、广告费、运输费等。对于实行标准成本控制的企业，还需要编制单位生产成本预算。

2. 投资预算

投资预算，又叫资本预算，是指企业为了今后更好的发展、获取更大的报酬而做出的资本支出计划。它是综合反映建设资金来源与运用的预算，其支出主要用于经济建设。

投资预算是对企业的固定资产的购置、扩建、改造、更新等，在可行性研究的基础上编制的预算。它具体反映在何时进行投资，投资多少，资金从何处取得，何时可获得收益，每年的现金流量为多少，需要多少时间回收全部投资，等等。由于投资的资金来源往往是企业的限定因素之一，而对厂房和设备等固定资产的投资又往往需要很长时间才能收回，因此，投资预算应当力求和企业的战略以及长期计划紧密联系在一起。

3. 财务预算

财务预算是一系列专门反映企业未来一定预算期内预计财务状况和经营成果，以及现金收支等价值指标的各种预算的总称。具体包括现金预算、预计利润表、预计资产负债表和预计现金流量表等内容。必须指出的是，前述的各种经营预算、投资预算中的资料，都可以折算成金额反映在财务预算内。这样，财务预算就成为各项经营业务和投资的整体计划，故亦称总预算。

（三）预算控制的一般过程

对于企业来说，预算控制一般需要经过如下程序：

（1）了解过去预算执行的情况和未来的发展规划。

（2）主管预算的部门在组织发展战略、目标、计划的基础上向组织各部门主管人员提出关于预算编制的建议和要求。

（3）分解总预算，由各部门、基层单位根据组织战略和计划结合本部门情况，编制部门预算并上报。

（4）主管预算编制部门将上报的部门预算汇总，调整部门预算和总预算，确定预算方案。上报高层管理者审批。

（5）组织贯彻落实预算确定的各项指标，在实施过程中予以监控。

二、非预算控制

管理者用来进行控制的非预算方法大致分为行政控制、审计控制及比率分析等几类。

（一）行政控制

行政控制是泛指借用行政手段监测、控制受控系统的方法。主要包括以下几种。

1. 亲自观察法

亲自观察法是一种适合于各级管理人员对一切领域的活动进行了解，从中获得必要的控制信息的控制方法。各级管理人员可以通过对下级人员的工作进行观察，与下级人员进行交谈，听取下级人员的意见等来获得有关组织运行情况的第一手资料。这些资料就可能成为各级管理人员做出控制决策的根据。采用这种方法还有利于增进组织中上下级之间的沟通和了解。当然，亲自观察法应用的效果取决于观察者本人的观察能力和理解能力，并且，它是一种耗费时间的方法。

2. 统计分析法

统计分析法是指用各种图解或表格的形式反映组织运行的实际情况的一种控制方法。采用统计分析法，能使人们一目了然地了解到组织运行的实际情况与预定计划之间的差异，从而有利于组织采取有效的控制措施。

3. 专题报告法

专题报告法是对组织中的某一个专门问题进行深入的研究分析，以提供可作为采取纠正措施依据信息的一种控制方法。这种方法的特点在于，它是一种例行的控制方法，能发现采用日常的统计分析方法所不能发现的问题。它能对组织在运行中存在的问题进行深入的分析，这样有利于组织的控制。当然，采用这种方法可能要花比较多的时间和精力。

4. 利用客户反馈信息进行控制

主管可以通过了解客户对本部门工作的评价来进行控制工作，这些客户可以是内部的也可以是外部的。通常包括以下几种方法：拜访客户、设置意见箱和问卷调查等。

5. 企业诊断

企业诊断是由有关专家对企业经营的诸方面或某一特定方面进行调查分析，找出存在的问题，提出解决问题的办法等一系列活动。企业诊断，有利于深入分析研究一些问题，摸清产生问题的根源，从而为采取有力的纠正措施提供可靠依据。它是管理控制的一种有效工具。

（二）审计控制

审计是对反映企业资金运动过程及其结果的会计记录及财务报表进行审核、鉴定，以判断其真实性和可靠性，从而为控制和决策提供依据。根据审查主体和内容的不同，可将审计划分为三种主要类型。

1. 外部审计

外部审计是由外部机构（如会计师事务所）选派的审计人员对企业财务报表及其反映的财务状况进行独立的评估。为了检查财务报表及其反映的资产与负债的账面情况与企业真实情况是否相符，外部审计人员需要抽查企业的基本财务记录，以验证其真实性和准确性，并分析这些记录是否符合公认的会计准则和记账程序。

2. 内部审计

内部审计，简称内审，是单位内部审计部门或人员进行审计的过程。由于审计人员对单位的情况比较了解，一方面能针对本单位的情况加强监督、审核，另一方面还能提出相关建议以加强审计控制。

虽然内部审计为经营控制提供了大量的有用信息，但在使用中也存在不少局限性，主要表现在：

（1）内部审计可能需要很多的费用，特别是进行深入、详细的审计。

（2）内部审计不仅需要搜集事实，而且需要解释事实，并指出事实与计划的偏差所在。要能很好地完成这些工作，而又不引起被审计部门的不满，需要对审计人员进行充分的技能训练。

（3）即使审计人员具有必要的技能，仍然会有许多员工认为审计是一种“检查”工作，从而在心理上产生抵触情绪。如果审计过程中不能进行有效的信息和思想沟通，那么可能会对组织活动带来负激励效应。

3. 管理审计

外部审计主要核对企业财务记录的可靠性和真实性。内部审计在此基础上对企业政策、工作程序与计划的遵循程度进行测定，并提出必要的改进企业控制系统的对策建议，管理审计的对象和范围则更广，它是一种对企业所有管理工作及其绩效进行全面系统的评价和鉴定的方法。管理审计虽然也可组织内部的有关部门进行，但为了保证某些敏感领域得到客观的评价，企业通常聘请外部的专家来进行。

管理审计的方法是利用公开记录的信息，从反映企业管理绩效及其影响因素的若干方面将企业与同行业其他企业或其他行业的著名企业进行比较，以判断企业经营与管理的健康程度。

管理审计在实践中遭到许多批评，其中比较重要的意见是，这种审计过多地评价组织过去的努力的结果，而不致力于预测和指导未来的工作，以至于有些企业在获得了极好的管理审计评价后不久就遇到了严重的财政困难。尽管如此，管理审计不是在一两个容易测量的活动领域进行比较，而是对整个组织的管理绩效进行评价。因此，可以为指导企业在未来改进管理系统的结构、工作程序和结果提供有用的参考。

管理知识

反映企业管理绩效及其影响因素

(1) 经济功能。检查企业产品或服务对公众的价值，分析企业对社会和国民经济的贡献。

(2) 企业组织结构。分析企业组织结构是否能有效地达到企业经营目标。

(3) 收入合理性。根据盈利的数量和质量（指盈利在一定时期内的持续性和稳定性）来判断企业盈利状况。

(4) 研究与开发。评价企业研究与开发部门的工作是否为企业的未来发展进行了必要的新技术和新产品的准备，管理当局对这项工作的态度如何。

(5) 财务政策。评价企业的财务结构是否健全合理，企业是否有效地运用财务政策和控制来达到短期和长期目标。

(6) 生产效率。保证在适当的时候提供符合质量要求的必要数量的产品，这对于维持企业的竞争能力是相当重要的。因此，要对企业生产制造系统在数量和质量的保证程度以及资源利用的有效性等方面进行评估。

(7) 销售能力。销售能力影响企业产品能否在市场上顺利实现，这方面的评估包括企业商业信誉、代销网点、服务系统以及销售人员的工作技能和工作态度。

(8) 对管理当局的评估。对企业的主要管理人员的知识、能力、勤奋、正直、诚实等素质进行分析和评价。

(三) 比率分析

比率分析就是通过将企业资产负债表和损益表的相关项目进行对比，形成一个比率，从中分析和评价企业的经营成果和财务状况。比率分析中最常用的有财务比率分析和盈利比率分析。

1. 财务比率分析

财务比率分析在于揭示企业的偿债能力和盈利能力等财务状况，主要指标包括流动比率、速动比率和负债比率等。

(1) 流动比率。流动比率是指流动资产与流动负债之比，反映企业偿还短期负债的能力。流动比率过低，表明企业资产流动性差，偿还短期债务的能力差，从而影响企业的信誉，增加经营的风险；流动比率过高，虽然增强了企业的偿债能力，但导致财务资源的闲置，降低了资金使用效益。合理的流动比率应视企业的具体情况而定。

（2）速动比率。速动比率是流动资产减去存货价值之后与流动负债的比率。当存货周转率较低时，速动比率能够比流动比率更好地反映企业短期偿债能力。

（3）负债比率。负债比率是指企业总负债与总资产之间的比率。当企业的总资产收益率高于借入资金利息率时，负债比率越高则盈利越高。但是过高的负债比率也增大了企业经营的财务风险。

2. 盈利比率分析

盈利比率分析是指企业利润与销售额或占用的全部资金之间的比例关系，分别称为销售利润率和资金利润率。销售利润率等于利润额与产品销售额的比值，反映企业产品的获利能力。资金利润率又叫作投资回收率，等于企业或企业的某个部门实现的利润与其占用资金的比值，资金利润率反映企业或部门的资金使用效率。

通过对比组织内部各部门的盈利比率，可以反映部门之间的盈利能力和资金使用效率的差异；通过本企业各个历史时期的盈利比率的纵向比较，可以揭示企业盈利能力和资金使用效率的变化趋势；通过本企业的盈利比率与同行业先进企业的横向比较，可以找出差距，以便及时采取针对性的措施。

综合实训

一、单项选择题

1. 在反馈控制中，要克服因时间延迟所带来的弊病，就要实行（　　）。

A. 直接控制　　B. 间接控制

C. 现场控制　　D. 面向未来的控制

2. 间接控制最明显的缺点是（　　）。

A. 成效无法计量　　B. 没有时间保证

C. 无法进行纠正　　D. 费用支出较大

3. 通过提高主管人员的素质来进行的控制是（　　）。

A. 直接控制　　B. 间接控制

C. 前馈控制　　D. 反馈控制

4. 如果要使控制工作在计划出现失常或预见不到的变动情况下保持有效的话，所设计的控制系统就要有（　　）。

A. 灵活性　　B. 客观性

C. 可考核性　　D. 技术性

5. 组织的总目标是要靠各部门及成员协调一致的活动才能实现的。所以，合格的主管人员进行控制工作时不能没有（　　）。

A. 面向未来的观点　　B. 全局观点

C. 经济效益的观点　　D. 反映计划要求的观点

二、多项选择题

1. 按控制工作的纠正措施的环节分类，有（　　）。

A. 现场控制　　B. 直接控制

C. 反馈控制　　D. 前馈控制

E. 间接控制

2. 直接控制方法的客观性以下列（　　）假设为依据。

A. 可以进行前馈控制　　B. 合格的主管人员出的差错最少

C. 工作成效是可以计量的　　D. 计量成效时具有有用的判断标准

E. 管理理论的应用情况可以评价

3. 控制工作的原理有（　　）。

A. 反映计划要求的原理　　B. 组织适宜性原理

C. 关键控制点的原理　　D. 例外情况的原则

E. 直接控制原理

4. 关于运用关键控制点原理，下列说法中正确的有（　　）。

A. 这是由于主管人员精力有限　　B. 主管人员要注意各种细节

C. 主管人员要集中精力注意主要因素　　D. 选择关键控制点是一种艺术

E. 强调要注意哪些需要观察的点

5. 纠正偏差是（　　）。

A. 控制的关键　　B. 整个管理系统中的部分工作内容

C. 控制过程的一个重要步骤　　D. 其他各项管理职能发挥作用的关键环节

E. 制订控制标准的前提

三、案例分析题

麦当劳公司的控制系统

麦当劳公司以经营快餐闻名遐迩。1955 年，克洛克在美国创办了第一家麦当劳餐厅，其菜单上的品种不多，但食品质量高、价格廉、供应迅速、环境优美。连锁店迅速发展到每个州，至 1983 年，国内分店已超过 6000 家。1967 年，麦当劳在加拿大开办了首家国外分店，以后国外业务发展很快。到 1985 年，国外销售额约占其销售总额的 1/5。在 40 多个国家里，每天都有 1800 多万人光顾麦当劳。

麦当劳允诺：每个餐厅的菜单基本相同，而且质量超群，服务优良，清洁卫生，货真价实。它的产品、加工和烹制程序乃至厨房布置，都是标准化的，严格控制的。它撤销了在法国的第一批特许经营权，因为它们尽管盈利可观，但未能达到快速服务和清洁方面的标准。

麦当劳的各分店都由当地人所有和经营管理。鉴于在快餐饮食业中维持产品质量和服务水平是其经营成功的关键，麦当劳公司在采取特许连锁经营这种战略开辟分店和实现地域扩张的同时，就特别注意对各连锁店的管理控制。如果管理控制不当，使顾客吃到不对味的汉堡包或受到不友善的接待，其后果就不仅是这家分店将失去这批顾客的问题，还会影响到其他分店的生意，乃至损害整个公司的信誉。为此，麦当劳公司制定了一套全面、周密的控制办法。

麦当劳公司主要是通过授予特许经营权的方式来开辟连锁分店。其考虑之一，就是使购买特许经营权的人在成为分店经理人员的同时也成为该分店的所有者，从而在直接分享利润的激励机制中把分店经营得更出色。特许经营使麦当劳公司在独特的激励机制中形成了对其扩展中的业务的强有力控制。麦当劳公司在出售其特许经营权时非常慎重，总是通过各方面调查了解后挑选那些具有卓越经营管理才能的人作为店主，而且事后如发现其能力不符合要求则撤回这一授权。

麦当劳公司还通过详细的程序、规则和条例规定，使分布在世界各地的所有麦当劳分店的经营者和员工们都遵循一种标准化、规范化的作业。麦当劳公司对制作汉堡包、炸薯条、招待顾客和清理餐桌等工作都事先进行翔实的研究，确定各项工作开展最好的方式，然后再编成书面的规定，用以指导各分店管理人员和一般员工的行为，公司在芝加哥开办了专门的培训中心——汉堡包大学，要求所有的特许经营者在开业之前都接受为期一个月的强化培训。回去之后。他们还被要求对所有的工作人员进行培训，确保公司的规章条例得到准确的理解和贯彻执行。

为了确保所有特许经营分店都能按统一的要求开展活动，麦当劳公司总部的管理人员还经常走访、巡视世界各地的经营店，进行直接的监督和控制，例如，在一次巡视中发现某家分店自行主张，在店厅里摆放电视机和其他物品以吸引顾客，这种做法因与麦当劳的风格不一致，立即得到了纠正。除了直接控制外，麦当劳公司还定期对各分店的经营业绩进行考评。为此，各分店要及时提供有关营业额、经营成本、利润等方面的信息，这样总部管理人员就能把握各分店经营的动态和出现的问题，以便商讨和采取改进的对策。

麦当劳公司的另一个控制手段是在所有经营分店中塑造公司独特的组织文化，这就是大家熟知的“质量超群，服务优良，清洁卫生，货真价实”口号所体现的文化价值观。麦当劳公司的共享价值观建设，不仅在世界各地的分店、在上上下下的员工中进行，而且还将公司的一个主要利益团体——顾客也包括进这支建设队中。麦当劳的顾客虽然被要求自我服务，但公司特别重视满足顾客的要求，如为他们的孩子们开设游戏场所、提供快乐餐和组织生日聚会等，以形成家庭式的氛围，这样既吸引了孩子们，也增强了成年人对麦当劳的忠诚感。

思考：

1. 麦当劳提出的“质量超群，服务优良，清洁卫生，货真价实”口号如何反映它的公司文化？以这种方式来概括一个组织或公司的文化，具有哪些特色和不足？

2. 麦当劳公司所创设的管理控制系统具有哪些基本构成要素？

3. 该控制系统是如何促进麦当劳公司全球扩张战略实现的？

项目七 *Project 7*
创 新

学习目标

知识目标：

- 了解创新的概念
- 了解创新的特点
- 掌握创新的内容
- 掌握创新的过程
- 了解创新性思维的含义
- 了解创新性思维的基本特征

能力目标：

- 掌握创新性思维的培养能力
- 掌握创新的方式和方法并能加以运用

思维导图，如图 7－1 所示。

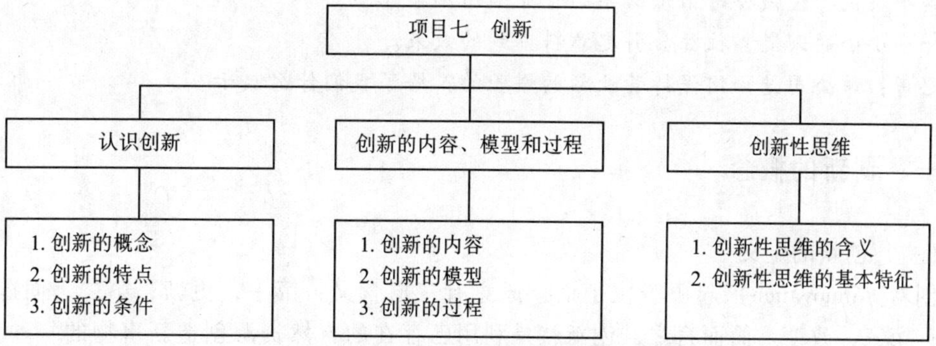

图 7－1 思维导图

学习任务一
认识创新

任务引入

将开口打开一毫米

美国有一间生产牙膏的公司，产品优良，包装精美，深受广大消费者的喜爱，每年营业额蒸蒸日上。

记录显示，前十年每年的营业额增长率为10%～20%，令董事部雀跃万分。

不过，进入第十一年、第十二年及第十三年时，业绩则停滞下来，每个月维持同样的数字。

董事部对此三年业绩表现感到不满，便召开全国经理级高层会议，以商讨对策。

会议中，有名年轻经理站起来，扬了扬手中的一张纸对董事部说："我有个建议，若您要使用我的建议，必须另付我5万元！"

总裁听了很生气地说："我每个月都支付你薪水，另有红包奖励。现在叫你来开会讨论，你还要另外要求5万元，是否过分？"

"总裁先生，请别误会。若我的建议行不通，您可以将它丢弃，一毛钱也不必付。"年轻的经理解释说。

"好！"总裁接过那张纸后，阅毕，马上签了一张5万元支票给那个年轻经理。

那张纸上只写了一句话：将现有的牙膏开口扩大1mm。

总裁马上下令更换新的包装。

试想，每天早上，每个消费者多用1mm的牙膏，每天牙膏的消费量将多出多少倍呢？

这个决定，使该公司第十四年的营业额增加了32%。

一个小小的改变，往往会引起意料不到的效果。

思考：该公司是如何保持营业额的增长的？给了我们什么启示？

一、创新的概念

（一）创新的定义

创新（innovation）起源于拉丁语，原意有三层含义：第一，更新；第二，创造新的东西；第三，改变。简而言之，创新就是利用已存在的自然资源创造新事物的一种手段。创新这个概念最早是由美籍奥地利经济学家、哈佛大学教授约瑟夫·熊彼特于1912年在《经济发展理论》一书中提出的。熊彼特把创新定义为建立函数，即企业家实行对生产要素的新组合。它包括：

（1）引入一种新产品或者新的特性，即产品创新；

（2）采用一种新的生产方法，即工艺创新或生产技术创新；

（3）开辟一个新市场，即市场创新；

（4）获得原料或半成品的新供给来源，即开发新的资源创新，不管这种资源是已经存在还是首次被创造出来；

（5）建立新的企业组织形式，即组织管理创新，如电子商务的出现形成新的产业组织形态，建立或打破某种垄断等。当然随着科技进步、社会发展，对创新的认识也是在不断演进的。

（二）创新与发明的区别

创新也可以称作革新或变革，是指把一种发明引入经济中，从而给经济带来较大的影响或发生较大的变革。与创新相联系的另一个概念是发明，发明是指一种新产品、新技术或新的经营方式的首次出现。熊彼特特别强调，创新并不等于发明。创新是一个经济概念，而不是技术概念，一种发明只有应用于经济活动并成功时才能算是创新。发明者不一定是创新者，创新者也不一定是发明者。创新者不是实验室的科学家，而是有胆识、敢于承担风险又有组织实干才能的企业家。熊彼特把创新视为不断地从内部革新经济结构，即不断破坏旧的结构，不断创造新的结构。它是来自内部的、创造性地对经济生活的一种变动，如同生物界的突变一样，可以称为产业突变。在静态体系内，资本、人口、技术和生产组织都不变，竞争的结果是价格等于成本，没有利润。这样的社会是停滞的。在动态社会里，企业家创新者利用新技术、新方法，提高效率，使成本低于价格而获得利润。创新总是先由个别人进行的。但创新活动所得到的利润鼓励其他人模仿，形成创新浪潮，这时整个社会生产率提高，社会就进步了。

正如德鲁克所指出的："作为一种经验规律，如果在产生一种新思想上花费一美元，则在对之进行研究以便把它转化为一种新发现或新发明，就必须花费十美元。在'研究'上每用十美元，在'发展'上至少要花费一百美元。在'发展'上花费一百美元，则在市场上引进和建立一种新产品或一个新企业就需要花费一千或一万美元。而只有在市场上建立了一种新产品或一个新企业之后，才能说已有了一种'创新'。"美国哈佛商学院教授、著名创新研究专家肯特指出："创新首先是人们能够迅速地了解一种市场需求。""几十年的产品研究表明，使用者是刺激创新的第一要素……领导技术发展的公司现在意识到，他们必须创造一种新的商业概念而并非简单的只是优秀的技术。"《第五项修炼》一书的作者彼得·圣吉说："当一个新的构想在实验室被证实可行的时候，工程师称之为'发明'（invention），而只有当它能够以适当的规模和切合实际的成本，稳定地加以重复生产的时候，这个构想才成为一项'创新'（innovation）。"

管理创新则是指在管理实践的基础上，结合经验，不断运用新的管理方法、模式或者理论来解决问题，并形成系统概念。

二、创新的特点

（1）创新是生产过程中内生的。熊彼特说："我们所指的'发展'只是经济生活中并非从外部强加于它的，而是从内部自行发生的变化。”尽管投入的资本和劳动力数量的变化，能够导致经济生活的变化，但这并不是唯一的经济变化。还有另一种经济变化，它是不能用外部影响来说明的，而是从体系内部发生的。这种变化是那么多的重要经济现象的原因，所以，为它建立一种理论似乎是值得的。这种经济变化就是“创新”。

（2）创新是一种革命性变化。熊彼特曾作过这样一个形象的比喻：你不管把多大数量的驿站马车或邮车连续相加，也决不能得到一条铁路。而恰恰就是这种革命性变化的发生，才是我们要涉及的问题，也就是在一种非常狭窄和正式的意义上的经济发展的问题。这就充分强调了创新的突发性和间断性的特点，主张对经济发展进行动态性分析研究。

（3）创新的同时意味着毁灭。一般说来，“新组合并不一定要由控制创新过程所代替的生产或商业过程的同一批人去执行”，并不是驿站马车的所有者去建筑铁路，而恰恰相反，铁路的建筑意味着对驿站马车的否定。所以，在竞争性的经济生活中，新组合意味着对旧组织通过竞争而加以消灭，尽管消灭的方式不同。如在完全竞争状态下的创新和毁灭往往发生在两个不同的经济实体之间，而随着经济的发展、经济实体的扩大，创新更多地转化为一种经济实体内部的自我更新。

（4）创新必须能够创造出新的价值。熊彼特认为，先有发明，后有创新。发明是新工具或新方法的发现，而创新是新工具或新方法的应用。“只要发明还没有得到实际上的应用，那么在经济上就是不起作用的。”因为新工具或新方法的使用在经济发展中起到作用，最重要的含义就是能够创造出新的价值。把发明与创新割裂开来，有其理论自身的缺陷。但强调创新是新工具或新方法的应用，必须产生出新的经济价值，这对于创新理论的研究具有重要的意义。所以，这个思想为此后诸多研究创新理论的学者所继承。

（5）创新是经济发展的本质规定，熊彼特力图引入创新概念以便从机制上解释经济发展。他认为，可以把经济区分为增长与发展两种情况。所谓经济增长，如果是由人口和资本的增长所导致的，并不能称作发展。“因为它没有产生在质上是新的现象，而只有同一种适应过程，像在自然数据中的变化一样。”“我们所指的发展是一种特殊的现象，同我们在循环流转中或走向均衡的趋势中可能观察到的完全不同。它是流转渠道中的自发的和间断的变化，是对均衡的干扰，它永远在改变和代替以前存在的均衡状态。我们的发展理论，只不过是对这种现象和伴随它的过程的论述。”所以，“我们所说的发展，可以定义为执行新的组合”。这就是说，发展是经济循环流转过程的中断，也就是实现了创新，创新是发展的本质规定。

（6）创新的主体是“企业家”，熊彼特把新组合的实现称之为“企业”，那么以实现这种新组合为职业的人们便是“企业家”。因此，企业家的核心职能不是经营或管理，而是看其是否能够执行这种新组合。这个核心职能又把真正的企业家活动与其他活动区别开来。每个企业家只有当其实际上实现了某种新组合时才是一个名副其实的企业家。这就使得“充当一个企业家并不是一种职业，一般说也不是一种持久的状况，所以企业家并不形成一个从专门意义上讲的社会阶级”。熊彼特对企业家的这种独特的界定，其目的在于突出创新的特殊性，说明创新活动的特殊价值。但是，以能否实现某种新组合作为企业家的内在规定性，就过于强调企业家的动态性，这不仅给研究创新主体问题带来困难，而且在实际生活过程中也很难把握。

三、创新的条件

为使管理创新能够有效地进行，还必须创造以下基本条件：

（1）创新主体应具有良好的心智模式。这是实现管理创新的关键。心智模式是指由于过去的经历、习惯、知识素养、价值观等形成的基本固定的思维认识方式和行为习惯。创新主体具有的心智模式：一是远见卓识；二是具有较好的文化素质和价值观。

（2）创新主体应具有较强的能力结构。创新主体必须具备一定的能力才可能完成管理创新。创新主体应具有核心能力、必要能力和增效能力。核心能力突出地表现为创新能力；必要能力包括将创新转化为实际操作方案的能力，以及从事日常管理工作的各项能力；增效能力则是控制、协调、加快进展的各项能力。

（3）企业应具备较好的基础管理条件。现代企业中的基础管理主要指一般的、最基本的管理工作，如基础数据、技术档案、统计记录、信息收集归档、工作规则、岗位职责标准等。管理创新往往是在基础管理较好的基础上才有可能产生，因为基础管理好可提供许多必要的准确的信息、资料、规则，这本身有助于管理创新的顺利进行。

（4）企业应营造一个良好的管理创新氛围。创新主体有创新意识，能有效发挥其创新能力，与拥有一个良好的创新氛围有关。在良好的创新氛围下，人们思想活跃，新点子多而快；而不好的氛围则可能导致人们思想僵化、思路堵塞、头脑空白。

（5）管理创新应结合本企业的特点。现代企业之所以要进行管理上的创新，是为了更有效地整合本企业的资源以完成本企业的目标和任务。因此，这样的创新就不可能脱离本企业和本国的特点。在当前的国际市场中，短期内中国大部分企业的实力比西方企业弱，如果以刚对刚则会失败；若以太极拳的方式以柔克刚，则可能是中国企业走向世界的最佳方略。中国企业应充分发挥以“情、理、法”为一体的中国式管理制度的优势和特长。

（6）管理创新应有创新目标。创新目标比一般目标更难确定，因为创新活动及创新目标具有更大的不确定性。尽管确定创新目标是一件困难的事情，但是如果没有一个恰当的目标则会浪费企业的资源，这本身又与管理的宗旨不符。

学习任务二

创新的内容、模型和过程

任务引入

在上海通用汽车三年的发展历程中，柔性化管理已经成为上海通用的一道亮丽风景。目前，中国几乎所有的汽车工厂都是采用一个车型、一个平台、一条流水线、一个厂房的制造方式。唯有上海通用是另类：上海通用最多可以一条线上共线生产四种不同平台的车型。这种生产方式就是柔性化生产方式，它在国内汽车企业里是绝无仅有的。柔性化生产能为厂家带来时间和金钱。上海通用的别克 GS、别克赛欧就是很好的证明。

上海通用以柔性化生产线为基础，严格而规范的采购系统，科学而严密的物流配送系统，以市场为导向高度柔性化的精益生产系统，以及以客户为中心的客户关系管理共同构成了其柔性化生产管理的支撑体系，使上海通用汽车成为 GM（通用公司）全球范围内柔性最强的生产厂家，形成了企业柔性化管理的经典范例。

评述：

上海通用的柔性化生产管理绝不仅仅是生产线上柔性的制造技术，而是一个以客户为中心的，从采购、物流、工程、制造、质量、销售到服务的一个大概念的柔性与精益的理念。多年来，它已经成为上海通用企业的核心价值观，并深入企业经营管理的每一个环节。

思考：要求每个小组收集一些企业管理方面的创新案例。

一、创新的内容

创新概念包含的范围很广，既涉及技术变化的创新，又涉及非技术变化的创新，后来人们把创新分为技术创新和制度创新两大类型。从熊彼特提出创新的本义来说，创新指的是一种经济活动，技术创新和制度创新都是从创新概念中演化而来的，它们都是创新的一个重要组成部分。

（一）技术创新

技术创新理论是从 20 世纪 50 年代开始，逐步从熊彼特创新理论中分化出来的。关于技术创新的概念，学术界并没有统一的定义，但技术创新的内涵应当包含创新过程、创新内容和创新结果三方面。我国学术界公认的关于技术创新的定义是，企业家抓住市场潜在盈利机会，以获取经济利益为目的，重组生产条件和要素，不断研制出新产品、新工艺、新技术，以获得市场认同的一个综合过程。

技术创新自 19 世纪开始至今已经经历了三代，现在正进入第四代技术创新时期。

第一代技术创新发生在 1830 年，美国专利法的改革带来了技术创新的黄金时代。由于专利法激发了发明家的创新热情，大量的技术发明喷涌而出，有的发明家如贝尔、爱迪生等人名垂青史。

第二代技术创新时期，创新活动主要由公司控制。如 20 世纪初的通用电器、杜邦公司及美国电话电报公司，他们雇用大量的科学家和工程师，试图以更多的技术突破达到垄断的目的。公司将技术创新的权益据为已有，利用法律、起诉等手段来压制个体发明人。20 世纪 20 年代，晶体管问世并开始生产微电子产品和计算机，公司专利占美国专利的大多数。但到 70 年代，经济压力使公司研发经费减少，大量公司实验室关门，从而使创新热情退潮。

第三代技术创新是“硅谷模式”，企业家、创新的技术专家正是抓住了公司实验室衰败的机会，形成第三代技术创新高潮。一些著名大学的研究人员、教师、学生及公司内有创新能力的人得到大量私人风险资本的资助，开创了新的研发工作和市场营销业务。

第四代技术创新有两个显著特点：一是真正好的创意能得到大量资金支持；二是独立

发明家都拥有新的信息工具，如对新产品进行三维模拟和实验的高性能计算机，而这些工具是以前所不曾拥有的。

通俗地说，技术创新是以新技术为手段并用以创造新的经济价值的一种商业活动，它是新技术的首次商业化应用。根据技术创新的对象不同，主要有产品创新和工艺创新两种类型，同时它还涉及管理方式及其手段的变革。

1. 产品创新

产品创新至今还没有一个严格而统一的定义。经济合作与发展组织（OECD）的界定是，为了给产品用户提供新的或更好的服务而发生的产品技术变化。而美国西北大学科特勒博士的观点是，现代产品实际上包括核心、形式、附加三个层次，它们构成了产品整体。因此，产品创新是建立在产品整体概念基础上以市场为导向的系统工程，是功能创新、形式创新、服务创新多维交织的组合创新。

根据技术变化量的大小，产品创新可分为重大（全新）的产品创新和渐进（改进）的产品创新。产品用途及其应用原理有显著变化者可成为重大（全新）的产品创新。例如，计算机、随身听的产生及其首次投放市场，转炉炼钢、浮法生产玻璃技术在生产中的首次应用等。渐进（改进）的产品创新是指在技术原理没有重大变化的情况下，基于市场需要对现有产品所做的功能上的扩展和技术上的改进。如由火柴盒发展起来的集装箱，由收音机发展起来的组合音响等。我们不能轻视渐进式的创新，正是这类创新，不断吸引大量的潜在顾客，为企业产品开辟了广阔的市场发展空间。

企业创新的经验表明，产品创新是企业创新的核心活动，以至于有人说产品创新是创新之王。如微软 Windows 系统、英特尔芯片等都是人类伟大的产品创新。实际上，企业创新一般都是从产品创新开始的，因为一种新的市场需求首先表现为产品的需求，进而引起工艺创新的需求。

相关链接

冰箱用途的延伸

在美国，每个家庭都有电冰箱。这种高度成熟的产品竞争激烈，利润率很低，美国的厂商显得束手无策，而日本人却异军突起，发明创造了一种与 19 英寸（1 英寸 = 2.54 厘米）电视机外形尺寸一般大小的冰箱。

当微型冰箱投入市场后，人们发现除了可以在办公室使用外，还可以安装在野营车、娱乐车上。于是，全家人外出旅游，舒适条件全部具备。微型冰箱改变了一些人的生活方式，也改变了它进入市场初期默默无闻的命运。

微型电冰箱与家用冰箱在工作原理上没有区别，其差别只是产品所处的环境不同。日本人把冰箱的使用方向由家居转换到了办公室、汽车、旅游等其他侧翼方向，有意识地改变了产品的使用环境，引导和开发了人们潜在的消费需求，从而达到了创造需求、开发新市场的目的。

2. 工艺创新

工艺创新又被称为过程创新。它是产品的生产技术创新，包括新工艺、新设备或新组织管理方式。工艺创新同样也有重大和渐进之分。如早期福特公司采用的流水作业生产方式生产以及现代的计算机集成制造系统等，都是重大的工艺创新。这些工艺创新往往伴随有重大的技术变化，与采用新的技术原理相联系。另外，还有许多渐进式的工艺创新，如对产品生产工艺的某些改进，提高生产效率的一些措施，或导致生产成本降低的一些打法等。工艺创新与提高产品质量、降低原材料和能源的损耗、提高生产效率有着密切的关系，是技术创新中不可忽视的内容。

在技术进步、经济增长过程中，技术创新有着十分突出的地位。因为科学技术要成为推动经济增长的主要力量，必须从知识形态转化为物质形态，从潜在的生产力转化为现实的生产力。而这一转化，正是在技术创新这一环节中实现的。技术创新实现了经济与技术的结合，因此，技术创新是技术进步的核心。

企业的技术创新主要表现在要素创新、要素组合方法的创新和产品创新三个方面。

（1）要素创新。企业的生产要素包括劳动者、劳动资料和劳动对象。

（2）要素组合方法的创新。要素的组合包括生产工艺和生产过程两个方面。

（3）产品创新。技术创新是发展生产力和经济增长的动力，它是强国之本、富国之源，有利于提高国民经济的实力和国际竞争力。我国是一个发展中国家，经济处于高速成长阶段，产业结构亦正在转型。这一阶段的最大特点就是经济发展对产业技术特别是高新技术的需求十分巨大，而我国目前在产业技术方面自身的供给能力以及对机关引进技术的消化能力显得极为匮乏。因此，当前及今后一定时期科技发展的中心任务应当是产业技术或能够产业化的新技术，对于基础研究，除其中一些涉及国家经济长远发展或国家安全的重大领域外，可参照“拿来主义”的办法，进行移植和再创新。

（二）制度创新

制度是指一定范围内各种正式和非正式的规则的集合，它旨在制约追求主体利益或效用最大化的群体或个人的行为。制度的基本功能是提供人类相互影响的框架，这种框架制约着人们的选择集合，从而构成社会经济秩序中的合作与竞争关系。这里主要是指经济制度，具体有企业的产权、经营和管理制度、分配制度、投融资制度等。所谓制度创新是指改进现有制度安排或引入一种全新制度以提高制度效率及其合理性的一类活动。如企业改革、科技体制改革以及投融资体制改革等，国际上经济理论研究和各国经济发展的实践都充分表明，制度创新是一个企业、一个地方乃至一个国家经济持续发展的基本前提，它通过调整制度来安排和协调经济主体利益关系，有效刺激和规范各类经济主体的行为，为经济持续发展不断注入新的活力。

制度创新就是组织根据内外环境需求的变化和自身发展壮大的需要，对组织自身运行方式、原则、规定的调整和变革。制度创新的方向是不断调整和优化企业所有者、经营者和劳动者之间的关系，使各个方面的权力和利益得到充分体现，使组织中各种成员的作用得到充分发挥。制度创新能调整生产关系和变革体制，它为各类创新活动主体追求持续创新提供必要的制度保障，有利于提高创新及经济运行的效率。我国正处于由传统的计划经济向社会主义市场经济的转轨时期，并将长期处于社会主义初级阶段，在制度安排方面仍然存在许多不尽合理乃至阻碍生产力发展的因素，特别是企业还没有真正成为创新的主体。因此，在探索建立符合国情的国家创新体系过程中，制度创新的任务十分紧迫而艰巨，我们任重而道远。

管理故事

“接吻青蛙”

在创新方面，值得特别提出的是世界最富创新精神的美国3M公司。美国3M公司不仅鼓励工程师也鼓励每个人成为产品冠军。公司鼓励每个人关心市场需求动态，成为关心新产品构思的人。公司让他们做一些家庭作业，以发现开发新产品的信息与知识，公司开发的新产品销售市场在哪里，以及可能的销售与利益状况等。如果新产品构思得到公司的支持，就将相应地建立一个新产品开发试验组，该组由RD部门、生产部门、营销部门和法律部门等的代表组成。每组由“执行冠军”领导，他负责训练试验组，并且保护试验组免受官僚主义的干涉。如果一旦研制出式样健全的产品，试验组就一直工作下去，直到将产品成功地推向市场。有些开发组经过无数次的努力，才使一个新产品构思最终获得成功。3M公司知道，成千上万个新产品构思可能只会成功一两个。一个有价值的口号是“为了发现王子，你必须与无数个青蛙接吻”。“接吻青蛙”经常意味着失败，但3M公司把失败和走进死胡同作为创新工作的一部分。其哲学是“如果你不想犯错误，那么什么也别干”。

二、创新的模型

创新是企业创新的根本竞争力，是企业把科技进步和市场需求相结合以提高企业效益的过程。这一过程不仅是知识的产生、创造和应用的进化过程，更是一种创造性的破坏过程，促使资源从低效率、低附加值利用的方面向高效率、高附加值利用的方面转变。同时，由于科技的进步，市场竞争加剧，创新难度加大，任何企业不可能一次创新成功，也不可能在创新成功一次后永远保持其竞争优势。因而，技术创新是一个不断循环的、复杂的过程。

下面介绍几种有代表性的创新模型。

（一）创新动力模型

创新能使产品、市场、生产程序超越目前边界和能力，创新是新思想的产生和开发，创新也为企业提供了在竞争中领先的条件。创新给战略带来三种无价的财富：一是实质性的未来增长；二是竞争优势；三是超越主要竞争对手的能力，甚至超越占支配地位的竞争对手的能力。

创新不是无风险的。如果创新取得了成功，回报就相当可观。创新动力模型的两个推动力同时也是检验创新成败的标准。

1. 消费者需求分析：市场推动力

当公司发现新的市场机会或是市场中一个被忽略的新细分市场时，公司就会进行创新。事实上，从满足消费者需求的角度，利用这些机会非常重要。比如佳能发现中小企业需要的复印机是一个空白的细分市场，于是立即启动创新机制，开发出适合中小企业的复印机，并迅速与施乐平分秋色。但对市场需求研究的常规性方法存在着一定的危险，那就是消费者的眼光往往局限于他们当前已经获得的经验和知识结构，所以，市场需求研究要引入更多的经验性方法，切合消费者的认知。

管理故事

高瞻远瞩

识，指认识。从思维的深度来看，识是指人的远见卓识，是对事物发展的预见和认识的深度。

曾经有两个企业都想在某郊区投资地产，并各派了专人前去调查那里的情况。结果A企业的人在考察之后，向公司报告说："那里人口稀少，房产业发展机会渺茫，房子修好了也没有人来住。"而B企业的人则在考察之后，向公司报告说，"该地虽然人口稀少，但那里环境优雅，人们厌倦了城市的喧嚣，一定会喜欢在那里安置生活。"果然不出B企业的所料，随着城市包围农村，城里人越来越向往农村生活，尤其是一些农家乐，办得更是如火如荼。所以B企业的投资是明智的。

A企业的人员鼠目寸光，只看见眼前事物的表象，而B企业的人却高瞻远瞩，从表象里预见到未来。B企业的远见卓识远远高于前者。如果一个企业的领导像A企业的人一样近视，那么他的动作很可能都是短期行为，而像B企业那样见识过人，眼光放长远一点，就能使企业获得长远的利益。

2. 技术开发分析：科技推动力

市场拉动过程没有完全说明许多真正的创新是如何发生的。创新可能产生于小公司的研发活动，往往是在与它们的大公司客户双向交流的过程中产生的。有时，创新则始于对某一问题的解决，比如IBM公司的总裁托马斯·沃森就曾说，他的公司1947年建造的新计算器可以解决许多世界科学难题，这台机器后来成为IBM公司最早的计算机之一。

（二）决策—阶段模型

决策—阶段模型，这种企业技术创新模型是由库珀（R. Cooper）和R. A. 摩尔（R. A. Moore）在1979年率先提出来的。这种模型抓住了创新管理中的关键的实际问题：有一系列可供选择的方案但信息不完全。他们把创新过程看作一个决策章的演化系列，其中每个章都包括四种活动：

（1）收集信息，减少不确定性；

（2）信息的评估；

（3）决策；

（4）确定依然存在的不确定性。

在每一个章中，有两类决策：一类是停止还是继续下去；另一类是下一章的内容是什么。

比利时的两位学者勒梅特（Lemaitre）和斯托尼（Stenier），在 1988 年提出了一个相当系统的活动阶段和决策阶段相结合的综合模型。该综合模型由四个阶段构成。

第一个阶段是感性阶段，创新在此阶段构成。创新在此阶段仅是一个思想。

第二个阶段是概念化的阶段。在这一阶段，创新思想的可行性按照技术、商业和组织领域方面的条件加以论证。同时，创新的技术、商业和组织方面都已经确定，一个正式的建议报告已拟好，该报告将陈述新思想的可行性依据、实现方法等，并将这一报告提交给经理。

第三个阶段是开发阶段。在这一个阶段上，纸上的原型成为设计的原型。最后，企业将面临这样一个问题：是否进行投资，以便大规模地生产新产品。

第四个阶段是作业阶段。前三个阶段都是在不打断企业原有的生产程序下进行的。而在此阶段企业则要进行组织创新，使创新与企业日常活动相互连接起来。

（三）创新扩散模型

创新扩散模型是对创新采用的各类人群进行研究归类的一种模型，它的理论指导思想是：在创新面前，部分人会比另一部分人思想更开放，更愿意采纳创新。

创新扩散理论是英国学者埃弗雷特·罗杰斯（E. M. Rogcrs）提出的。埃弗雷特·罗杰斯认为创新是“一种被个人或其他采纳单位视为新颖的观念、时间或事物”。罗杰斯阐述了一项创新应具备相对的便利性、兼容性、复杂性、可靠性和可感知性五个要素，而另一位美国学者罗杰·菲德勒认为创新还应当包括“熟悉”这一要素。

罗杰斯把创新的采用者分为革新者、早期采用者、早期追随者、晚期追随者和落后者。

罗杰斯认为创新扩散包括五个阶段：了解阶段、兴趣阶段、评估阶段、试验阶段和采纳阶段。

了解阶段：接触新技术新事物，但知之甚少；

兴趣阶段：发生兴趣，并寻求更多的信息；

评估阶段：联系自身需求，考虑是否采纳；

试验阶段：观察是否适合自己的情况；

采纳阶段：决定在大范围内实施。

（四）颠覆性创新

颠覆性创新理论是由 Innosight 公司的创始人、哈佛大学商学院的商业管理教授、创新大师克莱顿·克里斯坦森（Clayton Christensen）在哈佛所做的研究工作而总结提出的理论。

克莱顿·克里斯坦森的颠覆性创新理论旨在描述新技术（革命性变革）对公司存在的影响。1997 年，克莱顿·克里斯坦森在《创新者的困境：当新技术使大公司破产》一书中，首次提出了“颠覆性技术”一词。

他说，反复的事实让我们看到，那些由于新的消费供给范式的出现而“亡”的公司企业，本应该对颠覆性技术有所预见，但却无动于衷，直至为时已晚。他们只专注于他们认为该做的事情，如服务于最有利可图的顾客，聚焦边际利润最诱人的产品项目，那些大公司的领导者一直在走一条持续创新的道路，而恰是这一经营路线，为颠覆性新技术埋葬他们敞开了大门。这一悲剧之所以发生，是因为现有公司资源配置流程的设计总是以可持续创新、实现利润最大化为导向的，这一设计思想最为关注的是现有顾客以及被证明了的市场。然而，一旦颠覆性创新出现（它是市场上现有产品更为便宜、更为方便的替代品，它直接锁定低端消费者或者产生全然一新的消费群体），现有企业便立刻瘫痪。为此，它们采取的应对措施往往是转向高端市场，而不是积极防御这些新技术，固守低端市场。然而，颠覆性创新不断发展进步，一步步蚕食传统企业的市场份额，最终取代传统产品的统治地位。

这段关于颠覆性创新的论述紧扣创新与市场的关系这一要点。总结上述观点，我们不难归纳颠覆性创新的几个特征：

（1）非竞争性，所谓非竞争性是指颠覆性创新（无论是新市场的颠覆还是低端市场的颠覆）并不是与现有主流市场竞争者争夺用户，而是通过满足新的现有主流产品的“非消费者”来求得生存与发展。当颠覆性技术发展到一定程度，新产品的性能提高就会吸引现有主流市场的顾客。这种颠覆性创新不会侵犯现有主流市场，而是使顾客脱离这个主流市场，进入新的市场。

（2）初始阶段的低端性。颠覆性创新与维持性创新立足的市场基础大不相同，一般而言颠覆性创新据以立足的是低端市场，而维持性创新占据的往往是高端市场。这一点反映了颠覆性创新的本质，它是由颠覆性创新的概念所决定的。如果颠覆性创新一开始就立足于现有的主流市场，那么这种创新就变成维持性的了，即维持现有市场在位者的创新。也正因为其低端性，才使得它被现有主流市场的竞争者所忽略，采用颠覆性创新的新进入者才能够避开现有高端市场的激烈竞争，从而成长壮大。

（3）简便性。简便性使得使用者变得更为广泛，并使产品的价格更加低廉，从而让更多的人能够用得起，这为颠覆性创新的发展提供了良好的市场条件，不至于过早地夭折。同时，简便性也使得现有主流市场的竞争者对颠覆性创新不屑一顾。另外，简便性也为颠覆性创新的市场扩散提供了良好的条件，操作如果过于复杂将不利于颠覆性创新在产业中的扩散。这一特点实际上指出了颠覆性创新的生存和发展的市场基础。

（4）顾客价值导向性。颠覆性创新能够帮助顾客更好地完成工作。这表明了颠覆性创新的价值所在：帮助顾客创造价值，以顾客价值为导向。缺少这一点，颠覆性创新就失去了存在的价值。

三、创新的过程

创新的过程大体上可以分为以下四个阶段：

1. 寻找机会

在该阶段，人们需要确定一个问题域。必须确定关键性问题（焦点），以及关键性的问题域（热区）。在本阶段结束的时候，应该抓住核心的问题或问题组，这样后续的工作就有了基础。

2. 提出构想

当感觉到不协调现象后，要通过现象研究原因，并根据分析和预测这种不协调现象的未来变化趋势，估计它们可能给组织带来的积极影响和消极影响以及后果，然后设法利用机会将威胁转化为机遇。在这方面可以采用头脑风暴法、德尔菲法等多种方法，提出消除不协调现象并解决问题的办法，使系统在更高层次上实现新的平衡。

3. 迅速行动

组织内部环境变化迅速，解决不协调现象的构思提出后马上要付诸实践。由于外部环境的不确定性以及决策时掌握的信息有限，人们决策时提出的构想可能还不完善，甚至很不完善。但这种构想毕竟是在考虑到变化了的内外部环境的基础上提出来的，有可能解决组织内部面临的新情况、新问题，必须迅速实施，否则，可能会错失良机。

4. 忍耐坚持

构思实施时不一定能成功，而尝试是有风险的。创新的过程就是不断尝试、不断失败、不断完善、不断提高的过程。因此，创新在行动以后，必须坚定不移地继续下去，不断探索，不断总结行动中的经验教训，对当初的构思不断修正、完善，否则就可能前功尽弃。要在创新中坚持下去，创新者必须有足够的自信心，不怕面对失败，不因暂时或局部的受挫而气馁。

管理案例

亚都加湿器：给皮肤喝点水

“皮肤的肌纤维由大量水溶性胶原蛋白构成，水分的流失会导致肌纤维收缩变形，乃至形成不可恢复的皱纹，在使用空调或者电暖器的房间里尤其如此。”

不要以为这是保湿霜的广告，这是电器——亚都加湿器的广告。尽管它把“胶原蛋白”写成了“胶源蛋白”，尽管皮肤中从来没有什么“肌纤维”。但这个看起来像化妆品的广告，却取得了良好的销售业绩。

针对冬天应用空调、电暖气后，室内空气干燥的情况，亚都声称：“亚都超声波加湿器采用每秒170万次高频率振荡……科学有效地增加空气湿度，主动为您的肌肤补水，保护您和家人的健康。”

把家电当成化妆品来卖，亚都很可能是第一家。亚都的渠道策略，也类似于化妆品，它没有进入家电超市，而主要在百货商场销售。

【启示】把家用电器当成化妆品来铺售，听起来匪夷所思，但却很成功。营销人员要敢于想象——想一下能否把保健品当成食品卖而不是药品，能否把家电当成化妆品而不是家电。亚都加湿器还证明了电器消费越来越清晰的趋势——从电视到手机，从空调到洗碗机，现在都需要“健康化”。

学习任务三
创新性思维

任务引入

朝鲜战争中的逃生

在朝鲜战争时，美国空军聘用了刚刚获得心理学博士学位的保罗·托兰斯来开发一个训练计划，用于指导飞行员和机组人员在物质缺乏和极度危险的状态下逃生，例如：严寒或酷热；缺少食物、水或者避难所；在水下，在丛林中，甚至被敌人俘虏时。他的工作任务就是使飞行工作人员做好接受各种挑战的准备，因为他们有可能会成为朝鲜的战俘。托兰斯查阅了文献，研究了当前的训练计划，也采访了几百个第二次世界大战期间在同样经历中幸存的美国空军。最后，他惊讶地发现，那些逃生至关重要的本领是训练计划没有教过的——创新。当时的课程提供了大量如何应付不同困境的训练，讨论了幸存者甚至是从战俘集中营逃脱者的真实例子，还常常包含一些逼真的模拟练习。但是托兰斯发现，不管人们接受多少训练，当真正面临这些状况时，他们几乎无一例外地遇到新的意外情形。只有那些把训练中学到的东西与自身的经历结合起来，发明了全新的逃生技巧的士兵才能幸存。

在描述逃生中的创新力时，托兰斯写道："创新和发明是一种适应能力，人们在逃生和逃生训练等相关问题中对这种能力没有给予应有的重视。成功的幸存者介绍了很多富于创新力和想象力的行为，这些行为不仅为他们解决了当前的困难，而且分明也为他们以后的适应活动注入了新的能量。"

思考：创新性思维管理活动有什么作用？

一、创新性思维的含义

创新性思维和创新一样，是一个外延极广、内涵极丰富的概念。无论从思维方式、思维结果、思维类型上还是从思维特征上所做出的定义都不能囊括它的全部含义。

不论人们对于创新性思维下怎样的定义，创新性思维的本质都在于创新，在于一般人的意想不到，在于破除形式逻辑的限制，因而非逻辑思维形式更能突出创新性思维的本质特征。由此可见，所谓创新性思维，是指直接引发出创新性设想的思维形式，主要是指非逻辑思维。

二、创新性思维的基本特征

创新性思维的特征为我们提供了进行创新性思维的基本原则和标准，从这些特征中，我们可以发现，创新性思维的诀窍在于多角度、多侧面、多方向地看待和处理事物、问题和过程，创新性思维的基本特征具体地表现在以下几个方面：

（一）理论思维

恩格斯曾经说过："一个民族要想站在科学的最高峰，就一刻也不能没有理论思维。"同时又指出："如果人的脑子不随着手、不和手一起、不部分地借助于手相应地发展起来的话，那么单靠手是永远造不出蒸汽机来的。"在这里，恩格斯强调了理论思维的重要性，强调了人脑的主导作用，正确地指导了"单靠手是永远造不出蒸汽机来的"。发明蒸汽机，当然需要许多仪器等。但是，恩格斯所着重强调的是人脑的主导作用，因为脑的功能就是进行思维活动的。

世界上有不少发明家、哲学家和科学家也都在不同程度上强调人的理论思维在科学发现与创新活动中的主导性和关键性的作用。因此，为了把握创新规律，就要认真研究理论思维活动的规律，特别是创新性理论思维的规律。

（二）多向思维

多向思维也叫发散思维、辐射思维或扩散思维。它的特点是从不同角度、不同方向、不同层次进行多方面的思维判断，从而形成解决问题的多种思路、多种方法、多种方案。多向思维的概念，最早是由武德沃斯于1918年提出的，它是指在对某一问题或事物的思考过程中，不拘泥于一点或一条线索，而是从仅有的信息中尽可能向多方向扩展，而不受已经确定的方式、方法、规则和范围等的约束，并且从这种扩散的思考中求得常规的和非常规的多种设想的思维。比如要解决过河的问题，必须解决交通问题。如果单向思维，很可能首先想到造一座桥。而多向思维则不然，它要探索现实中存在的多样可能性，如可以大船轮渡，也可以建水下通道，等等。

人的多向思维能力是可以通过锻炼提高的，其要点是：首先，遇事要大胆地敞开思路，不要仅仅考虑实际不实际，可行不可行。这正如一个著名的科学家所说："你考虑的可能性越多，也就越容易找到真正的诀窍。"其次，要努力提高多向思维的质量，单向发散只能说是低水平的发散。再次，坚持思维的独特性是提高多向思维质量的前提，重复自己脑子里传统的或定型的东西是不会发散出独特性的思维的。只有在思维时尽可能多地为自己提出一些"假如……"、"假设……"等，才能从新的角度思考自己或他人从未想到过的东西。

管理故事

小高斯巧解算术题

高斯是德国伟大的数学家。小时候他就是一个爱动脑筋的聪明核子。

还是上小学时，一次一位老师想治一治班上的淘气学生，他出了一道数学题，让学生从1+2+3+……一直加到100。他想这道题足够这帮学生算半天的，他也可能得到半天悠闲。谁知，出乎他的意料，刚刚过了一会儿，小高斯就举起手来，说他算完了。老师一看答案，5050，完全正确。老师惊诧不已，问小高斯是怎么算出来的。

高斯说，他不是从开始加到末尾，而是先把1和100相加，得到101，再把2和99相加，也得101，最后50和51相加，也得101，这样一共有50个101，结果当然就是5050了。聪明的高斯受到了老师的表扬。

（三）侧向思维

侧向思维是在正向思维、单向思维受阻时变换一下角度，从侧面来达到目的的一种创新思维方法。侧向思维具体的运用方式有以下三种：

1. 侧向移入

侧向移入是指跳出本专业、本行业的范围，摆脱习惯性思维，侧视其他方向，将注意力引向更广阔的领域，或者将其他领域已成熟的、较好的技术方法、原理等直接移植过来加以利用；或者从其他领域事物的特征、属性、原理中得到启发，产生对原有问题的创新设想。如为了减少摩擦，人们一直在不断地改进着轴承，正常思路无非是改变滚珠形状、轴承结构或润滑剂等，但都不能带来大的突破。后来，有人把视野转到其他方向，想到高压空气可以使气垫船漂浮，相同磁性材料会相互排斥并保持一定的距离。于是，将这些新设想移入轴承中，发明了不用滚珠和润滑剂，只需向轴套中吹入高压空气，使旋转轴呈悬浮状的空气轴承，或用磁性材料制成的磁性轴承。

侧向移入是解决技术难题或进行管理创新、产品创新的最基本的思维方式，其应用实例不胜枚举。如鲁班由茅草的细齿划破手指而发明了锯，格拉塞观察啤酒冒泡的现象，提出了气泡室的设想等。大量的事例说明，从其他领域借鉴或受启发是创新发明的一条捷径。

2. 侧向转换

侧向转换是指不按最初设想或常规方法直接解决问题，而是将问题转换成为它的侧面的其他问题，或将解决问题的手段转为侧面的其他手段。这种思维方式在创新发明中常常被使用。如在20世纪70年代末，西欧人发明了魔方。当香港人从报上看到了这一消息后，许多厂家都捕捉到了仿制魔方填补东方空白的机遇，纷纷出动去西欧考察。但是民生化学有限公司的老板却将思路转向生产魔方的外侧——为生产魔方创造生产条件上。于是，他迅速地大量复制生产魔方的技术资料，并同时在香港的各家电视台播放“你想生产魔方吗？民生化学有限公司将为你提供全套技术资料”的广告。结果上百家塑料厂竞相争购，使一度陷入经济萧条的民生化学有限公司瞬间扭亏为盈。

3. 侧向移出

侧向移出与侧向移入相反，它是指将现有的设想、已取得的发明、已有的感兴趣的技术和本厂产品，从现有的使用领域、使用对象中摆脱出来，将其外推到其他意想不到的领域或对象上。这也是一种立足于跳出本领域，克服线性思维的思考方式。如拉链的发明曾被誉为影响现代生活的十项最重大的发明之一。它的发明人贾德森是为了解除系鞋带的麻烦而想到的，并于1905年取得了专利权。这项发明吸引了一个叫霍克的军官，他决定建厂生产拉链。但是，专利本身只是一种可行技术，并不是一种成熟的技术。拉链虽好，但需要特殊的机器才能批量生产。霍克经过 19 年的时间才研制出拉链机，可有了拉链却没有人用这个东西代替鞋带。他用了很大的努力仍然找不到销路，后来一个服装店老板将他的思路引向了鞋带以外。霍克生产出了带拉链的钱包，并赚了一大笔钱。从那以后，半个世纪以来，拉链几乎渗透到人类社会日常生活的每一个角落。

总之，不论是利用侧向移入、侧向转换还是侧向移出，关键的窍门是要善于观察，特别是留心那些表面上似乎与思考问题无关的事物与现象。这就需要在注意研究对象的同时，要间接注意其他一些偶然看到的或事先预料不到的现象。也许这种偶然并非是偶然，可能是侧向移入、移出或转换的重要对象或线索。

（四）逆向思维

逆向思维，是指人们为达到一定目标，从相反的角度来思考问题，从而引导、启发思维。

美国汽车大王福特一世在街上散步时，偶然间看到肉铺仓库里的几个工人顺次地分别切下牛的里脊肉、胸肉、牛头，他的脑海里马上浮现出与此相反的过程：让工人顺次分别装上汽车的种种零部件。这就是后来闻名于世的流水线组装汽车的方法，它改变了以前让每一个工人自始至终地装配一辆汽车的方式。由于每个工人只负责汽车中的一部分，操作简单、容易熟练，因此，工人的劳动效率大大提高，而且很少出差错。这一发明使福特公司脱颖而出，奠定了福特汽车在行业中的地位。后来，其他汽车厂、行业纷纷仿效福特公司的这一方法。可以说流水线改变了人类的生产和生活方式，它被称为 20 世纪最伟大的三项发明之一。

我们身处的就是由相互对立的事物组成的和谐世界，而每一事物又有相互对立的两个方面。很多过程都是可逆的，而两种截然相反的方法有时可以解决同样的问题。遗憾的是，由于我们受过太多的是非观念的教育，因此往往喜欢判断对错，以至于采取一种方法后就轻易排斥与之相反的方法。实践证明，多做逆向思维能使人们更加灵活地找到更多解决问题的途径。逆向思维也是企业经营创新中重要的思维方式。

管理故事

逆向思维创奇迹

某时装店的经理不小心将一条高档呢裙烧了一个洞，其价格一落千丈。如果用织补法补救，也只是蒙混过关，欺骗顾客。这位经理突发奇想，干脆在小洞的周围又挖了许多小洞，并精心修饰，将其命名为凤尾裙。一下子，凤尾裙销路顿开，该时装店也出了名。逆向思维带来了可观的经济效益，无跟袜的诞生与凤尾裙异曲同工。因为袜跟容易破，一破就毁了一双袜子，商家运用逆向思维，试制成功无跟袜，创造了非常好的商机。

综合实训

一、单项选择题

1. 熊彼特认为，引入一种新产品或者新的特性被称为（　　）。

A. 产品创新　　B. 工艺创新

C. 开发新的资源创新　　D. 市场创新

2.（　　）是指在管理实践的基础上，结合经验，不断运用新的管理方法、模式或者理论来解决问题，并形成系统概念。

A. 产品创新　　B. 工艺创新

C. 管理创新　　D. 市场创新

3. 创新的主体是（　　）。

A. 工人　　B. 企业家

C. 技术人员　　D. 学生

4.（　　）是指人们为达到一定目标，从相反的角度来思考问题，从而引导、启发思维。

A. 逆向思维　　B. 理论思维

C. 侧向思维　　D. 正常思维

5. 所谓创新性思维，是指直接引发出创新性设想的思维形式，主要是指（　　）。

A. 非逻辑思维　　B. 逻辑思维

C. 以上都是　　D. 以上都不是

二、多项选择题

1. 企业的生产要素包括（　　）。

A. 劳动者　　B. 劳动资料

C. 劳动对象

2. 创新主体具有的心智模式主要包括（　　）。

A. 远见卓识　　B. 较好的文化素质

C. 价值观　　D. 道德

3. 侧向思维是在正向思维、单向思维受阻时而变换一下角度，从侧面来达到目的的一种创新思维方法。侧向思维具体的运用方式有（　　）。

A. 侧向移入　　B. 侧向转换

C. 侧向移出　　D. 逆向思维

三、案例分析题

案例一　小天鹅的“末日管理”

无锡小天鹅公司是一家以国有资本为主体的股份制企业。几年来，在企业内部推行

“末日管理”，以建立全球性横向比较的信息体系为手段，以全员化、立体化、规范化的营销管理体系为支柱，以强有力的人才开发机制为保证，从追求卓越到追求完善，小天鹅人的危机意识已成为全体员工的共同意识。

(1) 竞争就是争取消费者。小天鹅运用特殊的比较法参与竞争，将传统的“纵比”改为“横比”，比出了“危机”：其一，与国际名牌比，找出与世界水平的差距，争创国际品牌；其二，与国内同行比，学习兄弟企业的长处，保持国内领先；其三，与市场的需求比，目光紧紧瞄准用户，把握市场命脉；其四，以己之短比人之长，努力避免骄傲自满，应警钟长鸣。

(2) 参与竞争就是提高市场占有率。市场占有率既是企业成功的条件，又是企业成功的标志。占有了市场就是争取了消费者。小天鹅认为，企业出产的不仅仅是产品，还有质量和信誉，是广大消费者给小天鹅人发的工资和奖金。今天的小天鹅不仅完成了这个观念上的转变，而且已经实现了按订单生产，成为了无仓库企业。小天鹅又提出“24 小时、365 天运行才是真正经营”的经营理念，实行双班制生产，推行 24 小时热线服务，进一步提高小天鹅的市场应变能力和效率，确保了市场占有率。

(3) 建立面对市场的全员化、立体化、规范化的营销管理体系。全员化就是多让职工参与营销。立体化就是企业内部在生产、科技、营销、人事等方面面对市场，发扬团队精神，参与市场竞争。规范化就是把行之有效的营销方式制度化。这包括：小天鹅的企业精神是“为国贡献，团结拼搏，进取敬业，全心服务，文明礼貌”；小天鹅的规范管理：人事管理推行《职工就业规则》，对职工的权利和义务都做了详尽而明确的规定，财务管理实行《裁决顺序和签字原则》，明确总经理、副总经理和部长的权限，对公司日常事项的决定作了详细的规定；实行成品零库存的制度，如果产品三天卖不掉，宁可停产。

(4) 注重服务。小天鹅在服务上推出了金奖产品信誉卡的承诺，将服务监督权交给用户，把服务公约公布于众，坚持做到“1，2，3，4，5”的特色服务，即：上门服务带一双鞋，进门两句话，带好三块布（一块修机布、一块垫机布、一块擦机布），做到四不准（不准抽用户一根烟，不准喝水，不准乱收费，不拿用户礼品），五年保修，随叫随到，如有逾期甘愿受罚”，并为用户办理了责任保险。坚持名品进名店，与全国经联会、贸联会、新联会、华联和交电系统的一百多家商界台柱子商场建立正常友好的业务往来。

(5) 实施名牌战略，扩大经济规模，提高竞争力。经营只是今天，创新才是明天。随着市场经济的深入，“末日管理”又有了新的拓展：推行战略联盟。这不仅壮大了销售同盟军，也壮大了小天鹅自身。为实现“旭日目标”，小天鹅的做法是：与同行联盟。小天鹅只有波轮全自动，没有滚筒，也没有双缸，从这点看，小天鹅要抢占市场份额确有难度，正好上海惠尔浦、长春罗兰、宁波新乐有设备、有产品，也乐于接受合作，扩大销量，小天鹅紧紧抓住这个机遇，与它们成功地进行战略联盟，达到了双赢；与相关产品联盟。洗衣机和洗衣粉休戚相关，小天鹅与广州宝洁公司建立了伙伴式的营销联盟，宝洁公司在碧浪洗衣粉包装袋印上“一流产品推荐”字样，并标明了小天鹅的商标，小天鹅在销售洗衣机时赠送宝洁公司的碧浪洗衣粉试用样品；与国外大公司联盟。小天鹅公司与德国西门子公司双方投资，组建了博西威家电有限公司生产滚筒洗衣机，又与松下公司合资生产绿色冰箱，与 NEC 结盟成立实验室，使小天鹅的产品始终与世界先进技术保持同步。

思考：

1. 管理的创新职能在这个案例中体现在什么地方？
2. 小天鹅的“末日管理”最大的特点是什么？

综合实训答案

项目一

一、单项选择题：A、A、B、B、A

二、多项选择题：ABE、ABCDE、BD、ABDEF、BD

项目二

一、单项选择题：B、C、B、D、A

二、多项选择题：BCDE、ACDE、ADE、ABC

项目三

一、单项选择题：C、B、B、B、D

二、多项选择题：ABE、ABC、BD、AC、AD

项目四

一、单项选择题：C、A、D、C、C

二、多项选择题：ABD、ABD、AC、AB、AC

项目五

一、单项选择题：C、A、B、C、C

二、多项选择题：AE、ADE、BCE、AE、ABE

项目六

一、单项选择题：D、A、A、A、B

二、多项选择题：ACD、BCDE、ABC、ACD、CD

项目七

一、单项选择题：A、C、C、A、C

二、多项选择题：ABC、ABC、ABC

主要参考文献 References

1. [美] 斯蒂芬·P. 罗宾斯. 管理学（第13版）. 北京：中国人民大学出版社，2017.

2. [美] P. F. 德鲁克. 有效管理者. 北京：中国财政经济出版社，1988.

3. [美] 安妮·玛丽·弗朗西斯科，巴里·艾伦·戈尔德. 国际组织行为学. 北京：中国人民大学出版社，2003.

4. [美] 斯蒂芬·P. 罗宾斯. 组织行为学. 北京：中国人民大学出版社，2002.

5. [美] 肯·史密斯. 管理学中的伟大思想：经典理论的开发历程. 北京：北京大学出版社，2016.

6. [美] 哈罗德·孔茨. 管理学：国际化与领导力的视角（第9版）. 北京：中国人民大学出版社，2014.

7. [美] 罗宾斯. 管理学（第11版）. 北京：中国人民大学出版社，2012.

8. [美] 肯·史密斯. 管理学中的伟大思想：经典理论的开发历程. 北京：北京大学出版社，2016.

9. 周三多. 管理学：原理与方法（第七版）. 上海：复旦大学出版社，2018.

10. 蒋冬青. 管理学. 上海：上海财经大学出版社，2018.

11. 荆新. 财务管理学（第8版）. 北京：中国人民大学出版社，2018.